Ingo Patett

C# 4 U

Programmentwicklung mit C#

1. Auflage

Bestellnummer 01671

■ Bildungsverlag EINS
westermann

Die in diesem Werk aufgeführten Internetadressen sind auf dem Stand zum Zeitpunkt der Drucklegung. Die ständige Aktualität der Adressen kann vonseiten des Verlages nicht gewährleistet werden. Darüber hinaus übernimmt der Verlag keine Verantwortung für die Inhalte dieser Seiten.

service@bv-1.de
www.bildungsverlag1.de

Bildungsverlag EINS GmbH
Ettore-Bugatti-Straße 6-14, 51149 Köln

ISBN 978-3-427-**01671**-7

westermann GRUPPE

Vorwort

Dieses Buch setzt Grundkenntnisse im Umgang mit dem PC voraus. Es ermöglicht dem Leser im Selbststudium das Erlernen der Programmiersprache C#.net. C# ist eine von der Firma Microsoft entwickelte Sprache, die seit dem Jahr 2000 auf dem Markt ist. Sie ist noch eine relativ junge Programmiersprache und wird dadurch noch einigen Wandlungen unterworfen sein. In diesem Buch werden die Versionen C# 7 und .NET 4.7 verwendet. Diese sind seit dem Jahr 2017 verfügbar.

Die einzelnen Kapitel des Buches bauen aufeinander auf. Übungen bzw. Aufgabenstellungen führen oft über mehrere Kapitel hinweg und betrachten Sachverhalte aus verschiedenen Blickwinkeln. Im Kapitel „Arbeiten mit Datenbanken“ werden minimale Kenntnisse der grundlegenden SQL-Befehle vorausgesetzt. Auch sollten für einige Übungsaufgaben Grundkenntnisse zum Erstellen einer HTML-Seite vorhanden sein.

Die Ansprache erfolgt aus Gründen der besseren Lesbarkeit meist in der männlichen Form. Selbstverständlich sind Männer und Frauen immer gleichermaßen gemeint.

Inhaltsverzeichnis

1 Einführung

In diesem Abschnitt wird ein kurzer Überblick über die Programmiersprache C#, das .NET-Framework und die im Buch verwendeten Versionen gegeben. Das erste Programm wird das klassische „Hello World" sein, mit dem wohl fast jeder eine neue Programmiersprache erlernt. Es werden dabei zwei Varianten vorgestellt, wie man dieses Programm erstellen und ausführen kann: Einmal die klassische Variante mit einem beliebigen Editor und der Kompilierung per Konsolenanweisung und einmal die Variante mithilfe der frei verfügbaren Entwicklungsumgebung Visual Studio von Microsoft. Da die zweite Variante Grundlage für den Rest des Buches ist, wird Visual Studio etwas genauer vorgestellt.

1.1 Die Programmiersprache C# und das .NET-Framework

C# ist eine einfache, sichere, moderne und leistungsfähige Sprache, die rein objektorientiert ist. Sie gehört zu den zehn am meisten verwendeten Programmiersprachen der Welt. Unter anderem wurde sie von Andres Hejlsberg entwickelt, der früher für die Entwicklung von Borland Delphi zuständig war. In die Entwicklung von C# sind Erfahrungen aus anderen Programmiersprachen eingeflossen. So hatten z. B. die Sprachen C++ und Java sehr starken Einfluss, was sich u. a. auch in einer ähnlichen Syntax widerspiegelt. Im August 2000 wurde C# bei ECMA International zur Normung eingereicht und im Jahr 2003 von der ISO genormt. Über die Jahre hinweg wurde die Sprache kontinuierlich weiterentwickelt und immer wieder kamen neue Versionen auf den Markt. 2017 wurde dann C# 7 veröffentlicht. Diese Version wird auch in diesem Buch verwendet.

Die Grundlage für das Programmieren mit C# stellt das .NET-Framework dar, welches ebenfalls von Microsoft entwickelt wurde. Dabei handelt es sich nicht nur um eine besondere Laufzeitumgebung, sondern es wird auch gleichzeitig eine umfangreiche Klassenbibliothek für die Programmierung unter Windows zur Verfügung gestellt. Microsoft hat sich bei der Entwicklung von .NET von vielen schon vorhandenen Technologien leiten lassen. Das Ergebnis war eine Technologie, welche der von Java sehr ähnlich ist. Auch hier wird aus dem Quellcode ein Zwischencode erzeugt und erst zur Laufzeit in nativen Code übersetzt. Dieser Zwischencode wird Common Intermediate Language (CIL) genannt. Zum Ausführungszeitpunkt wird dieser durch einen Just-in-Time-Compiler übersetzt und ausgeführt.

Microsoft bot seine Laufzeitumgebung lange Zeit nur für Windows-Betriebssysteme an. Um .NET auch für andere Betriebssysteme verfügbar zu machen, wurde mit dem Mono-Projekt eine quelloffene Variante der Laufzeitumgebung geschaffen, welche heutzutage auch von Microsoft unterstützt und gefördert wird. Mit Mono ist es möglich, Programme, die für die Microsoft-.NET-Umgebung geschrieben wurden, auch unter Linux oder MacOS auszuführen.

In diesem Buch wird Microsofts .NET-Version 4.7 unter Windows 10 verwendet. Neuere Versionen können aber ohne Probleme installiert werden. Diese werden dann parallel zu bestehenden Versionen hinzugefügt. Somit ist sichergestellt, dass immer die richtige Version für das entsprechende C#- Programm zur Verfügung steht. Die aktuell auf dem Rechner installierte .NET-Version kann unter Windows 10 wie folgt ermittelt werden:

1 Im Menü **Start** auf **Ausführen** klicken
2 Im Feld **Öffnen** den Befehl **regedit.exe** eingeben und **OK** drücken
3 Administratorechte bestätigen
4 Im Registrierungs-Editor folgenden Unterschlüssel öffnen:

HKEY_LOCAL_MACHINE\SOFTWARE\Microsoft\NET-Framework Setup\NDP\v4\Full

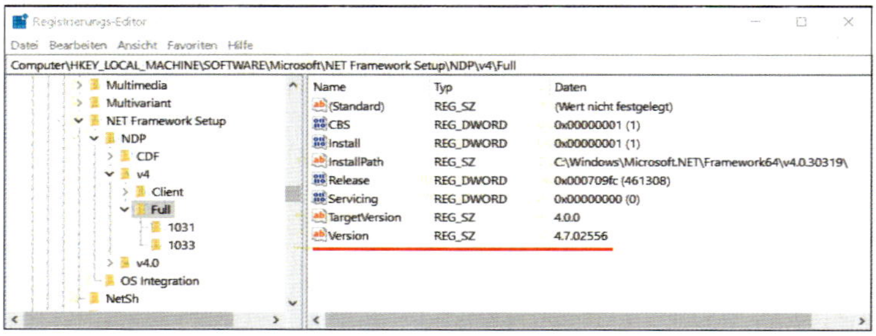
Registrierungs-Editor
Datei Bearbeiten Ansicht Favoriten Hilfe
Computer\HKEY_LOCAL_MACHINE\SOFTWARE\Microsoft\NET Framework Setup\NDP\v4\Full
Multimedia
Multivariant
NET Framework Setup
NDP
CDF
v4
Client
Full
1031
1033
v4.0
OS Integration
NetSh
Name Typ Daten
(Standard) REG_SZ (Wert nicht festgelegt)
CBS REG_DWORD 0x00000001 (1)
Install REG_DWORD 0x00000001 (1)
InstallPath REG_SZ C:\Windows\Microsoft.NET\Framework64\v4.0.30319\
Release REG_DWORD 0x000709fc (461308)
Servicing REG_DWORD 0x00000000 (0)
TargetVersion REG_SZ 4.0.0
Version REG_SZ 4.7.02556

Abb. 1.1: Aktuelle .NET-Version

1.2 Das erste Programm

Auftrag

Es soll ein Programm in C# entwickelt werden, das „Hello World“ auf dem Bildschirm anzeigt.

Um diese Aufgabe zu lösen, muss das Programm in C# geschrieben, anschließend in eine computerverständliche Form überführt und dann ausgeführt werden. Der Quelltext in C# für das HelloWorld-Programm sieht wie folgt aus:

Quellcode: Programm HelloWorld

```
using System;
namespace HelloWorld {
  class Program {
    static void Main(string[] args) {
      Console.Title = "Das erste Programm";
      Console.WriteLine("Hello World");
      Console.ReadKey();
    }
  }
}
```

Erklärungen zu den einzelnen Programmteilen und Befehlen sind in den nachfolgenden Kapiteln zu finden. Im Augenblick soll es nur darum gehen, wie der Quelltext eingegeben, kompiliert und gestartet werden kann. Hierzu werden nun zwei Möglichkeiten vorgestellt. Bei der ersten Variante handelt es sich um die klassische Vorgehensweise ohne eine spezielle Entwicklungsumgebung und Kompilierung des Programms per Konsolenanweisung. Diese wird hier nur der Vollständigkeit halber erwähnt, da sie heutzutage selten verwendet wird. Besonders unter Windows wird meistens die Entwicklungsumgebung Visual Studio verwendet, von der es auch eine kostenlose Variante für Schüler und Studenten gibt. Diese wird auch im Buch durchgängig verwendet.

Erste Variante (klassisch)

Die Zeilen des Quellcodes werden in einen beliebigen Texteditor eingegeben und unter dem Namen **HelloWorld.cs** in einer Datei abgespeichert. Anschließend wird über die Befehlszeile

.\csc/*out:HelloWorld HelloWorld.cs*

das Programm kompiliert und die Datei **HelloWorld.exe** erzeugt. Diese kann nun gestartet werden und erzeugt folgende Bildschirmausgabe:

Abb. 1.2: Ausgabe „Hello World"

In den meisten Fällen muss erst einmal ermittelt werden, wo sich die richtige csc.exe befindet, damit sie ausgeführt werden kann. Hierauf soll aber nicht näher eingegangen werden. Im nächsten Bild ist eine komplette Konsolenanweisung zu sehen, wobei die Datei **HelloWorld.cs** im Verzeichnis C: liegt und die **HelloWorld.exe** auch dort erstellt werden soll. Die csc.exe befindet sich in diesem Fall im Verzeichnis

C:\Program Files (x86)\Microsoft Visual Studio\2017\Community\MSBuild\15.0\bin\Roslyn>

```
Administrator: Windows PowerShell
PS C:\Program Files (x86)\Microsoft Visual Studio\2017\Community\MSBuild\15.0\bin\Roslyn> .\csc.exe /out:c:\Beispiel\HelloWorld.exe c:\Beispiel\HelloWorld.cs
Microsoft (R) Visual C# Compiler Version 2.4.0.62216 (fca1bff3)
Copyright (C) Microsoft Corporation. Alle Rechte vorbehalten.

PS C:\Program Files (x86)\Microsoft Visual Studio\2017\Community\MSBuild\15.0\bin\Roslyn>
```

Abb. 1.3: Konsolenanweisung für das Kompilieren von HelloWorld.cs

Zweite Variante (Visual Studio Community)

Da die erste Variante der Programmerstellung sehr umständlich ist, werden wir jetzt eine integrierte Entwicklungsumgebung (IDE) dafür verwenden. Die Standard-IDE für die Entwicklung von C#-Programmen unter Windows 10 ist Visual Studio. Sie gilt als komfortable Entwicklungsumgebung mit vielen Funktionen und enthält u. a. mehrere Editoren, einen Debugger und unterstützt vorzüglich die Verwaltung großer Projekte. Es gibt mehrere

Varianten von Visual Studio. Davon sind einige kostenpflichtig und andere stehen frei für Schüler und Studenten zur Verfügung. Die kostenlose Variante für Schüler und Studenten nennt sich **Visual Studio Community** und kann bei Microsoft unter **www.visualstudio.com/de/vs/community/** heruntergeladen werden. Hier im Buch wird die Version Visual Studio Community 2017 verwendet. Nach der Installation kann das Programm „Hello World" erstellt werden. Dazu sind folgende Schritte notwendig:

1 Visual Studio starten:
Gestartet wird Visual Studio durch einen Doppelklick auf das Programmsymbol.

2 Projekt anlegen:
Durch den nachfolgenden Menübefehl wird ein neues Projekt erzeugt.
Datei | Neu | Projekt
Folgendes Fenster ist dann zu sehen:

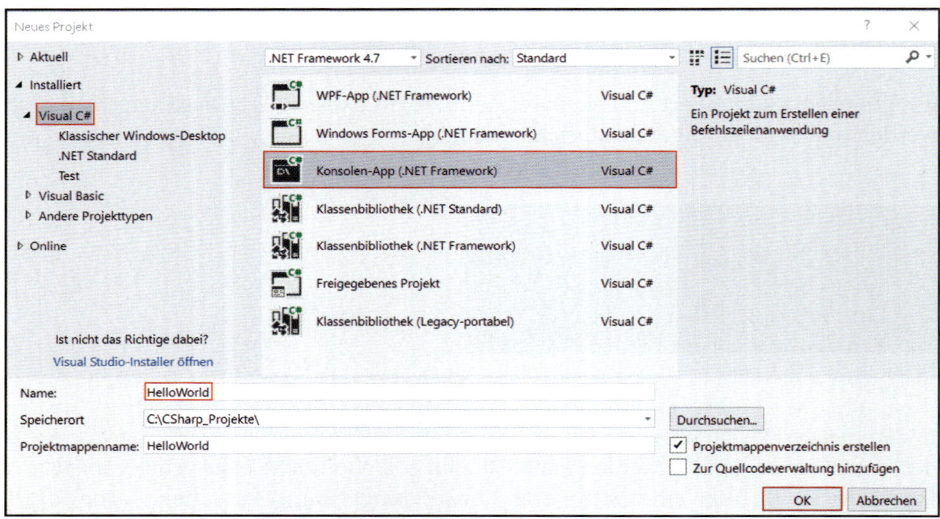

Abb. 1.4: Neues Projekt anlegen unter Visual Studio

In diesem Fenster muss nun die Programmiersprache C# und die Art der Anwendung ausgewählt werden. Für die ersten Übungen wird der Menüpunkt **Konsolen-App** gewählt, ein Name für das Projekt eingegeben und ein Speicherort bestimmt. Anschließend sind die Eingaben mit **OK** zu bestätigen.

3 Programm schreiben:
Nach dem Bestätigen mit **OK** wird ein neues Projekt angelegt und in der Entwicklungsumgebung angezeigt. Im Texteditor sind schon einige Programmteile standardmäßig vorgegeben. Diese Teile stellen schon ein voll funktionstüchtiges Programm dar. Allerdings wäre beim Ausführen noch nicht viel zu sehen.

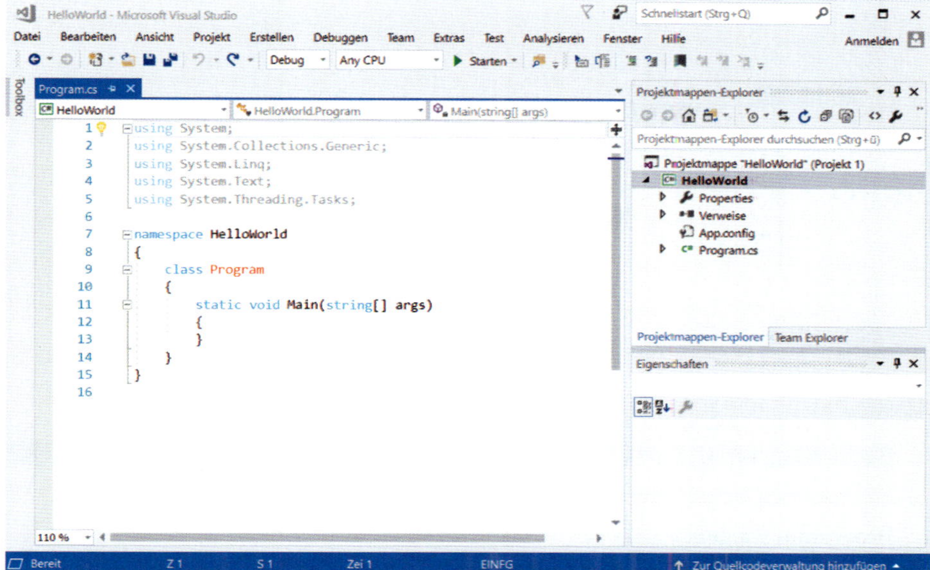

Abb. 1.5: Startbild „Hello World“

Nun kann der Quelltext von „Hello World“ eingegeben werden. Dabei ist zu beachten, dass Teile, die schon automatisch generiert wurden, nicht noch mal eingegeben werden müssen. In unserem Fall reicht es, die Anweisungen

```
Console.Title = "Das erste Programm";
Console.WriteLine("Hello World");
Console.ReadKey();
```

einzufügen. Überflüssiger Quelltext kann jedoch gelöscht werden. Danach wird das Programm ausgeführt.

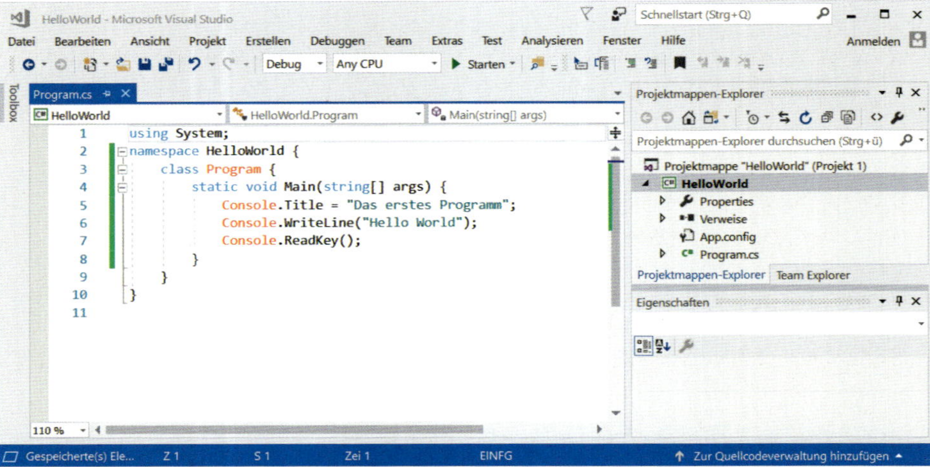

Abb. 1.6: „Hello World" als Konsolenanwendung

4 Programm starten:
Durch den nachfolgenden Menübefehl wird das Programm dann gestartet.
Debuggen | Debugging starten
Alternativ kann auch **F5** gedrückt oder in der Menüleiste die Schaltfläche ▶ Starten ▾ betätigt werden. Das Programm wird nun ausgeführt und das Ergebnis erscheint in einem Konsolenfenster, welches sich neu öffnet.

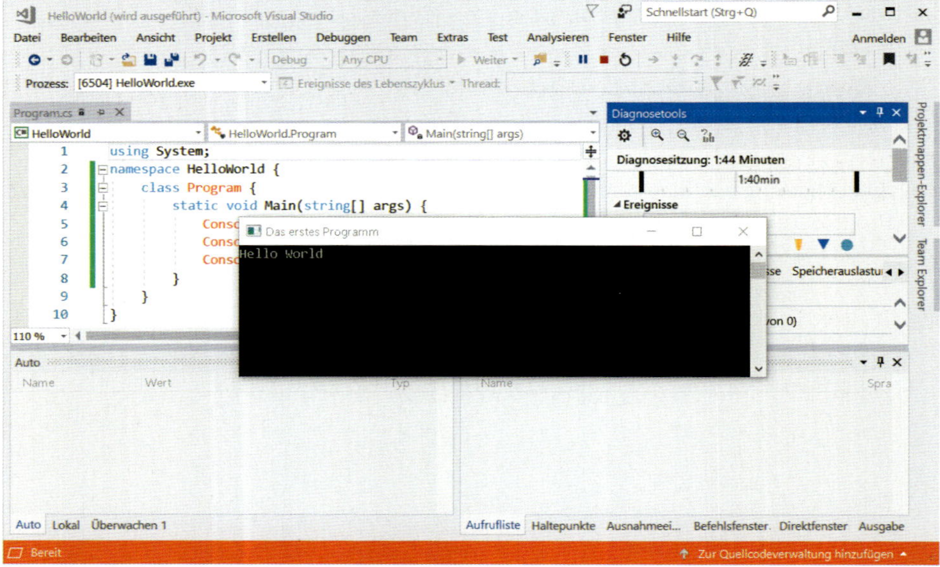

Abb. 1.7: Ausführen von „Hello World"

Die Datei **HelloWorld.exe** wurde nun erzeugt und kann ohne Visual Studio ausgeführt werden. Sie ist in dem jeweiligen Projektordner im Verzeichnis **bin\Debug** bzw. **bin\Release** zu finden. In unserem Beispiel unter:

C:\CSharp_Projekte\HelloWorld\HelloWorld\bin\Debug

Visual Studio kann nun geschlossen werden. Allerdings sollte das Projekt vorher und natürlich auch zwischendurch gespeichert werden. Dazu dient der Menübefehl

Datei | Alles speichern.

Hiermit werden alle notwendigen Dateien für das Projekt angelegt und gesichert.

1.3 Aufgaben

1. Ermitteln Sie im Internet die gerade aktuellste C#- und .NET-Version.
2. Sammeln Sie weitere Informationen über den CIL-Zwischencode.
3. Erkundigen Sie sich über die Arbeitsweise eines Just-in-Time-Compilers.
4. Informieren Sie sich über die Begriffe Assembly, Manifest und Global Assembly Cache im Zusammenhang mit dem .NET-Framework.
5. Informieren Sie sich über den generellen Aufbau und die Werkzeuge (Tools) einer IDE.
6. Laden Sie **Visual Studio Community** herunter und installieren Sie es auf Ihrem Computer.
7. Geben Sie den Quelltext von „Hello World“ als Konsolenanwendung in Visual Studio ein und starten Sie diese.
8. Verändern Sie den Quelltext so, dass anstatt des englischen Textes „Hello World“ der deutsche Text „Hallo Welt“ ausgegeben wird.
9. Speichern Sie das Projekt ab und ermitteln Sie, wie viele Dateien für das Projekt angelegt werden.
10. Starten Sie die **HelloWorld.exe** ohne Visual Studio und außerhalb des Projektordners.

2 Grundlagen

Wenn man eine Programmiersprache benutzten möchte, dann muss man die Syntaxregeln dieser Sprache beachten. In diesem Kapitel werden nun einige wichtige Syntaxregeln für C# vorgestellt. Zuerst befassen wir uns aber mit dem Grundgerüst eines C#-Programms und dem Definieren und Einbinden von Namensräumen. Als Grundlage dient hierfür das Programm „Hello World“ aus dem ersten Kapitel.

2.1 Grundgerüst eines C# Programms und Namensräume

Das Programm „Hello World“ aus Kapitel 1 soll nun genauer betrachtet werden. Dazu wird es in einzelne Blöcke gegliedert und deren Bedeutung erläutert.

`using System;`	Einbinden von Namesräumen. In diesem Fall der Namensraum „System“ für die Ausgaben in der Main-Methode.
`namespace HelloWorld {`	Definition des Namensraums „HelloWorld“ für das Programm. Die geschweifte Klammer steht für den Beginn des Bereichs namespace HelloWorld.
`class Program {`	Definition der Klasse Program. Die geschweifte Klammer steht für den Beginn des Bereichs class Program.
`static void Main(string[] args) {`	Definition der Methode Main. Diese Methode ist die Startmethode jedes C#-Porgamms. Sie wird immer als erstes ausgeführt. Die geschweifte Klammer steht für den Beginn des Bereichs static void Main(string[] args).

`Console.Title = “Das erste Programm”;`
`Console.WriteLine(“Hello World”);`
`Console.ReadKey();`
	Hier steht, was das Programm machen soll. In unserem Fall den
	- Titel des Konsolenfensters setzen,
	- „Hello World“ in der Konsole ausgeben,
	- auf eine Tastatureingabe warten.
	(**Hinweis:** Console.ReadKey(); ist notwendig, damit das Konsolenfenster sich nicht gleich wieder schließt.)

`        }`	Schließende Klammer für den Bereich static void Main(string[] args).
`    }`	Schließende Klammer für den Bereich class Program
`}`	Schließende Klammer für den Bereich namespace HelloWorld

Hieraus kann man nun das generelle Grundgerüst eines C#-Programms ableiten, indem man die aufgabenspezifischen Teile weglässt. In diesem Fall sind es die Anweisungen in der Methode Main. Danach bleibt folgendes Grundgerüst übrig, welches für jedes C#-Programm notwendig ist:

Syntax:
Grundgerüst eines C#-Programmes

```
namespace Bezeichnung {
  class Klassenname {
    static void Main(string[] args) {
    ......
    }
  }
}
```

Das Grundgerüst besteht aus drei Teilen. Als erstes erfolgt die Definition des Namensraums: namespace *Bezeichnung*.

Die Bezeichnung für den Namensraum kann frei gewählt werden. Eigentlich könnte man den Namensraum auch noch weglassen und würde trotzdem ein lauffähiges Programm erhalten. Dies ist aber nicht zu empfehlen.

Als zweites muss die Definition einer Klasse erfolgen: class *Klassenname*.

Dies resultiert aus dem Umstand, dass C# eine rein objektorientierte Sprache ist und alles in Klassen gekapselt werden muss. Als Klassenname kann auch hier ein beliebiger Name gewählt werden. In der Regel wird der Name „Program" verwendet. Dieser wird in Visual Studio automatisch erzeugt.

Der Begriff „Klasse" und der genaue Aufbau einer solchen, wird später in dem Kapitel „Das objektorientierte Konzept von C#" näher erläutert.

Als drittes wird die Startmethode erstellt: static void Main(string[] args).

Das ist jene Methode, welche beim Programmstart als erstes aufgerufen wird. Der Name für diese Methode ist fest vorgeben. Sie muss immer „Main" heißen.

Wenn man diesen Quelltext eingibt, hat man ein lauffähiges Programm, welches sich kompilieren und starten lässt. Das hat natürlich nicht viel Sinn, weil dieses Programm nur startet und sich sofort wieder beendet. Um das Programm „mit Leben zu füllen“, müssen in die Methode Main noch entsprechende Befehle eingeben werden, z. B. Console. WriteLine(“HelloWorld”);. Um diese Anweisung verwenden zu können, muss mit using System; der entsprechende Namensraum eingebunden werden, in dem die Klasse Console definiert ist. Console ist aber nur eine von vielen nützlichen Klassen, welche das .NET-Framework bereitstellt. Und jede dieser Klassen hat einen eigenen Namen. Kein Entwickler kann sich alle Namen des .NET-Frameworks merken. Dies wiederum würde früher oder später dazu führen, dass Bezeichner für Typen verwendet werden, die bereits vergeben sind. Da jeder Typ in C# eindeutig sein muss, führt dies zu Konflikten. Um solchen Konflikten aus dem Weg zu gehen, werden Klassen in einem Namensraum eingeschlossen. Die Namen müssen dann nur innerhalb dieses Namensraums eindeutig sein. Typen mit gleichen Namen lassen sind dann durch den Namensraum eindeutig unterscheiden.

Syntax:
Definition von Namensräumen

```
namespace Bezeichnung {
......
}
```

Beispiel

```
namespace HelloWorld {
...
}
```

Der Namensraum für einen Typ kann u. a. durch den Befehl typeof(*Typ*).Namenspace ermittelt werden. Im Beispiel wird der Namensraum vom Typ „Console“ ermittelt und ausgeben.

Quellcode: Ermittlung des Namensraums vom Typ Console

```
using System;
namespace BeispielNameSpace {
    class Program {
        static void Main(string[] args) {
            Console.WriteLine("Der Namensraum vom Typ <" +
                               typeof(Console).Name +
                               "> ist --> " +
                               typeof(Console).Namespace);
            Console.ReadKey();
        }
    }
}
```

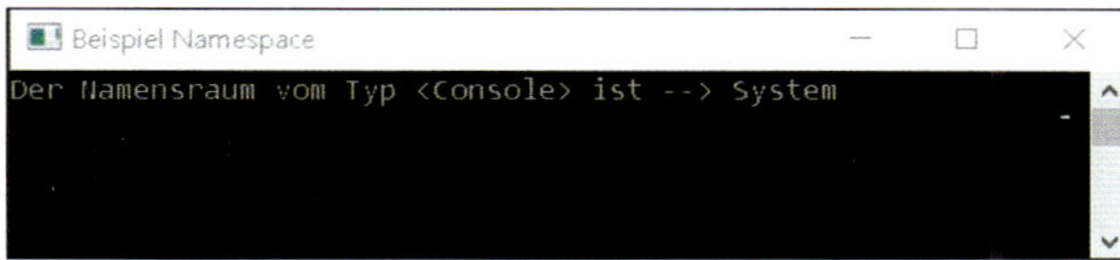

Um die Typen eines bestimmten Namensraums zu verwenden, gibt es zwei Möglichkeiten. Die erste Möglichkeit besteht darin, den Typ mit dem kompletten Namensraum aufzurufen, z. B.

```
System.Console.WriteLine("HelloWorld");
```

Dies bedeutet in der Regel erhöhten Schreibaufwand und die Lesbarkeit des Quelltextes wird dadurch verschlechtert.

Bei der zweiten Möglichkeit bindet man mithilfe der using-Anweisung den Namensraum in das Programm ein. Damit stehen dann alle Typen dieses Namensraums dem Programm zur Verfügung. Diese Vorgehensweise wurde auch im Beispielprogramm „HelloWorld" verwendet.

Beispiele

```
using System;
using System.Text;
using System.Collections.Generic;
```

Durch diese Vorgehensweise lässt sich sehr viel Schreibarbeit sparen und die Lesbarkeit des Quelltextes wird erhöht.

2.2 Groß- und Kleinschreibung, Semikolons und geschweifte Klammern

C# ist *case sensitive*, d. h., es wird zwischen Groß- und Kleinschreibung unterschieden. So sind in C# „console" und „Console" zwei unterschiedliche Bezeichner. Hier schleichen sich, besonders am Anfang, oft Syntaxfehler ein. Der Schreibfehler bei Console.Readkey(); ist z. B. auf den ersten Blick kaum zu erkennen. Syntaxfehler werden zum Glück aber in Visual Studio mit einer roten Wellenlinie gekennzeichnet (siehe Abb. 2.1). In vielen Fällen handelt es sich dabei um Fehler, die auf die Groß- und Kleinschreibung von Wörtern zurückzuführen sind.

```
using System;
namespace Beispiel {
    class Program {
        static void Main(string[] args) {
            Console.Readkey();
        }
    }
}
```

Abb. 2.1: Kennzeichnung von Syntaxfehlern

Eine andere Fehlerquelle am Anfang ist, dass das Setzen von Semikolons vergessen wird. Diese kennzeichnen das Ende einer Anweisung. Wird ein Semikolon vergessen oder falsch gesetzt, wird dies wieder als Syntaxfehler gekennzeichnet. Auf der anderen Seite dürfen aber mehrere Semikolons hintereinanderstehen, z. B. Anweisung;;;;;. Das hat aus programmtechnischer Sicht aber keinen Sinn.

Beispiele

```
using System;
a = b + c;
double betrag = 1.2345;
Console.ReadKey();
```

Eine mögliche dritte Quelle für Syntaxfehler besteht im Vergessen oder falschen Setzen von geschweiften Klammern. Diese fassen Codeabschnitte in zusammengehörige Blöcke zusammen. Man spricht in diesem Zusammenhang auch von Anweisungsblöcken. Ein Anweisungsblock beginnt mit einer öffnenden Klammer und wird mit einer schließenden Klammer beendet. Jeder Anweisungsblock kann eine beliebige Anzahl von Anweisungen enthalten. Blöcke können beliebig ineinander verschachtelt werden.

Beispiele

```
static void Main(string[] args) {
...
}

while ( a < 10 ) {
      if ( b > 20 ) {
            ...
      }
}
```

Die geschweiften Klammern werden auch dazu benutzt, Definitionsbereiche für Namensräume oder Klassen zu erstellen.

Beispiele

```
namespace HelloWorld {
...
}

class Program {
...
}
```

2.3 Bezeichner und Literale

Mithilfe von Bezeichnern wird z. B. eine Variable, eine Klasse oder eine Methode eindeutig identifiziert. Man spricht in diesem Zusammenhang auch von Variablen-, Klassen- oder Methodennamen. Diese Namen müssen innerhalb eines Namensraums eindeutig sein und können im Rahmen nachstehender Regeln frei gewählt werden.

- Ein Bezeichner darf nur alphanumerische Zeichen und Unterstriche enthalten.
- Leerzeichen und andere Sonderzeichen, wie #, §, $ usw., sind nicht zugelassen.
- Ein einzelner Unterstrich allein ist nicht zulässig.
- Ein Bezeichner muss mit einem Buchstaben oder dem Unterstrich anfangen.

Beispiele

Person
umsatz_
_name
anzahlAutos
x_Abstand
y1

Bei der Wahl der Bezeichner werden wir uns im Buch an die Namenskonventionen halten, welche in der C#-Welt üblich sind. Dabei beginnen alle Bezeichner für Namensräume, Klassen, Strukturen, Enums und Methoden mit einem großen Buchstaben. Innerhalb des Bezeichners wechseln dann Groß- und Kleinschreibung ab. Auf Unterstriche innerhalb des Bezeichners wird aber weitestgehend verzichtet. Diese Vorgehensweise wird auch als PascalCase-Notation bezeichnet.

Beispiele

PersonenVerwaltung
HelloWorld
BerechneUmsatz()

Alle Bezeichner für Variablen und Konstanten beginnen dagegen mit einem kleinen Buchstaben. Diese Notation trägt den Namen CamelCase.

Beispiele

anzahlMitarbeiter
anmeldungOK
xAbstand

Bei einem Literal handelt es sich um ein Programmelement, das direkt einen Wert darstellt. Es gibt u. a. Ganzzahl-, Gleitkomma-, Zeichen-, Boolesche und Binäre Literale.

Typ	Beispiel
Ganzzahlliteral	133 // dezimal Literal 0x5ffff oder 0x5FFFF // hexadezimal Literal 224u // unsigned literal
Gleitkommaliteral	66.45 // double Literal 66.45f // float Litertal 66.45e0 // 66,45 66.45e1 // 664,5
Zeichen- und Zeichenfolgenliterale	'a' "Hello World"
Boolesche Literale	true false
Binäre Literale	0B00001101 // dezimal 13 0b00001101 // dezimal 13 0B0000_1101 // dezimal 13

2.4 Schlüsselwörter

Bei den Schlüsselwörtern handelt es sich um reservierte Wörter, die eine besondere Bedeutung in C# besitzen. Sie können nur im vorgesehenen Zusammenhang verwendet werden und sind als Bezeichner nicht erlaubt.

Schlüsselwörter in C#				
abstract	as	base	bool	break
byte	case	catch	char	checked
class	const	continue	decimal	default
delegate	do	double	else	enum
event	explicit	extern	false	finally
fixed	float	for	foreach	goto
if	implicit	in	int	interface
internal	is	lock	long	namespace
new	null	object	operator	out
override	params	private	protected	public
readonly	ref	return	sbyte	sealed
short	sizeof	stckalloc	static	string
struct	switch	this	throw	true
try	typeof	uint	ulong	unchecked
unsafe	ushort	using	using static	virtual
void	volatile	while		

In unserem Programm „Hello World" kommen z. B. folgende Schlüsselwörter vor: using, namespace, class, static, void, string.

Schlüsselwörter können in Visual Studio leicht erkannt werden, weil sie sich farblich von anderen Wörtern unterscheiden. Man spricht in diesem Zusammenhang auch von **Syntaxhervorhebung** oder von **syntax highlighting.**

2.5 Kommentare

Kommentare dienen dazu, Notizen oder Bemerkungen direkt in den Programmquelltext aufzunehmen. Der Text in Kommentaren unterliegt keinen Einschränkungen und ist beliebig zu gestalten. Alle Kommentare werden beim Kompilieren des Programms ignoriert. Mithilfe von Kommentaren ist der Programmierer in der Lage, sein Programm für die Leser verständlicher zu machen. Aber auch wenn es jetzt verlockend erscheint, jede Programmzeile zu kommentieren, sollten Kommentare trotzdem nur sehr gezielt eingesetzt werden.

Folgende Kennzeichnungen für Kommentare sind möglich:

Syntax:
Kommentare

```
//        einzeilige Kommentare, reichen bis zum Ende der jeweili-
          gen Zeile
/*...*/   mehrzeilige Kommentare, reichen über mehrere Zeilen
///       entspricht dem einzeiligem Kommentar, dient aber zur
          Erstellung einer XML-basierten Dokumentation
```

Beispiele

```
// Dies ist ein Kommentar in einer Zeile
/* Dieser Kommentar
        geht über
        mehrere Zeilen */
```

In Visual Studio unterliegen Kommentare auch dem **syntax highlighting** und können somit leicht vom Rest des Quellcodes unterschieden werden.

Die Kommentarfunktionalität wird von Programmierern auch gerne zum Testen von Programmen verwendet. Dazu werden unvollständige, fehlerhafte oder im Augenblick überflüssige Programmteile nicht gelöscht, sondern erst einmal „auskommentiert". Somit steht der Quellcode weiterhin zur Verfügung, wird aber bei der Programmausführung ignoriert. In Abbildung 2.1 wurden die ersten beiden Zeilen in der Methode Main auskommentiert.

```
Program.cs
HelloWorld    HelloWorld.Program    Main(string[] args)
using System;
namespace HelloWorld {
    class Program {
        static void Main(string[] args) {
            /* Console.Title = "Das erstes Programm";
            Console.WriteLine("Hello World"); */
            Console.ReadKey();
        }
    }
}

110 %
```

Abb. 2.2: Auskommentieren von Programmteilen

2.6 Aufgaben

1 Geben Sie das Grundgerüst eines C#-Programms in Visual Studio ein und beobachten Sie nach dem Start, was passiert.

2 Entfernen Sie aus dem Programm die Definition des Namespace (die schließende Klammer bitte auch löschen) und überprüfen Sie, ob sich das Programm noch ausführen lässt.

3 Ermitteln Sie im Internet, welche Klassen die Namensräume „System.Media“ und „System.Timers“ enthalten.

4 Bauen Sie in das HelloWorld-Programm bewusst einige Fehler ein (falsche Groß- und Kleinschreibung, Semikolon entfernen oder eine Klammer löschen) und starten Sie es. Ermitteln Sie, welche Fehlermeldungen Sie erhalten und wo diese in Visual Studio angezeigt werden.

5 Im Gegensatz zum Originalquelltext von „HelloWorld“ sind im nachstehenden Quelltext fünf Syntaxfehler enthalten. Finden Sie diese ohne Visual Studio und überprüfen Sie Ihr Ergebnis erst dann durch Eingabe des Quelltextes. (Syntaxfehler werden in Visual Studio mit einer roten Wellenlinie gekennzeichnet.)

```
using system;
namespace HelloWorld {
  class Program
    static void Main(string[] args) {
      Console.title = “Das erste Programm”;
      Console.WriteLine(“Hello World”)
      Console.ReadKey();
    }
  }
}
```

6 Im nachfolgenden Programm sind einige geschweifte Klammern zu viel oder falsch gesetzt. Finden Sie diese und überprüfen Sie Ihr Ergebnis in Visual Studio.

```
using system {;
namespace Beispiel {
  class Program {
    static void Main(string[] args) {
      Methode1();
      Console.ReadKey(); }
    }

    static void Methode1() {{
     Console.WriteLine("Nun ist die Syntax korrekt."); }
  }
}
```

7 Entscheiden Sie, ob es sich bei den nachfolgenden Namen um korrekte Bezeichner handelt:

- _haus
- ersterMonat
- 12_Monat
- berechne_den_monatsumsatz
- _x_
- anzahl-Mitarbeiter
- §1
- paragraph1
- preisIn$
- beispiel#
- y_y_y
- schließeAnwendung

8 Entscheiden Sie, ob es sich bei den nachfolgenden Angaben um korrekte Literale handelt:

- 12,4
- 12.4
- 0y6ACFF
- 'd'
- Sommer
- 0C0000_0001
- 192371
- 2017
- 2017f
- z
- true

9 Kennzeichnen Sie im folgenden Quelltext sämtliche Schlüsselwörter. Überprüfen Sie Ihr Ergebnis in Visual Studio.

```
using System;
namespace HelloWorld
{
    class Program {
        static void Main(String[] args) {
            int zahl;
            Console.Write("Geben Sie Zahl ein:");
            zahl = Convert.ToInt32(Console.ReadLine());
            if (zahl == 0) {
                Console.Write("Die Zahl ist gleich Null");
```

```
                } else if (zahl < 0) {
                    Console.Write("Die Zahl ist kleiner Null");
                } else {
                    Console.Write("Die Zahl ist größer Null");
                }
                Console.ReadKey();
            }
        }
    }
```

10 Fügen Sie über den Quelltext von „Hello World" folgenden Kommentar ein und ergänzen Sie die Angaben. Verwenden Sie dafür nur Einzeilenkommentare.

==

Autor: *Ihr Name*

Datum: *aktuelles Datum*

==

3 Elementare Sprachbestandteile

In diesem Kapitel werden elementare Sprachbestandteile wie Datentypen, Variablen, Konstanten und Operatoren behandelt. In diesem Zusammenhang wird auch auf die Umwandlung von Datentypen eingegangen. Außerdem werden die Grundlagen für die Ein- und Ausgabe im Konsolenfenster gelegt bzw. vertieft und die Verwendung von Methoden angesprochen.

Auftrag

Es soll ein Programm entwickelt werden, in das der Benutzer zwei ganze Zahlen eingeben kann und welches danach die Summe dieser Zahlen berechnet und ausgibt. Die Ausgabe im Konsolenfenster soll wie folgt aussehen:

Titel des Konsolenfensters: Berechnung der Summe von zwei ganzen Zahlen

Ausgabe im Fenster:

Geben Sie die erste Zahl ein: 23

Geben Sie die zweite Zahl ein: 15

Die Summe der beiden Zahlen ist 28.

Zum Beenden drücken Sie eine beliebige Taste ...

Die Lösung dieser Aufgabe ist im Quellcode „Berechnung der Summe von zwei ganzen Zahlen" ersichtlich.

Quellcode: Berechnung der Summe von zwei ganzen Zahlen

```
using System;
namespace Summe {
    class Program {
        static void Main(string[] args) {
            int zahl1, zahl2, summe;
            Console.Title = "Berechnung der Summe von zwei ganzen
                            Zahlen";
            Console.Write("Geben Sie die erste Zahl ein: ");
            zahl1 = Convert.ToInt32(Console.ReadLine());
            Console.Write("Geben Sie die zweite Zahl ein: ");
            zahl2 = Convert.ToInt32(Console.ReadLine());
            summe = zahl1 + zahl2;
```

```
            Console.WriteLine("Die Summe der beiden Zahlen ist " +
                              summe + ".");
            Console.WriteLine();
            Console.WriteLine("Zum Beenden drücken Sie eine beliebi-
                              ge Taste ...");
            Console.ReadKey();
        }
    }
}
```

Der Quellcode wird nun etwas genauer betrachtet. Dazu wird dieser wieder in einzelne Abschnitte aufgeteilt.

Die Anweisungen in den Zeilen 1-4 und die schließenden geschweiften Klammern am Ende wurden schon in Kapitel 2 behandelt und werden hier nicht mehr weiter erläutert. Der Rest des Quelltextes und dessen Bedeutung sind in der nachfolgenden Tabelle aufgelistet.

int zahl1, zahl2, summe;	Deklaration von Variablen und deren Datentypen
Console.Title = "Berechnung der Summe von zwei ganzen Zahlen";	Setzt den Titel des Konsolenfensters
Console.Write("Geben Sie die erste Zahl ein: ");	Ausgabe im Konsolenfenster
zahl1 = Convert.ToInt32(Console.ReadLine());	Lesen und Speichern der ersten Zahl und Umwandeln des Datentyps
Console.Write("Geben Sie die zweite Zahl ein: ");	Ausgabe im Konsolenfenster
zahl2 = Convert.ToInt32(Console.ReadLine());	Lesen und Speichern der zweiten Zahl und Umwandeln des Datentyps
summe = zahl1 + zahl2;	Berechnung der Summe
Console.WriteLine("Die Summe der beiden Zahlen ist " + summe + "."); Console.WriteLine(); Console.WriteLine("Zum Beenden drücken Sie eine beliebige Taste ...");	Ausgaben im Konsolenfenster
Console.ReadKey();	Warten auf eine Tastatureingabe. Dient dazu, dass das Konsolenfenster geöffnet bleibt. Andernfalls würde es sich nach der Ausführung der letzten Anweisung sofort schließen.

Wenn man die einzelnen Abschnitte zusammenfasst, dann kristallisieren sich folgende Themenbereiche heraus, welche im Anschluss ausführlich behandelt werden:

- Anlegen von Variablen mit den entsprechenden Datentypen
- Ein- und Ausgabe in der Konsole
- Umwandlung von Datentypen
- Berechnungen, die im Abschnitt „Rechenoperatoren" angesprochen werden

3.1 Variablen und Konstanten

Wie in unserem Programm zu sehen ist (Zeilen 8 und 10), müssen die Werte, welche in das Programm eingegeben wurden, erst einmal gespeichert werden, damit man später damit weiterarbeiten kann. Dafür werden Variablen verwendet. Generell kann man also sagen, dass Variablen zum Speichern von Informationen dienen.

3.1.1 Variablen

Variablen besitzen einen Datentyp und einen frei wählbaren Namen. Der Datentyp einer Variablen legt deren Wertebereich sowie die Größe ihres Speicherplatzes fest. Außerdem bestimmt er die Operationen und Funktionen, die für diesen Datentyp angewendet werden können. Der Name ist frei wählbar, muss aber ein gültiger Bezeichner sein (siehe Kapitel 2). In der Regel wird die CamelCase-Notation für die Variablennamen verwendet. Über den Namen kann später die Variable angesprochen werden.

Variablen können an beliebiger Stelle innerhalb einer Klasse oder Methode deklariert werden. Um die Lesbarkeit des Quelltextes zu erhöhen, wird aber empfohlen, dies am Anfang einer Klasse oder Methode zu tun. Dazu wird erst der Datentyp angegeben, danach der Variablenname und zum Schluss wird die Anweisung mit einem Semikolon abgeschlossen. Variablen vom gleichen Datentyp können auch als Aufzählung deklariert werden, dabei werden sie durch ein Komma voneinander getrennt.

Beispiele

```
int zahl;
double preis;
int x, y, z;
char zeichen;
```

3.1.2 Konstanten

Konstanten können wie Variablen deklariert und angesprochen werden, verändern aber während des Programmlaufs ihren Wert nicht. Dieser wird schon bei der Deklaration zugewiesen. Wird trotzdem versucht, den Wert zu ändern, reagiert der Compiler mit einer Fehlermeldung. Konstanten werden mit dem Schlüsselwort `const` gekennzeichnet.

Beispiele

```
const int anzahlMonate = 12;
const double PI = 3.14;
```

3.2 Datentypen

Wie zuvor erwähnt, müssen Variablen und Konstanten einen Datentyp besitzen. In C# gibt es u. a. die folgenden drei elementaren Datentypen: Zahlen (numerische Datentypen), Zeichen und Boolesche Datentypen. Die numerischen Datentypen werden noch in Ganzzahl- und Gleitkommazahl-Typen unterteilt.

3.2.1 Ganzzahl-Datentyp

Ganzzahl-Datentypen besitzen keine Nachkommastellen und werden im Computer immer genau dargestellt. Sie treten in verschiedenen Varianten auf. Dabei unterscheiden sie sich einmal in der Speichergröße und einmal in den Werten, welche sie aufnehmen können. Es gibt zu jeder Speichergröße einen Datentyp, der negative und positive Werte aufnehmen kann, und einen, der nur positive Werte enthalten darf. In der Tabelle stehen die beiden jeweils untereinander.

Datentyp	Wertebereich	Speichergröße
sbyte	-128 bis 127	1 Byte
byte	0 bis 255	1 Byte
short	-32 768 bis 32 767	2 Byte
ushort	0 bis 65 535	2 Byte
int	-2 147 483 648 bis 2 147 483 647	4 Byte
uint	0 bis 4 294 967 295	4 Byte
long	-9 223 372 036 854 775 808 bis 9 223 372 036 854 775 807	8 Byte
ulong	0 bis 18 446 744 073 709 551 615	8 Byte

Beispiele

```
const  byte anzahlMonate = 12;
uint einwohner = 4300971;
int xWert  = - 4447777;
```

3.2.2 Gleitkomma-Datentyp

Gleitkomma-Datentypen enthalten Kommastellen. Der Computer kann jedoch nicht jede Zahl genau darstellen. Dies führt auch bei einfachen Rechnungen zu Rundungsfehlern. Je nach verwendetem Typ ist eine bestimmte Genauigkeit in den Nachkommastellen möglich.

Datentyp	Wertebereich	Genauigkeit	Speichergröße
float	$-3.402823 \cdot 10^{38}$ bis $3.402823 \cdot 10^{38}$	Einfache Genauigkeit, 7 Nachkommastellen	4 Byte
double	$-1.79769313486232 \cdot 10^{308}$ bis $1.79769313486232 \cdot 10^{308}$	Doppelte Genauigkeit, 15 bis 16 Nachkommastellen	8 Byte
decimal	$-7{,}9 \cdot 10^{28}$ bis $7{,}9 \cdot 10^{28}$	Sehr hohe Genauigkeit, 28 bis 29 Nachkommastellen	128 Byte

Beispiele

```
float preis = 12.34;
double verfallszeit = 1.333334453453212345;
double  abweichung = -234.5555555555555;
```

3.2.3 Zeichen-Datentyp

Der Zeichen-Datentyp char kann beliebige Unicode-Zeichen enthalten. C# geht damit über die Möglichkeiten des ASCII-Codes hinaus. Unicode wird voll unterstützt. Dadurch sind die Zeichen nicht nur auf Zahlen und Buchstaben begrenzt, sondern sie können auch Sonderzeichen wie !, “, §, $, %, / sowie Buchstaben anderer Alphabete enthalten, wobei immer nur ein Zeichen gespeichert werden kann. Einzelne Zeichen werden bei der Zuweisung durch Apostrophe eingeschlossen. Außerdem gibt es in C# noch den Datentyp string. Dieser Typ dient zur Aufnahme von Text, der aus beliebig vielen Zeichen bestehen kann. Wie char ist auch dieser Typ uneingeschränkt Unicode-fähig. Ein Text wird in C# durch doppelte Anführungszeichen eingeschlossen.

Datentyp	Wertebereich	Speichergröße
char	ein Zeichen aus dem Unicode-Zeichensatz	2 Byte
string	Zeichenfolge, welche alle Zeichen aus dem Unicode-Zeichensatz enthalten kann	mindestens 20 Byte

Beispiele

```
char zeichen = ‘a’;
string name = “Lehmann”;
string ausgabe = “Dies ist eine wichtige Mitteilung”;
```

3.2.4 Boolescher Datentyp

C# besitzt zur Verwaltung von Wahrheitswerten den Datentyp bool. Dieser kann als Wert nur die Literale „true“ oder „false“ annehmen. Logische Ausdrücke liefern immer einen Booleschen Wert zurück.

Datentyp	Wertebereich	Speichergröße
bool	true, false	1 Byte

Beispiele
bool anmeldungOK = false;
bool istEingabeOK = true;

3.3 Typkonvertierung

Nach der Deklaration besitzt jede Variable einen festgelegten Datentyp, z. B. int oder double. Es ist deshalb nur möglich, dort Werte aus dem Wertebereich des entsprechenden Datentyps zu speichern. So kann einer Variablen vom Typ double keine Zeichenkette „Hello World“ zugewiesen werden. Dies würde einen Fehler erzeugen. Auf der anderen Seite können bestimmte Werte durch mehrere Datentypen dargestellt werden. So kann eine 4 als Ganzzahl, Gleitkommazahl oder sogar als Text „4“ abgespeichert werden. Somit muss es auch Möglichkeiten geben, solche Werte von einem Typ in einen anderen umzuwandeln. Derartige Vorgänge werden als Typkonvertierung bezeichnet. Dabei werden die implizite Konvertierung, die explizite Konvertierung und die Konvertierung mit Hilfsklassen unterschieden.

3.3.1 Implizite Konvertierung

Hier wird der Wert einer Variablen einer anderen Variablen, welche einen anderen Typ besitzt, zugewiesen, ohne dass eine spezielle Syntax dafür erforderlich ist. Dies ist immer dann der Fall, wenn eine typsichere Zuweisung erfolgen kann, d. h., es kann kein Datenverlust eintreten. Ein Beispiel wäre die Konvertierung einer kleineren Ganzzahl in eine größere Ganzzahl. Aber auch andere Konvertierungen sind möglich, solange der Wert in die Variable passt ohne abgeschnitten oder gerundet zu werden.

Beispiele
int a = 10 ; long b = a;
float x = 1.3; double y = x;
int x = 10; float y = x;

3.3.2 Explizite Konvertierung

Diese Art der Konvertierung ist immer dann notwendig, wenn ein Datenverlust eintreten könnte. Ein Beispiel dafür ist u. a. die numerische Konvertierung in einen Datentyp mit geringerer Genauigkeit. Dazu gibt man den Datentyp, in den der aktuelle Wert umgewandelt werden soll, bei der Zuweisung mit an. Somit wird dem Compiler mitgeteilt, dass man sich bewusst ist, dass es zu Datenverlusten kommen kann. Man spricht in diesem Zusammenhang auch vom **Casten**. Wenn z. B. eine double-Zahl einer integer-Zahl zugewiesen wird, dann sagt man auch, man castet einen double-Wert auf einen integer-Wert.

Beispiele
double a = 10.99 ; float b = (float) a;
double x = 1.3; int y = (int) x;
int x = 10; uint y = (uint) x;

3.3.3 Konvertierung mit Hilfsklassen

Für eine Konvertierung von nicht kompatiblen Datentypen, z. B. einen String in eine Ganzzahl oder umgekehrt, müssen Hilfsklassen verwendet werden. Das kann u. a. durch die Convert-Klasse geschehen. Sind die Konvertierungen nicht möglich, kommt es zu einer Fehlermeldung. So kann etwa die folgende Umwandlung nicht durchgeführt werden:

```
int x = Convert.ToInt32("Hello World"); // Erzeugt einen Fehler
```

Gibt man hinter Convert einen Punkt ein, erhält man in Visual Studio eine Liste von Konvertierungsmöglichkeiten und deren Beschreibung.

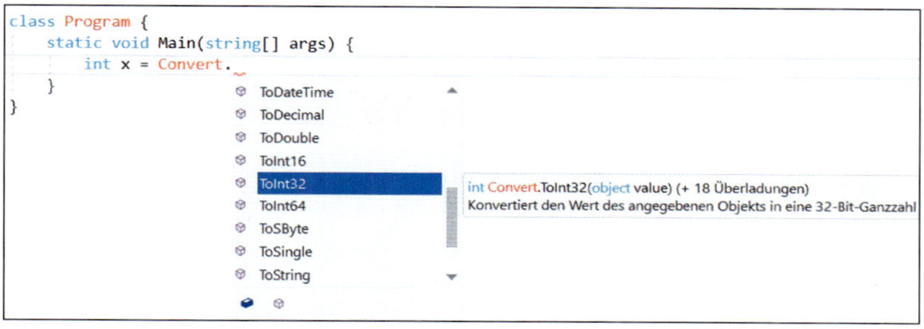

```
class Program {
    static void Main(string[] args) {
        int x = Convert.
    }
}
```

ToDateTime
ToDecimal
ToDouble
ToInt16
ToInt32
ToInt64
ToSByte
ToSingle
ToString

int Convert.ToInt32(object value) (+ 18 Überladungen)
Konvertiert den Wert des angegebenen Objekts in eine 32-Bit-Ganzzahl

Abb. 3.1: Liste von Konvertierungsmöglichkeiten

Beispiele

string s = "4" ; int b = Convert.ToInt32(s); // Wandelt einen Text in eine Ganzzahl um
string s = 1.3; double y = Convert.ToDouble(s); // Wandelt einen Text in eine Gleitkommazahl um
int x = 10; string s = Convert.ToString(x); // Wandelt eine Ganzzahl in einen Text um

3.4 Operatoren

Wenden wir uns der Zeile summe = zahl1 + zahl2; in unserem Beispielprogramm (siehe S. 25) zu. Hier werden die Zahlen, die durch den Benutzer eingegeben wurden, addiert. Um dies in Programmen auszudrücken, werden Operatoren verwendet. Generell kann man festhalten, dass Operatoren Symbole sind, die Verarbeitungsaktionen in Ausdrücken auslösen. In einem Ausdruck werden die Operatoren hinsichtlich der Ausführungsreihenfolge nach Prioritäten eingeteilt. Die Ausführungsreihenfolge kann auch durch das Setzen von runden Klammern festgelegt werden. Der Inhalt der Klammern wird immer zuerst ausgewertet, da ihm die höchste Priorität zukommt. Für die Addition im Beispiel wird der arithmetische Operator + verwendet. Es gibt aber noch eine Reihe anderer Operatoren, die nachstehend im Einzelnen betrachtet werden sollen.

3.4.1 Arithmetische Operatoren

Arithmetische Operatoren, auch Rechenoperatoren genannt, führen mathematische Berechnungen durch, wobei sie in der Eingabe Ganz- oder Gleitkommazahlen erwarten und ein numerisches Ergebnis liefern. Der Modulo-Operator % erwartet allerdings nur Ganzzahlen. C# rechnet nach den üblichen mathematischen Regeln, d. h., es gilt Punkt- vor Strichrechnung. Allerdings kann diese Regelung – wie in der Mathematik auch – durch das Setzen von runden Klammern geändert werden. Außerdem muss man bei der Division darauf achten, dass nicht durch die Zahl Null geteilt wird, da dies mathematisch nicht definiert ist und zur Laufzeit der Anwendung einen entsprechenden Fehler auslöst. Nachfolgend ist eine Übersicht der arithmetischen Operatoren zu finden.

Operator	Bezeichnung	Bedeutung	Beispiel

+	Addition	a + b ergibt die Summe von a und b.	int x = 2;
			int y = 3;
			
			// Die Summe ist 5.
			int summe = x + y;

–	Subtraktion	a – b ergibt die Differenz von a und b.	double x = 2;
			double y = 3;
			
			// Die Differenz ist -1.
			double differenz = x - y;

*	Multiplikation	a * b ist das Produkt aus a und b.	double x = 2;
			double y = 3;
			
			// Das Produkt ist 6.
			double produkt = x * y;

/	Division	a / b ist der Quotient von a und b.	double x = 2;
			double y = 3;
			
			// Der Quotient ist 0,666.
			double quotient = x / y;

%	Modulo	a % b ist der Rest der ganzzahligen Division von a und b.	int x = 2;
			int y = 3;
			
			// Der Rest ist 2.
			int rest = x % y;
			
			// weitere Beispiele
			int rest = 5 % 3; // rest ist 2
			int rest = 25 % 5; // rest ist 0
			int rest = 123 % 60; // rest ist 3

Operator	Bezeichnung	Bedeutung	Beispiel

++	Preinkrement	++a erhöht die Variable a um 1 vor der weiteren Verwendung.	int x = 2;
			
			// x ist 3 und y ist auch 3.
			int y = ++x;

	Postinkrement	a++ erhöht die Variable a um 1 nach der Verwendung.	int x = 2;
			
			// x ist 3, y ist aber 2.
			int y = x++;

--	Predekrement	--a verringert die Variable a um 1 vor der weiteren Verwendung.	int x = 2;
			
			// x ist 1 und y ist auch 1.
			int y = --x;

	Postdekrement	a-- verringert die Variable a um 1 nach der Verwendung.	int x = 2;
			
			// x ist 1, y ist aber 2.
			int y = x--;

3.4.2 Zuweisungsoperatoren

Die einfache Zuweisung ist uns hier schon des Öfteren begegnet. Der einfache Zuweisungsoperator = bewirkt, dass in einem gegebenen Objekt ein Wert gespeichert wird. Dabei steht auf der linken Seite immer das Objekt, dem etwas zugewiesen werden soll, und auf der rechten Seite immer der Wert, der zugewiesen wird.

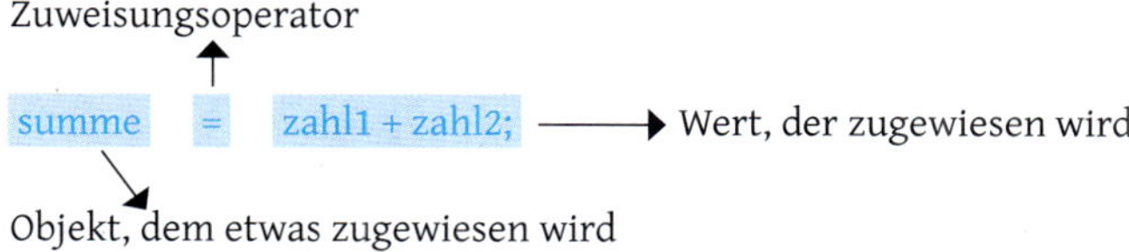

Es gibt aber auch Zuweisungsoperatoren, die im Zusammenhang mit anderen Operatoren eine verkürzte Schreibweise für Ausdrücke darstellen (siehe folgende Übersicht).

Operator	Bezeichnung	Bedeutung	Beispiel
=	einfache Zuweisung	Speicherung eines Werts in einem Objekt	a = a + 3;

+=	Zuweisung mit Addition	Addition eines Werts zum Objekt mit gleichzeitiger Zuweisung des Ergebnisses	a += 3;
			
			entspricht auch:
			a = a +3;

-=	Zuweisung mit Subtraktion	Subtraktion eines Werts vom Objekt mit gleichzeitiger Zuweisung des Ergebnisses	a -= 3;
			
			entspricht auch:
			a = a - 3;

Operator	Bezeichnung	Bedeutung	Beispiel

*=	Zuweisung mit Multiplikation	Multiplikation eines Werts mit einem Objekt mit gleichzeitiger Zuweisung des Ergebnisses	a *= 3;
			
			entspricht auch:
			a = a * 3;

/=	Zuweisung mit Division	Division des Objekts durch einen Wert mit gleichzeitiger Zuweisung des Ergebnisses	a /= 3;
			
			entspricht auch:
			a = a / 3;

%=	Zuweisung mit Modulo	Berechnung von Modulo mit gleichzeitiger Zuweisung des Ergebnisses	a %= 3;
			
			entspricht auch:
			a = a % 3;

3.4.3 Relationale Operatoren (Vergleichsoperatoren)

Relationale Operatoren werden auch Vergleichsoperatoren genannt, weil sie Ausdrücke miteinander vergleichen und ein logisches Ergebnis liefern, entweder „true" (wahr) oder „false" (falsch).

Operator	Bezeichnung	Bedeutung	Beispiel

==	Gleichheit	a == b ergibt true, wenn a und b gleich sind.	if (x == 10) {
			...
			}

!=	Ungleichheit	a != b ergibt true, wenn a und b ungleich sind.	if (x != 10) {
			...
			}

<	kleiner	a < b ergibt true, wenn a kleiner b ist.	if (x < 10) {
			...
			}

>	größer	a > b ergibt true, wenn a größer b ist.	if (x > 10) {
			...
			}

<=	kleiner gleich	a <= b ergibt true, wenn a kleiner oder gleich b ist.	if (x <= 10) {
			...
			}

>=	größer gleich	a >= b ergibt true, wenn a größer oder gleich b ist.	if (x >= 10) {
			...
			}

3.4.4 Boolesche Operatoren (logische Operatoren)

Boolesche Operatoren werden auch logische Operatoren genannt. Sie stammen aus der Booleschen Algebra und dienen der logischen Verknüpfung von Aussagen. Mit ihrer Hilfe werden einzelne Vergleichsoperationen zu komplexeren Bedingungen zusammengefügt.

<table>
<tr><th>Operator</th><th>Name</th><th>Bedeutung</th><th>Beispiel</th></tr>
<tr><td>!</td><td>Negation</td><td>invertiert den Ausdruck</td><td>if !(x == 10) {
...
}</td></tr>
<tr><td>&&</td><td>Und</td><td>ergibt true, wenn beide Operanten true sind</td><td>if ((x == 10) && (y < 20)) {
...
}</td></tr>
<tr><td>||</td><td>Oder</td><td>ergibt true, wenn mindestens ein Operant true ist</td><td>if ((x == 10) || (y == 10) {
...
}</td></tr>
</table>

Die Wahrheitstabelle der einzelnen Operatoren sieht wie folgt aus:

<table>
<tr><th>x</th><th>y</th><th>x && y</th><th>x || y</th><th>!x</th><th>!y</th><th>!(x && y)</th><th>!(x || y)</th></tr>
<tr><td>true</td><td>true</td><td>true</td><td>true</td><td>false</td><td>false</td><td>false</td><td>false</td></tr>
<tr><td>true</td><td>false</td><td>false</td><td>true</td><td>false</td><td>true</td><td>true</td><td>false</td></tr>
<tr><td>false</td><td>true</td><td>false</td><td>true</td><td>true</td><td>false</td><td>true</td><td>false</td></tr>
<tr><td>false</td><td>false</td><td>false</td><td>false</td><td>true</td><td>true</td><td>true</td><td>true</td></tr>
</table>

3.4.5 Bit-Operatoren

Bit-Operatoren arbeiten auf der Bit-Ebene und können nur für ganzzahlige Typen verwendet werden. Dabei wird jedes einzelne Bit miteinander verglichen und je nach Operator wird für dieses Bit ein Ergebnis erzeugt.

Operator	Name	Bedeutung	Beispiel

~	Bitweise Negation	invertiert den Ausdruck	sbyte x = 1;
			x = ~x; // x ist -2
			Bitdarstellung:
			x: 0000 0001 ergibt
			~x: 1111 1110

&	Bitweises Und	ergibt true, wenn beide Operanten true sind	sbyte x = 1;
			sbyte y = 3;
			sbyte z = x & y; // z ist 1
			Bitdarstellung:
			x: 0000 0001 &
			y: 0000 0011
			z: 0000 0001

Operator	Name	Bedeutung	Beispiel

|	Bitweises Oder	ergibt true, wenn mindestens ein Operant true ist	sbyte x = 1;
			sbyte y = 3;
			sbyte z = x | y; // z ist 3
			Bitdarstellung:
			x: 0000 0001 |
			y: 0000 0011
			z: 0000 0011

^	Bitweises Exclusiv-Oder (XOR)	ergibt true, wenn genau ein Operant true ist	sbyte x = 1;
			sbyte y = 3;
			sbyte z = x & y; // z ist 2
			Bitdarstellung:
			x: 0000 0001 &
			y: 0000 0011
			z: 0000 0010

Die Ergebnisse pro Operator, bezogen auf ein einzelnes Bit, sind in der nachfolgenden Tabelle noch einmal dargestellt.

x	y	x & y	x | y	x ^ y	~x	~y
1	**1**	1	1	0	0	0
1	**0**	0	1	1	0	1
0	**1**	0	1	1	1	0
0	**0**	0	0	0	1	1

3.5 Arbeit mit der Konsole

Nun bleibt nur noch der letzte Teil des Beispielprogramms übrig, nämlich alles, was mit der Ein- und Ausgabe im Konsolenfenster zu tun hat. Konsolenprogramme sind sehr nützlich, um schnell Algorithmen auszuprobieren, ohne lange eine Benutzeroberfläche erstellen zu müssen. Man kann sich so auf das Wesentliche des Algorithmus konzentrieren. Trotzdem ist es notwendig, grundlegende Ein- und Ausgabebefehle zu haben, um mit dem Programm interagieren zu können. Hierfür werden die statischen Methoden der Klasse Console verwendet.

3.5.1 Konsolenausgabe

Zur Ausgabe von Zeichenketten, Zahlen und weiteren Elementen verwendet man folgende Befehle:

Syntax:
Konsolenausgabe in C#

```
// Ausgabe ohne Zeilenwechsel
Console.Write(…);
// Ausgabe mit Zeilenwechsel
Console.WriteLine(…);
```

In die runden Klammern wird der Inhalt geschrieben, der ausgeben werden soll. Dies können einfacher Text, Zahlen, der Inhalt von Variablen oder eine Kombination aus allen sein. Durch den Operator + werden die Inhalte miteinander verknüpft. Es können aber auch Berechnungen und Vergleiche innerhalb des Ausgabefehls ausgeführt und das Ergebnis ausgeben werden. Dabei wandelt der Befehl für die Ausgabe automatisch alle Datentypen in string um und verknüpft sie zu einer einzigen Zeichenkette.

Beispiele

```
Console.WriteLine("Hello World");
Console.WriteLine("Die Summe der beiden Zahlen ist " + summe);
Console.WriteLine();
```

Um etwa die Ausgabe von Gleitkommazahlen zu formatieren, kann eine Variante von Console.WriteLine() genutzt werden, die mit nummerierten Platzhaltern arbeitet. Dabei wird auf die Verwendung des Plus-Operators verzichtet und stattdessen an die entsprechenden Stellen eine fortlaufende Nummer in geschweifte Klammern gesetzt. Am Ende des Textes werden dann, durch Komma getrennt, die Inhalte aufgelistet, welche an die Stellen der Platzhalter geschrieben werden sollen. Die Ausgabe

```
Console.WriteLine("Der Durchschnittspreis beträgt " + durchschnitt + " Euro");
```

würde dann wie folgt aussehen:

```
Console.WriteLine("Der Durchschnittspreis beträgt {0} Euro", durchschnitt);
```

Diese Ausgabe kann nun noch formatiert werden, indem die Ausgabe des Durchschnittspreises auf zwei Nachkommastellen begrenzt wird. Dazu wird nach der Nummer des Platzhalters ein :F angegeben und danach die Anzahl der Nachkommastellen:

```
Console.WriteLine("Der Durchschnittspreis beträgt {0:F2} Euro", durchschnitt);
```

Beispiele

```
Console.WriteLine("Der erste Wert ist {0} und der zweite Wert ist {1} ", wert1, wert2);
Console.WriteLine("Die Abweichung beträgt {0:F8} ", abweichung);
Console.WriteLine("Exponentialschreibweise {0:E} ", x);
```

Es gibt noch weitere Möglichkeiten, die Ausgabe zu formatieren. Aber wie schon erwähnt, soll die Arbeit mit der Konsole nur auf das Wesentliche beschränkt werden, damit wir uns auf die Algorithmen konzentrieren können.

Zu guter Letzt sehen wir uns noch kurz die Benutzung einiger wichtiger Escape-Sequenzen an, wie z. B. \n für den Zeilenumbruch. Für alle Escape-Sequenzen gilt, dass sie durch einen Backslash eingeleitet werden müssen. Ansonsten können sie an beliebiger Stelle in die Ausgabe eingebaut werden. Die Übersicht auf der letzten Seite erläutert einige Escape-Sequenzen.

Escape-Sequenz	Bedeutung
\\	Ausgabe des Backslash
\"	Ausgabe von Anführungsstrichen
\n	Zeilenumbruch
\t	Standardtabulator

Beispiele

```
Console.Write("Hello World \n");
Console.WriteLine("Ausgabe eines Backslash \\");
Console.WriteLine("\"");
```

Zum Abschluss wird ein Programm vorgestellt, welches verschiedene Möglichkeiten der Ausgabe in einem Konsolenfenster demonstriert und die Ausgabe nach dem Starten des Programms abbildet.

Quellcode: AusgabeBeispiele

```
using System;
namespace AusgabeBeispiele {
    class Program {
        static void Main(string[] args) {
            string s = "Beispieltext";
            int i = 12;
            double d = 44.6453237;
            Console.Title = "Beispiele für Ausgaben";
            Console.WriteLine("Hier kommen die Beispiele:");
            Console.WriteLine();
            Console.WriteLine("Erste Variante der Ausgabe von Vari-
                              ablen");
            Console.WriteLine("Text: " + s +
                              "  Ganze Zahl: " + i +
                              "  Gleitkommazahl: " + d + "\n");
            Console.WriteLine("Zweite Variante der Ausgabe von Vari-
                              ablen");
            Console.WriteLine("Text: {0}
                              Ganze Zahl: {1}
                              Gleitkommazahl: {2} \n",s ,i, d);
            Console.WriteLine("Gleitkommazahl auf 3 Nachkommastellen
                              formatiert");
            Console.WriteLine("Gleitkommazahl: {0:F3} \n", d);
            Console.WriteLine("------------------------------");
            Console.Write("Berechnung: Das Ergebnis von 3 + 4 ist "
                          + (3 + 4) + "\n");
            Console.WriteLine("------------------------------");
            Console.WriteLine("Ausgabe eines Verzeichnispfades");
            Console.WriteLine("\"C:\\Projekte\\Beispielprogramm\"\n");
```

```
                Console.WriteLine("Drücken Sie zum Beenden eine beliebi-
                                    ge Taste ...");
                Console.ReadKey();
            }
        }
}
```

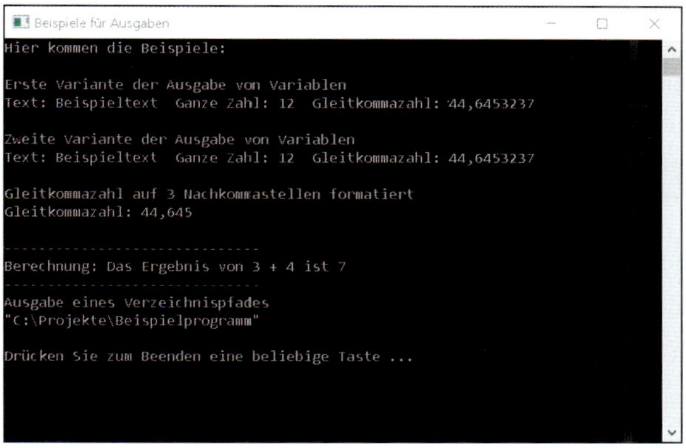

```
Beispiele für Ausgaben
Hier kommen die Beispiele:

Erste Variante der Ausgabe von Variablen
Text: Beispieltext  Ganze Zahl: 12  Gleitkommazahl: 44,6453237

Zweite Variante der Ausgabe von Variablen
Text: Beispieltext  Ganze Zahl: 12  Gleitkommazahl: 44,6453237

Gleitkommazahl auf 3 Nachkommastellen formatiert
Gleitkommazahl: 44,645

----------------------------
Berechnung: Das Ergebnis von 3 + 4 ist 7
----------------------------
Ausgabe eines Verzeichnispfades
"C:\Projekte\Beispielprogramm"

Drücken Sie zum Beenden eine beliebige Taste ...
```

Abb. 3.2: Beispiele für Ausgaben

3.5.2 Konsoleneingabe

Benutzereingaben über die Konsole realisiert man in C# vorzugsweise mit der Methode ReadLine().

Syntax:
Konsoleneingabe in C#

```
Console.ReadLine();
```

Wenn die Anweisung Console.ReadLine() ausgeführt wird, wartet das Programm auf eine Eingabe vom Benutzer, welche dieser durch Drücken der Enter-Taste abschließen muss. Danach übergibt die Methode die Eingabe des Benutzers an das Programm. Dies erfolgt immer in Form einer Zeichenkette, egal, ob es sich um einen Text, eine ganze Zahl oder eine Gleitkommazahl handelt. Diese Zeichenkette muss nun zur weiteren Verarbeitung gespeichert werden. Dazu werden in der Regel Variablen verwendet (siehe Kapitel 3.1.1). Wenn die Eingabe in einer Variablen vom Typ string gespeichert werden soll, ergibt sich kein weiteres Problem. Soll die Eingabe allerdings an eine Variable mit einem anderen Datentyp übergeben werden, muss erst noch eine Typumwandlung stattfinden. Dies kann durch den Befehl Convert geschehen (siehe Kapitel 3.3).

Beispiele

```
string s = Console.ReadLine();
int anzahl = Convert.ToInt32(Console.ReadLine());
double preis = Convert.ToDouble(Console.ReadLine());
```

3.5.3 Weitere Konsolenbefehle

Die Klasse Console enthält noch viele weitere nützliche Methoden. Eine Liste davon wird angezeigt, wenn man das Wort Console eingibt und dahinter einen Punkt setzt. Hervorzuheben ist besonders die Methode Console.ReadKey(), welche auf eine beliebige Tastatureingabe wartet. Diese wurde schon von Anfang an in den Programmen verwendet, damit man sich die Ausgabe im Konsolenfenster in Ruhe ansehen kann. Ein Weglassen dieser Anweisung am Ende des Programms hätte zur Folge, dass sich das Konsolenfenster sofort wieder schließen würde.

In der Tabelle werden nun einige nützliche Methoden und Eigenschaften aufgeführt und erläutert:

Methode	Erläuertung
Console.ReadKey();	Ruft die nächste vom Anwender gedrückte Zeichen- oder Funktionstaste ab. Es wird eine **ConsoleKeyInfo** zurückgegeben.
Console.Clear();	Löscht alle Anzeigeinformationen aus dem Konsolenfenster.
Console.Title;	Ruft den in der Konsolenleiste angezeigten Titel ab oder setzt ihn neu. **Beispiel:** Console.Title = "Beispiele für Ausgaben";
Console.BackgroundColor;	Ruft die Hintergrundfarbe des Konsolenfensters ab oder legt diese fest. **Beispiel:** Console.BackgroundColor = ConsoleColor.Gray;
Console.ForegroundColor;	Ruft die Vordergrundfarbe des Konsolenfensters ab oder legt diese fest. **Beispiel:** Console.ForegroundColor = ConsoleColor.Red;

3.6 Aufgaben

1 Legen Sie für alle einzelnen Daten in der Tabelle eine Variable an. Achten Sie dabei auf den richtigen Datentyp und wählen Sie sinnvolle Variablennamen.

Mitarbeiterdaten	
Laufende Nummer	12
Name des Mitarbeiters	Maier, Hans
Alter des Mitarbeiters	38
Adresse	Mühlenweg 1A, 01069 Dresden
Telefonnummer	0177-1234567
Beruf	Fachinformatiker
Verheiratet, Lohnsteuerkasse	Ja, 3
Kinder	2
Lohn/Gehalt	2 571,36

2 Entscheiden Sie, ob es sich um eine gültige Typumwandlung handelt.

a) double x = Convert.ToDouble(13.4);
b) double x = Convert.ToInt32(13.4);
c) double x = Convert.ToDouble(13..4);
d) int x = Convert.ToInt32("W");
e) int x = 12; sbyte y = x;
f) int x = 12; sbyte y = (sbyte)x;
g) sbyte x = 12; int y = x;

3 Wandeln Sie den Wert mithilfe einer Typumwandlung korrekt um.

a) 34.5 in einen Text
b) int x = 3; in einen long-Wert
c) int x = 3; in einen double-Wert
d) "55,55" in einen float-Wert
e) double x = 12.4; in einen float-Wert
f) float x = 12.4; in einen double-Wert
g) "177" in einen Integer-Wert

Lösen Sie die nachfolgenden Aufgaben erst schriftlich und überprüfen Sie dann die Ergebnisse mithilfe eines Konsolenprogramms, indem Sie sich die Ergebnisse durch den Befehl Console.WriteLine(); anzeigen lassen. **Beispiel:** Console.WriteLine(123 % 7);

4 Was kommt als ganzzahliger Rest heraus?

a) 123 % 7
b) 12345 % 100
c) 121 % 11
d) 10 % 2
e) 11 % 2
f) 12 % 2
g) 13 % 2
h) 481 % 60
i) 7 % 3
j) -7 % 3
k) -7 % -3
l) 7 % -3
m) 5 % 7
n) 0 % 7
o) 7 % 0

5 Welchen Wert hat x nach jeder Anweisung? Gegeben ist immer int x = 12;.

a) x += 12;
b) x *= 12;
c) x -= 12;
d) x /= 12;
e) x %= 12;
f) x = ((x + x) – (x * 2)) / 4;
g) x = ++x;
h) x = x++;
i) x += ++x + x++;
j) x = x+++x;
k) x = x+++++x;

6 Geben Sie an, ob das Ergebnis „true" oder „false" ist. Gegeben ist immer bool x1 = true; bool x2 = false;.

a) ergebnis = (x1 && x2);
b) ergebnis = !(x1 || x2);
c) ergebnis = (!x1 && !x2);
d) ergebnis = (x1 || x2) && (!x1 && x1)

7 Ermitteln Sie, welchen Wert z annimmt. Berechnen Sie das Ergebnis in Bit-Schreibweise und wandeln Sie es anschließend wieder in einen dezimalen Wert um.

a) sbyte x = 10; sbyte y = 5;
z = x ^ y;
b) sbyte x = 10; sbyte y = 5;
z = x | y;

c) sbyte x = 10; sbyte y = 5;
   z = x & y;
d) sbyte x = 20; sbyte y = 44;
   z = ~x | y;
e) sbyte x = 100; sbyte y = 51;
   z = x ^ ~y;

8 Schreiben Sie ein Programm, welches nach der Eingabe des Mitarbeiternamens, dessen Alter und Gehalts diese Daten wieder im Konsolenfenster ausgibt. Dabei soll das Alter in einer Ganzzahlvariablen und das Gehalt in einer Gleitkommazahlvariablen gespeichert werden. Die Ein- und Ausgabe soll wie folgt aussehen:

Titel Konsolenfenster: Eingabe Mitarbeiterdaten

Geben Sie folgende Mitarbeiterdaten ein:

Name: Maier

Vorname: Paul

Alter: 35

Gehalt in Euro: 2500,43

{ zwei Leerzeilen }

Der Mitarbeiter "Maier, Paul" ist 35 Jahre alt und hat ein Gehalt von 2500,43 Euro im Monat.

{ zwei Leerzeilen }

Drücken Sie zum Beenden des Programms eine beliebige Taste ...

9 Schreiben Sie ein Programm, welches Ihnen folgenden Text im Konsolenfenster ausgibt:

Dieses ist eine Testausgabe.
Zum Löschen des Bildschirms drücken sie eine beliebige Taste ...

Nach dem Drücken einer Taste soll der Bildschirm gelöscht werden und folgender Text erscheinen:

Der Bildschirm wurde gelöscht.
Zum Beenden des Programms drücken sie eine beliebige Taste ...

Nach dem Drücken einer weiteren beliebigen Taste soll das Programm beendet und das Konsolenfenster geschlossen werden.

10 Erweitern Sie das Programm aus Aufgabe 9 so, dass der zweite Teil des Ausgabetextes immer in Rot erscheint. Außerdem soll der Hintergrund nach dem Löschen des Bildschirms auf Blau geändert werden. (Hinweis: Der ganze Bildschirm wird erst nach einem Console.Clear(); in der entsprechenden Hintergrundfarbe erscheinen.)

4 Anweisungsfolgen und Methoden

In diesem Kapitel werden wir kennenlernen, wie man einfache Algorithmen mithilfe eines Struktogramms plant und diese dann in ein C#-Programm umsetzt. Dabei beschränken wir uns erst einmal auf eine lineare Abfolge von Anweisungen, die sogenannten Anweisungsfolgen. Trotzdem können auch solche Programme komplex und unübersichtlich werden, wenn es sich um eine große Anzahl von Anweisungen handelt. Wenn die Komplexität zunimmt, ist es notwendig, das Programm zu strukturieren, um es wartbar zu halten. Hier werden wir die Methoden als ein Mittel dazu kennenlernen. Zunächst einmal beschäftigen wir uns mit der Anweisungsfolge, auch Sequenz genannt.

4.1 Anweisungsfolge (Sequenz)

Anweisungen beschreiben einzelne Arbeitsschritte, die zur Lösung einer Problemstellung erforderlich sind. Anweisungen werden nacheinander (sequenziell) von oben nach unten und genau einmal abgearbeitet. Einzelne Anweisungen in Programmen können z. B. Zuweisungen, Berechnungen oder Ein- und Ausgaben sein und werden immer mit einem Semikolon abgeschlossen. Sollen für die Lösung einer Aufgabe mehrere Anweisungen hintereinander ausgeführt werden, spricht man von einer Anweisungsfolge oder auch Sequenz.

In einem Struktogramm würde eine Anweisung oder Anweisungsfolge wie folgt dargestellt:

einzelne Anweisung

Anweisung 1
Anweisung 2
Anweisung n

Auftrag

Es soll ein Programm entwickelt werden, in das der Benutzer die getankte Benzinmenge in Litern und den Preis pro Liter in Euro eingeben kann. Danach sollen die Kosten für das Tanken berechnet und ausgegeben werden. Die Ausgabe im Konsolenfenster soll wie folgt aussehen:

Titel des Konsolenfensters: Berechnung der Tankkosten

Ausgabe im Fenster:

Geben Sie bitte die Tankmenge in Liter ein: 44,3

Geben Sie bitte den Preis pro Liter in Euro ein: 1,30

Die Tankkosten betragen 57,59 Euro.

Zum Beenden drücken Sie eine beliebige Taste ...

Als erstes wird ein Struktogramm entwickelt, um sich die grundlegende Struktur des Algorithmus klar zu machen. Für die Aufgabe sieht das Struktogramm wie folgt aus:

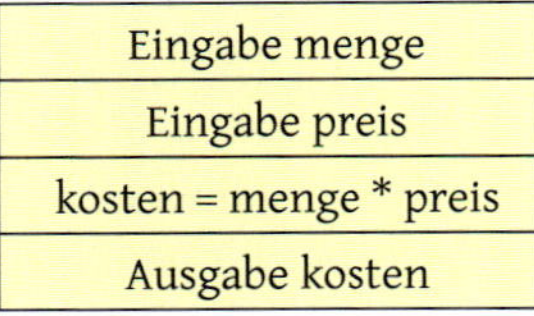

Hierbei wird meistens nur der grundlegende Algorithmus abgebildet. Auf Ausgaben, welche einer benutzerfreundlichen Gestaltung des Programms dienen, wird dabei verzichtet. Durch diese Verkürzungen lenken die benutzerfreundlichen Teile im Struktogramm nicht vom eigentlichen Algorithmus ab. Sie werden erst beim Schreiben des Programms hinzugefügt.

Als zweiter Schritt wird nun der Algorithmus in C# umgesetzt. Eine Ein-zu-eins-Umsetzung des Algorithmus würde so aussehen:

Quellcode: Tankkosten (nur der reine Algorithmus)

```
using System;
namespace Tankkosten {
   class Program {
      static void Main(string[] args) {
         // Eingabe menge
         double menge = Convert.ToDouble(Console.ReadLine());
         // Eingabe preis
         double preis = Convert.ToDouble(Console.ReadLine());
         double kosten = menge * preis;     // kosten = menge * preis
         Console.WriteLine(kosten);         // Ausgabe kosten
      }
   }
}
```

In den ersten beiden Zeilen erhält der Benutzer die Möglichkeit, die Tankmenge und den Preis pro Liter einzugeben. Da alle Eingaben in die Konsole erst einmal als Text interpretiert werden, auch wenn es Zahlen sind, müssen diese noch in einen Gleitkommawert umgewandelt werden. Dies wird durch den Befehl `Convert.ToDouble(Console.ReadLine());` realisiert. Wir gehen erst einmal davon aus, dass der Benutzer nur korrekte Eingaben macht. Alle anderen Eingaben, z. B. die Eingabe von Buchstaben oder Wörtern, würden zu einer Exception (Exceptionen werden in Kapitel 9 behandelt) führen, da diese nicht in double-Werte umgewandelt werden können. Danach werden die Kosten berechnet und ausgegeben.

Obwohl das Programm syntaktisch korrekt ist und auch die Tankkosten richtig berechnet und ausgibt, ist es in der Praxis kaum zu benutzen. Es ist schlicht und einfach nicht benutzerfreundlich genug. Die Benutzerfreundlichkeit des Programms muss nun noch gestaltet werden. Dieses kann z. B. durch die Ausgabe von entsprechenden Textzeilen geschehen. Dabei sind der Phantasie und dem Geschmack des Entwicklers keine Grenzen gesetzt. Da es in diesem Buch aber vor allem um das Erlernen von C# geht und weniger um Fragen des Oberflächendesigns von Programmen, werden wir als Gestaltungselemente nur jene einfügen, welche zur Bedienung des Programms unbedingt notwendig sind. Durch die spätere Entwicklung von Programmen mithilfe von Windows-Forms oder WPF erhalten diese automatisch eine benutzerfreundlichere Oberfläche.

Hier nun ein Beispiel, wie das obere Programm entsprechend erweitert werden kann:

Quellcode: Tankkosten (benutzerfreundlicher)

```
using System;
namespace Tankkosten {
  class Program {
     static void Main(string[] args) {
       Console.Title = "Berechnung der Tankkosten";
       Console.Write("Geben Sie bitte die Tankmenge in Liter ein: ");
       double menge = Convert.ToDouble(Console.ReadLine());
       Console.Write("Geben Sie bitte den Preis pro Liter in Euro
                    ein: ");
       double preis = Convert.ToDouble(Console.ReadLine());
       double kosten = menge * preis;
       Console.WriteLine("Die Tankkosten betragen {0:F2} Euro. \n",
                        kosten);
       Console.WriteLine("Zum Beenden drücken Sie eine beliebige
                        Taste …");
       Console.ReadKey();
     }
  }
}
```

Die neu hinzugekommenen Zeilen werden nun kurz erläutert: In Zeile 5 wird durch `Console.Title` festgelegt, was in der Titelzeile des Ausgabefensters stehen soll. In den Zeilen 6 und 8 wird dem Benutzer gesagt, was er eingeben soll. Die Ausgabe (Zeile 11) wird durch einen kurzen Text erweitert und formatiert. Durch „\n“ wird eine Leerzeile erzeugt. In Zeile 12 wird der Benutzer darauf hingewiesen, was er zum Beenden des Programms tun muss. Der Befehl `Console.ReadKey();` wartet auf eine Tasteneingabe vom Benutzer. So lange bleibt das Ausgabefenster offen.

Das Starten des Programms ergibt folgende Ausgabe:

```
Berechnung der Tankkosten
Geben Sie bitte die Tankmenge in Liter ein: 44,3
Geben Sie bitte den Preis pro Liter in Euro ein: 1,30
Die Tankkosten betragen 57,59 Euro

Zum Beenden drücken Sie eine beliebige Taste...
```

Abb. 4.1: Ausgabe des Programms „Berechnung der Tankkosten"

Obwohl das Programm jetzt theoretisch fertig ist, gibt es noch einiges zu tun, um den Quellcode lesbarer zu gestalten. Damit erhöht sich auch die Wartbarkeit des Programms. Deswegen werden wir uns im nächsten Abschnitt mit Methoden beschäftigen, mit deren Hilfe wir die jetzige Lösung weiter strukturieren können.

4.2 Methoden

In C# werden alle Anweisungen innerhalb einer Methode ausgeführt. Unter einer Methode kann man einen Codeblock verstehen, welcher eine Reihe von Anweisungen enthält. Ein Programm führt diese Anweisungen aus, indem die entsprechende Methode im Programm aufgerufen wird. Die Main-Methode ist die erste Methode, die wir schon kennengelernt haben. Sie ist der Einstiegspunkt in jede C#-Anwendung und wird als erstes aufgerufen, wenn das Programm gestartet wird. Da die Main-Methode eine zwingende Notwendigkeit darstellt, könnte nun der Rest des Programms ebenfalls in diese hineingeschrieben werden. Diese Vorgehensweise würde den Quelltext aber sehr schnell unübersichtlich machen. Daher werden einzelne Programmteile in Methoden zusammengefasst und diese dann an den entsprechenden Stellen aufgerufen. Bei der Verwendung von Methoden ergeben sich folgende Vorteile:

- **Übersichtlichkeit:** Komplexe Programme werden in kleine Teilprogramme zerlegt, damit die Komplexität heruntergebrochen wird. Damit ist der Kontrollfluss leichter zu erkennen. In klassischen Programmen heißen die Funktionen daher auch Unterprogramme.
- **Vermeidung von Redundanzen im Quellcode:** Wiederkehrende Programmteile sollen nicht immer wieder neu programmiert, sondern an einer Stelle angeboten werden. Damit werden Redundanzen im Quelltext vermieden. Änderungen an der Funktionalität oder die Suche nach Fehlern lassen sich leichter durchführen.
- **Hohe Wiederverwendbarkeit von Quellcode:** Programmteile, die einmal geschrieben wurden, können auch in andere Programme eingebunden werden. So spart man Entwicklungsaufwand.

Methoden bestehen generell aus einer Methodensignatur und einem Methodenrumpf. Die Methodensignatur setzt sich aus dem Namen der Methode (Methodenname), der Anzahl und Reihenfolge der Übergabeparameter (Parameterliste) und dem Typ des Rückgabewerts (Rückgabetyp) zusammen.

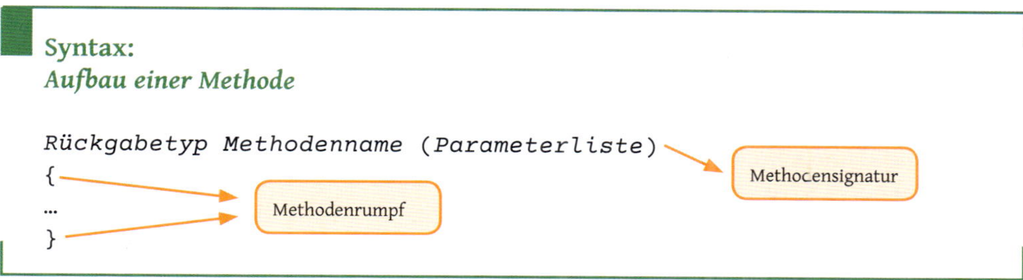

Der Methodenname beginnt in C# mit einem großen Buchstaben und folgt der PascalCase-Notation. Es sollten sprechende Namen verwendet werden, sodass man schon am Methodennamen die Aufgabe der Methode erkennen kann. So kann man sich viele Kommentare sparen. Der Rückgabetyp kann z. B. ein Datentyp wie float sein. Dies hängt vom Datentyp des Werts ab, den die Methode zurückgibt. Gibt die Methode keinen Wert zurück, erhält sie das Schlüsselwort void. Die Übergabeparameter werden zwischen den beiden runden Klammern aufgezählt. Werden keine Parameter übergeben, bleibt dieser Bereich leer.

Beispiele

double BerechneNettoGehalt() { ... }
void ZeichneKreis(int radius) { ... }
bool IstAnmeldungOK(string name, string passwort) { ... }

Auftrag

Es soll das Programm „Tankkosten" mithilfe von Methoden besser strukturiert werden. Dabei soll die Funktionalität des Programms aber voll erhalten bleiben.

Dafür werden wir nun unser Programm „Tankkosten" um eine einfache Methode erweitern, die keine Übergabeparameter und keinen Rückgabewert besitzt. Sie enthält einen Teil der Anweisungen des Programms und wird in der Methode Main aufgerufen.

Dazu schreiben wir als erstes eine Methode void StarteTankkostenBerechnung(), welche die Anweisungen für die Eingabe, für die Berechnung und für die Ausgabe enthält. Diese werden einfach aus dem alten Programmcode in den Methodenrumpf übernommen.

Quellcode: Methode StarteTankkostenBerechnung()

```
static void StarteTankkostenBerechnung() {
      Console.Write("Geben Sie bitte die Tankmenge in Liter ein: ");
      double menge = Convert.ToDouble(Console.ReadLine());
      Console.Write("Geben Sie bitte den Preis pro Liter in Euro ein: ");
      double preis = Convert.ToDouble(Console.ReadLine());
      double kosten = menge * preis;
      Console.WriteLine("Die Tankkosten betragen {0:F2} Euro. \n",
                        kosten);
}
```

Die Methode gibt keinen Wert zurück. Somit wird das Schlüsselwort void als Rückgabetyp verwendet. Außerdem besitzt die Methode keine Übergabeparameter, weswegen der Bereich zwischen den beiden runden Klammern auch leer bleibt. Das Schlüsselwort static ist nur im bestehenden Kontext notwendig, um die Methode korrekt in unser Programm einzubinden zu können. Dieser Fakt soll aber im Augenblick nicht weiter betrachtet werden.

Nun muss nur noch die Methode an der entsprechenden Stelle aufgerufen werden. Das ganze Programm sieht dann wie folgt aus:

Quellcode: Tankkosten (mit Methode: StarteTankkostenBerechnung())

```
using System;
namespace Tankkosten {
    class Program {
        static void Main(string[] args) {
            Console.Title = "Berechnung der Tankkosten";
            StarteTankkostenBerechnung();
            Console.WriteLine("Zum Beenden drücken Sie eine beliebige
                              Taste...");
            Console.ReadKey();
        }

        static void StarteTankkostenBerechnung() {
            Console.Write("Geben Sie bitte die Tankmenge in Liter
                          ein: ");
            double menge = Convert.ToDouble(Console.ReadLine());
            Console.Write("Geben Sie bitte den Preis pro Liter in
                          Euro ein: ");
            double preis = Convert.ToDouble(Console.ReadLine());
            double kosten = menge * preis;
            Console.WriteLine("Die Tankkosten betragen {0:F2} Euro.
                              \n", kosten);
        }
    }
}
```


Wenn wir das Programm jetzt starten, hat sich am Ablauf und am Erscheinungsbild für den Benutzer nichts geändert. Nur der Quellcode ist strukturierter und damit leichter zu lesen und zu warten. Der Code der Tankkostenberechnung wurde von der restlichen Funktionalität des Programms getrennt. Dieses Vorgehen erleichtert uns als Entwickler später die Arbeit immens.

4.3 Methoden mit Übergabeparametern und Rückgabewert

Neben den Methoden ohne Parameter und Rückgabewert gibt es noch Methoden, die Übergabeparameter besitzen, einen Wert zurückgeben oder auch beides in Kombination. In der Regel wird damit erreicht, die Methoden noch stärker vom Rest des Programms zu entkoppeln und sie damit universell einsetzbar zu gestalten.

Methoden mit Übergabeparameter

Um Methoden möglichst effektiv vom Rest des Programms zu entkoppeln, müssen die Werte, die die Methode verarbeiten soll, an diese übergeben werden. Dabei kann es sich um einen oder mehrere Parameter handeln, welche durch Kommas getrennt zwischen den beiden runden Klammern aufgelistet werden. Jeder Parameter besteht aus einem Datentyp und einem Namen. Der Datentyp der einzelnen Parameter kann unterschiedlich sein und der Name ist frei wählbar, sollte aber mit einem kleinen Buchstaben anfangen. Es sollte versucht werden, die Anzahl der Übergabeparameter auf ein oder zwei zu beschränken. Dies dient wiederum der Wartbarkeit des Quellcodes und entspricht den Richtlinien vom Cleancode. Ausnahmen bestätigen auch in diesem Fall die Regel und können gemacht werden, wenn z. B. komplexe Berechnungen innerhalb der Methode vorgenommen oder grafische Objekte mit vielen Parametern initialisiert werden.

Beispiele

```
void BerechneGesamtKosten(int anzahl, double preis) { ... }
void ZeichneKreis(int radius) { ... }
```

Die Parameter können auf zwei Arten übergeben werden:
- call by value
- call by reference

Ohne weitere Angaben werden die Werte **call by value** übergeben, d. h., es wird eine Kopie des Übergabewerts erzeugt und mit diesem innerhalb der Methode weitergearbeitet. Wird der Wert innerhalb der Methode verändert, hat das keine Auswirkungen auf Werte von Variablen außerhalb der Methode.

Beispiel: call by value

```
...
int x = 5;
F1(x);

....
void F1(int value) {
   value = value + 1;
   ....
}
```

Im obigen Beispiel wird der Methode F1 der Wert der Variablen x übergeben, in diesem Fall der Wert 5. Dieser wird in der Methode nun um eins erhöht und hat innerhalb der Methode den Wert 6. Das hat aber keine Auswirkungen auf die Variable x. Diese hat immer noch den Wert 5, egal was innerhalb der Methode passiert. Anders verhält es sich, wenn der Wert **call by reference** übergeben wird. Hier wird keine Kopie erzeugt, sondern der Übergabewert wird direkt bearbeitet. Wird der Wert nun innerhalb der Methode verändert, hat dies auch Auswirkungen auf den Wert außerhalb der Methode. Deswegen muss der entsprechende Übergabeparameter auch mit dem Schlüsselwort ref gekennzeichnet werden. Sehen wir uns das letzte Beispiel noch einmal an. Dieses Mal wird der Parameter **call by reference** übergeben:

Beispiel: call by reference

```
...
int x = 5;
F1(ref x);

....
void F1(ref int value) {
   value = value + 1;
   ....
}
```

Im Quelltext ist jetzt vor dem Übergabeparameter und beim Methodenaufruf das Schlüsselwort ref dazugekommen. Dieses bewirkt, dass nicht nur der Wert von value innerhalb der Methode von 5 auf 6 erhöht wird, sondern auch der Wert der Variablen x außerhalb der Methode. Dieses begründet sich in der Tatsache, dass innerhalb der Methode keine neue Variable geschaffen wurde, sondern lediglich mit einem Verweis (Referenz) auf die Variable x weitergearbeitet wird. Somit ist der Wert von x von allen Veränderungen unmittelbar betroffen.

Methoden mit Rückgabewert

Mit einem Rückgabewert wird die Möglichkeit geschaffen, einen Wert von der Methode an das Programm zurückzugeben, mit dem dann weitergearbeitet werden kann. Dazu wird anstelle von void der Datentyp des Rückgabewerts angegeben und der Wert innerhalb der Methode mit dem Schlüsselwort return zurückgegeben. Gleichzeitig wird an dieser Stelle die Methode auch verlassen.

Beispiele

```
double BerechneGehalt() {
          double gehalt;
          ...
          return gehalt;
}

int ErmittleAnzahl() {
          int anzahl;
          ...
          return anzahl;
}
```

Methoden mit Übergabeparametern und Rückgabewert

Um Methoden flexibel einsetzbar zu gestalten, wird meistens mit Übergabeparametern und Rückgabewerten gearbeitet. Dabei werden Werte der Methode zur Verarbeitung übergegeben und das Ergebnis kommt als Rückgabewert von der Methode zurück.

Auftrag

Das Programm „Tankkosten“ soll noch weiter strukturiert werden, sodass die Berechnung der Tankkosten von der Ein- und Ausgabefunktionalität unabhängig wird.

Der Quelltext in der Methode StarteTankkostenberechnung kann in drei große Teile aufgeteilt werden:

1 Eingabe der Daten

2 Berechnung der Tankkosten

3 Ausgabe der berechneten Kosten

```
static void StarteTankkostenBerechnung() {

    Console.Write("Geben Sie bitte die Tankmenge in Liter ein: ");
    double menge = Convert.ToDouble(Console.ReadLine());
    Console.Write("Geben Sie bitte den Preis pro Liter
                  in Euro ein: ");
    double preis = Convert.ToDouble(Console.ReadLine());   Eingabe

    double kosten = menge * preis;   Berechnung

    Console.WriteLine("Die Tankkosten betragen {0:F2}      Ausgabe
                      Euro. \n", kosten);
}
```

Im Augenblick ist die Berechnung durch die Variablen noch an die Ein- bzw. Ausgabe gebunden. Wir wollen diese nun vom Rest des Programms trennen, um so eine höhere Flexibilität zu erreichen. Dazu schreiben wir uns eine separate Methode, der wir die entsprechenden Daten zur Berechnung übergegeben und welche dann die Tankkosten zurückgibt.

```
double BerechneTankkosten(double menge, double preis) {
    return menge * preis;
}
```

Die Methode ist nun vollständig unabhängig von der Ein- und Ausgabe und könnte so auch direkt in einer Windows-Forms-Anwendung eingesetzt werden. Das fertige Programm sieht nun so aus:

Quellcode: Tankkosten

```
using System;
namespace Tankkosten {
   class Program {
       static void Main(string[] args) {
          Console.Title = "Berechnung der Tankkosten";
          StarteTankkostenBerechnung();
```

```
            Console.WriteLine("Zum Beenden drücken Sie eine beliebige
                              Taste...");
            Console.ReadKey();
        }

        static void StarteTankkostenBerechnung() {
            Console.Write("Geben Sie bitte die Tankmenge in Liter
                          ein: ");
            double menge = Convert.ToDouble(Console.ReadLine());
            Console.Write("Geben Sie bitte den Preis pro Liter in Euro
                          ein: ");
            double preis = Convert.ToDouble(Console.ReadLine());
            double kosten = BerechneTankkosten(menge, preis);
```

Aufruf der Methode: BerechneTankkosten

```
            Console.WriteLine("Die Tankkosten betragen {0:F2} Euro.
                              \n", kosten);
        }

        static double BerechneTankkosten(double menge, double preis) {
            return menge * preis;
        }
    }
}
```

Methode: BerechneTankkosten

4.4 Rekursive Methoden

Bisher haben wir kennengelernt, dass in einer Methode eine oder mehrere andere Methoden aufgerufen werden können. Es ist aber auch möglich, dass eine Methode sich selbst aufruft. Dies wird auch rekursiver Methodenaufruf genannt. Ein klassisches Beispiel für eine Anwendung dieser Technik ist die Berechnung der Fakultät:

```
double Fakultaet (int n) {
 if ( n < 1) { return 1; }
 return Fakultaet (n-1) * n ;
}
```

Einige Programmierprobleme lassen sich damit sehr elegant lösen, z. B. kommt die Rekursion bei einigen Sortieralgorithmen zum Einsatz. Trotzdem ist Vorsicht geboten, denn rekursive Methoden sind meist ebenso elegant wie gefährlich. Es ist wichtig, sich das Ende der Rekursion genau zu überlegen. Ist der Algorithmus fehlerhaft und findet die Rekursion kein Ende, gibt es mit Sicherheit einen Programmabsturz. In der Regel lässt sich das Problem auch ohne Rekursion lösen. Deshalb wird diese Technik hier nur der Vollständigkeit halber erwähnt und soll nicht weiter vertieft werden.

4.5 Aufgaben

Für die nachstehenden Aufgaben zeichnen Sie zuerst ein Struktogramm, um sich den Algorithmus bewusst zu machen. Danach entwickeln Sie eine einzige Konsolenanwendung, in der Sie die Lösung für alle Aufgaben eingeben. Dazu schreiben Sie pro Aufgabe eine Methode, die dann in der Main-Methode aufgerufen wird. Allerdings möchte man beim Testen nur immer die aktuelle Aufgabe starten. Da uns im Augenblick aber Möglichkeiten fehlen, das Programm entsprechend zu strukturieren, kommentieren wir einfach alle Methoden, welche nicht gebraucht werden in der Main-Methode aus. Möglichkeiten das Programm entsprechend besser aufzubauen werden wir in den nächsten Kapiteln kennenlernen. Die Grundstruktur des Übungsprogramms kann wie folgt aussehen:

```
using System;
namespace ÜbungAnweisungsfolgen {
    class Program {
        static void Main(string[] args) {
            Console.Title = "Übungsaufgaben: Anweisungsfolgen";
            StarteBerechnungDifferenz();
            // StarteBerechnungFormel();
            Console.WriteLine("Zum Beenden drücken Sie eine
                                beliebige Taste...");
            Console.ReadKey();
        }

        static void StarteBerechnungDifferenz() {
            // Lösung Aufgabe 1
        }

        static void StarteBerechnungFormel() {
            // Lösung Aufgabe 2
        }
    }
}
```

Nicht benötigte Methoden werden auskommentiert

Hierhin kommt der Quelltext für die erste Aufgabe

Hierhin kommt der Quelltext für die zweite Aufgabe

1 Schreiben Sie ein Programm, in das Sie zwei ganze Zahlen eingeben können und das dann die Differenz dieser Zahlen berechnet und ausgibt.
Beispiel:
Zahl1: 15
Zahl2: 6
Ergebnis: 9

2 Schreiben Sie ein Programm, in das Sie drei Gleitkommazahlen eingeben können und das nach der unteren Formel das Ergebnis berechnet und ausgibt.
Formel: Die ersten beiden Zahlen werden addiert und das Ergebnis dann mit der dritten Zahl multipliziert.
Beispiel:
Zahl1: 1,5
Zahl2: 1,3

Zahl3: 2,2
Das Ergebnis ist 6,16

3 Schreiben Sie ein Programm, das den Durchschnitt von vier Gleitkommazahlen berechnet und ausgibt. Die Zahlen werden vom Benutzer ins Programm eingeben.
Beispiel:
1. Zahl: 10,0
2. Zahl: 2,5
3. Zahl: 4,7
4. Zahl: 15,0
Der Durchschnitt der vier Zahlen ist 8,05

4 Schreiben Sie ein Programm, das Ihnen nach Eingabe der Spannung *U* in Volt und der Stromstärke *I* in Ampere den elektrischen Widerstand *R* in Ohm und die elektrische Leistung *P* in Watt ausrechnet und ausgibt.
Beispiel:
Spannung U in Volt: 10,00
Stromstärke I in Ampere: 2,00
Der elektrische Widerstand R beträgt 5,00 Ohm
Die elektrische Leistung P beträgt 20,00 Watt

5 Ermitteln Sie mithilfe eines Programms den ganzzahligen Rest einer Division. Dabei werden der ganzzahlige Dividend und der ganzzahlige Divisor eingeben und der Rest ausgeben. Benutzen Sie dafür den Modulo-Operator.
Beispiel:
Dividend: 17
Divisor: 3
Das Ergebnis von 17 modulo 3 ist 2

6 Der Computer soll nach Eingabe des Listenpreises in Euro und des Lieferantenrabatts in Prozent den Einkaufpreis berechnen und ausgeben.
Beispiel:
Listenpreis in Euro: 100,00
Lieferantenrabatt in Prozent: 3,25
Der Einkaufpreis beträgt 96,75 Euro

7 Der BMI einer Person soll nach der Eingabe des Gewichts in Kilogramm und der Größe in Metern berechnet und ausgeben werden (Formel: BMI = Gewicht / Größe * Größe).
Beispiel:
Gewicht in kg: 80,00
Größe in m: 1,80
Der BMI der Person ist 24,69

8 Schreiben Sie ein Programm, das nach Eingabe einer Speichergröße in Byte die Größe in Megabyte (MB) und in Mebibyte (MiB) berechnet und ausgibt.
Beispiel:
Speichergröße in Byte: 84000000
Speichergröße in MB: 84,00
Speichergröße in MiB: 80,1

9 Es sollen die x- und y-Werte für zwei Punkte eingeben werden: P1(x1,y1) und P2(x2,y2). Danach soll der Abstand zwischen diesen beiden Punkten berechnet und ausgeben werden. (Hinweis: Wurzel in C# → Math.Sqrt(...))
Beispiel:
x1: 6
y1: 4
x2: 10
y2: 1
Der Abstand zwischen den Punkten ist 5,0

10 Es sollen die Höhe und die Breite eines Bildes in Pixeln eingeben werden. Außerdem soll der Benutzer den Speicherbedarf für einen Pixel in Byte eingeben und die Anzahl der Bilder, die er speichern möchte. Die Ausgabe soll der Speicherplatzbedarf der Bilder in MiB sein.
Beispiel:
Höhe in Pixel: 1024
Breite in Pixel: 768
Speicherbedarf pro Pixel in Byte: 1
Anzahl Bilder: 20
Speicherplatzbedarf in MiB: 15,00

5 Kontrollstrukturen

Bisher haben wir nur Anweisungsfolgen kennengelernt, die sequenziell abgearbeitet werden. Oft ist es jedoch erforderlich, dass Programmteile mehrmals oder gar nicht durchlaufen werden sollen. Dafür gibt es Kontrollstrukturen. Eine Einteilung finden Sie in der folgenden Übersicht.

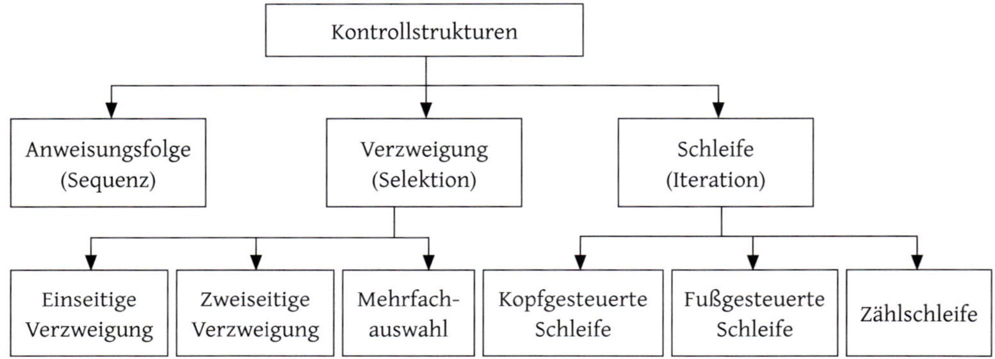

Die Anweisungsfolge kennen wir schon aus den letzten Kapiteln. Hier werden nun weitere Kontrollstrukturen wie Verzeigungen und Schleifen näher betrachtet.

5.1 Verzweigung (Selektion)

Die Auswahlstruktur (Selektion, Verzweigung, Alternative) unterstützt den Programmablauf, wenn er von einer oder mehreren Bedingungen abhängt. In Abhängigkeit von einer Bedingung können Anweisungen ausgeführt oder weggelassen werden. Die Bedingungen sind in der Regel an die relationalen Operatoren geknüpft. Mehrere Bedingungen können durch logische Operatoren miteinander gekoppelt werden (siehe Kapitel 3.4.3 und 3.4.4).

5.1.1 Einseitige Verzweigung

Bei vielen Problemstellungen ist die Verarbeitung der Anweisungen an eine oder mehrere Bedingungen geknüpft. Sind die Bedingungen erfüllt, werden die betreffenden Anweisungen ausgeführt. Andernfalls wird der jeweilige Anweisungsblock, der der Bedingung folgt, übersprungen.

In einem Struktogramm würde eine einseitige Auswahl wie folgt dargestellt:

Bedingung	
Ja	Nein
Anweisungblock	%

Hinweis: Das % – Zeichen steht für einen leeren Verzweigungsabschnitt. Das heißt, es werden hier keine Anweisungen oder Anweisungsfolgen ausgeführt.

Auftrag

Es soll ein Programm entwickelt werden, in das der Benutzer eine ganze Zahl eingibt und das ausgibt, ob die Zahl größer, gleich oder kleiner Null ist.

Beispiel

zahl: 5
Die Zahl 5 ist größer als Null.

Zunächst wird wieder ein Struktogramm erstellt, in dem der Algorithmus abgebildet wird. Es gibt mehrere Möglichkeiten diese Aufgabe zu lösen. Hier wird eine Lösung vorgestellt, bei der drei einseitige Verzweigungen zum Einsatz kommen.

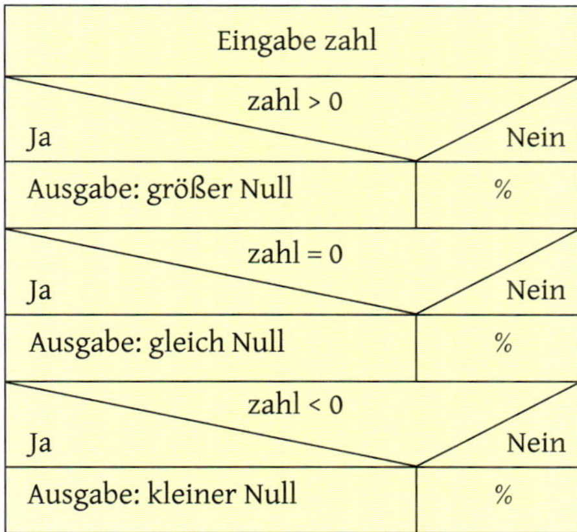

Dieser Algorithmus soll in ein C#-Programm umgesetzt werden. Dabei wird diesmal gleich auf eine benutzerfreundliche Gestaltung geachtet. Außerdem wird wieder eine separate Methode geschrieben. Zunächst sehen wir uns aber an, wie eine einseitige Verzweigung in C# dargestellt wird.

Syntax:
Einseitige Verzweigung

```
if (Bedingung) {
   Anweisung1;
   Anweisung2;
   ...
}
```

Eine einseitige Auswahl wird durch das Schlüsselwort if eingeleitet, gefolgt von zwei runden Klammern, zwischen denen die Bedingung steht, wann der dazugehörige Anweisungsblock ausgeführt werden soll. Der dazugehörige Anweisungsblock wird in geschweifte Klammern eingeschlossen.

Hier nun die vollständige Lösung für die Aufgabe:

Quellcode: Zahl vergleichen

```
using System;
namespace BeispielEinseitigeVerzweigung {
    class Program {
        static void Main(string[] args) {
            Console.Title = "Zahlenvergleich";
            VergleicheZahl();
            Console.WriteLine();
            Console.WriteLine("Zum Beenden drücken Sie eine beliebi-
                              ge Taste ...");
            Console.ReadKey();
        }

        static void VergleicheZahl() {
            Console.Write("Geben Sie eine ganze Zahl ein:");
            int zahl = Convert.ToInt32(Console.ReadLine());
            if (zahl > 0) {
                Console.WriteLine("Die Zahl {0} ist größer als
                                  Null.", zahl);
            }
            if (zahl == 0) {
                Console.WriteLine("Die Zahl {0} ist gleich Null.",
                                  zahl);
            }
            if (zahl < 0) {
                Console.WriteLine("Die Zahl {0} ist kleiner als
                                  Null.", zahl);
            }
        }
    }
}
```

5.1.2 Zweiseitige Verzweigung

Bei der zweiseitigen Verzeigung wird in Abhängigkeit davon, ob eine Bedingung erfüllt ist oder nicht, die eine oder die andere Anweisung (oder der Anweisungsblock) ausgeführt. Die allgemeine Symbolik in einem Struktogramm ist:

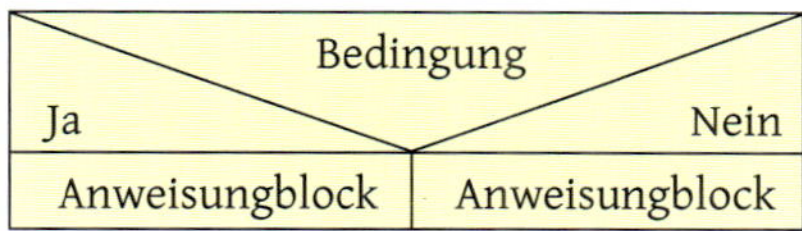

Auftrag

Es soll ein Programm entwickelt werden, in das der Benutzer eine Gleitkommazahl eingibt und das ausgibt, ob die Zahl im Bereich von 10 bis 20 liegt.

Zunächst wird wieder ein Struktogramm erstellt. Auch hier gibt es verschiedene Möglichkeiten diese Aufgabe zu lösen. Hier wird eine Lösung vorgestellt, bei der eine zweiseitige Verzweigung zum Einsatz kommt.

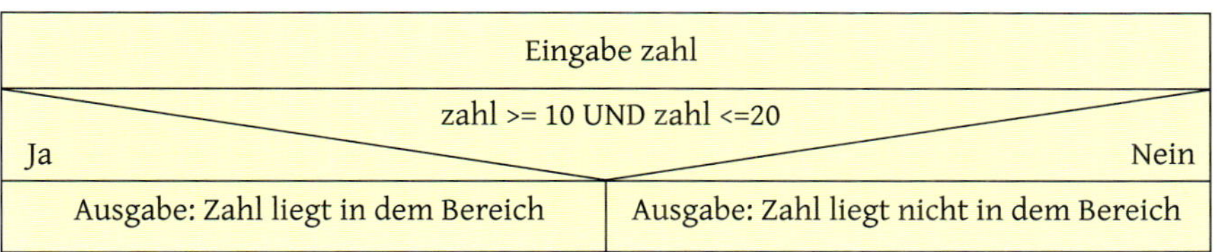

Der Unterschied zur einseitigen Verzweigung ist, dass jetzt auch ein „Nein"-Zweig hinzukommt. Einer der beiden Anweisungsblöcke wird also auf jeden Fall ausgeführt. Die allgemeine Syntax für die zweiseitige Auswahl in C# lautet:

Syntax:
Zweiseitige Verzweigung

```
if ( Bedingung ) {
   Anweisung1;
   ...
} else {
   Anweisung2;
   ...
}
```

Bei der zweiseitigen Verzweigung kommt im Gegensatz zur einseitigen Verzweigung noch ein alternativer Anweisungsblock hinzu, welcher mit dem Schlüsselwort else eingeleitet wird. Dieser wird immer ausgeführt, wenn die Bedingung nicht erfüllt ist.

Da sich der Quelltext für das Hauptprogramm nicht verändert, wird hier nur der Quelltext für die neue Methode abgebildet.

Quellcode: Methode „liegt Zahl im Bereich“

```
static void ErmittleBereich() {
   Console.Write("Geben Sie eine Gleitkommazahl ein:");
   double zahl = Convert.ToDouble(Console.ReadLine());
   if (zahl >= 10.0 && zahl <= 20.0) {
      Console.WriteLine("Die Zahl {0} liegt im Bereich von 10 bis
                         20", zahl);
   } else {
       Console.WriteLine("Die Zahl {0} liegt nicht im Bereich von 10
                          bis 20", zahl);
   }
}
```

5.1.3 Verschachtelte Verzweigungen

In einem Anweisungsblock einer Verzweigung kann natürlich wieder eine Verzweigung stehen, und in dieser wieder eine. So können Verzweigungen beliebig tief ineinander verschachtelt werden. Dabei sollte man aber beachten, dass zu viele Verschachtelungen die Lesbarkeit des Quelltextes erheblich einschränken. In den meisten Fällen lässt sich eine tiefe Verschachtelung durch andere Strukturen umgehen.

Auftrag

Es soll ein Programm entwickelt werden, in das der Benutzer drei ganze Zahlen eingibt und das die größte Zahl von diesen ermittelt und ausgibt.

Eine mögliche Lösung wird im Struktogramm dargestellt. Dabei werden Verzweigungen ineinander verschachtelt.

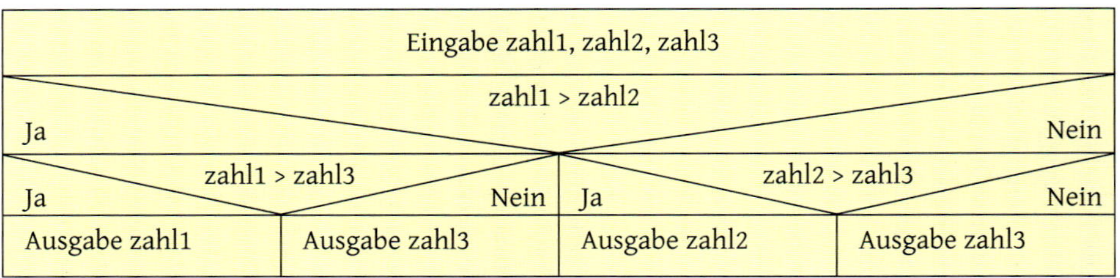

Hier enthält die zweiseitige Verzweigung in jedem Anweisungsblock wieder eine zweiseitige Verzweigung. In C# sieht das dann wie folgt aus:

Quellcode: Größte Zahl ermitteln

```
static void ErmittleGroessteZahl() {
   int zahl1, zahl2, zahl3;
   Console.Write("Geben Sie die erste Zahl ein:");
   zahl1 = Convert.ToInt32(Console.ReadLine());
   Console.Write("Geben Sie die zweite Zahl ein:");
   zahl2 = Convert.ToInt32(Console.ReadLine());
   Console.Write("Geben Sie die dritte Zahl ein:");
   zahl3 = Convert.ToInt32(Console.ReadLine());
   if (zahl1 > zahl2) {
      if (zahl1 > zahl3) {
         Console.WriteLine("Die größte Zahl ist " + zahl1);
      } else {
         Console.WriteLine("Die größte Zahl ist " + zahl3);
      }
   } else {
      if (zahl2 > zahl3) {
         Console.WriteLine("Die größte Zahl ist " + zahl2);
      } else {
         Console.WriteLine("Die größte Zahl ist " + zahl3);
      }
   }
}
```

Beachten Sie dabei, die einzelnen Verschachtelungsebenen entsprechend einzurücken, damit die Lesbarkeit des Programms erhalten bleibt.

5.1.4 Mehrfachauswahl

Mit einer Mehrfachauswahl kann eine Variable auf verschiedene Werte überprüft werden. Die Variable, deren Inhalt geprüft wird, heißt Selektor. Es sind nur Selektoren der Datentypen int, char oder string zugelassen. Es kann immer nur auf Gleichheit geprüft werden. In Abhängigkeit des Werts wird ein case-Zweig ausgewählt und abgearbeitet. Trifft keine Übereinstimmung zu, wird der default-Zweig gewählt. Jeder case-Zweig sollte mit einem break abgeschlossen werden. Ansonsten wird der nachfolgende case-Zweig auch mit abgearbeitet. Im Struktogramm wird die Mehrfachauswahl wie folgt dargestellt:

Selektor				
Wert1	Wert2	Wert3	Wert4	Sonst
Anweisungblock1	Anweisungblock2	Anweisungblock3	Anweisungblock4	Anweisungblock5

Auftrag

Es soll ein Programm entwickelt werden, in das der Benutzer eine ganze Zahl im Bereich von 1 bis 3 eingibt. Das Programm soll nun ausgeben, welche Zahl eingegeben wurde, bzw. melden, falls die eingegebene Zahl nicht in diesem Bereich liegt.

Diese Aufgabe lässt sich sowohl mit einseitigen als auch mit zweiseitigen Verzweigungen lösen. In solchen Fällen kann aber auch sehr gut eine Mehrfachauswahl verwendet werden, wie das folgende Struktogramm zeigt.

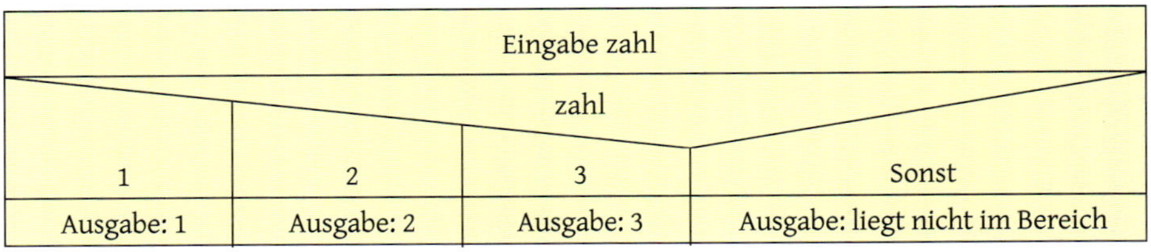

Eingabe zahl			
zahl			
1	2	3	Sonst
Ausgabe: 1	Ausgabe: 2	Ausgabe: 3	Ausgabe: liegt nicht im Bereich

Die allgemeine Syntax in C# lautet:

Syntax:
Mehrfachauswahl

```
switch (Selektor) {
  case wert1: Anweisung1;
              break;
  case wert2: Anweisung2;
              break;
  case wert3: Anweisung3;
              break;
  default:    Anweisung4;
              break;
}
```

Eine Mehrfachauswahl wird mit dem Schlüsselwort switch eingeleitet. Die einzelnen Fälle werden mit dem Schlüsselwort case begonnen und mit break abgeschlossen. Auf die Aufgabe übertragen, sieht die Lösung wie folgt aus:

Quellcode: Mehrfachauswahl

```
static void EingabeZahl() {
    Console.Write("Geben Sie eine ganze Zahl im Bereich von 1 bis 3
                  ein");
    int eingabe = Convert.ToInt32(Console.ReadLine());
    switch (eingabe) {
       case 1: Console.WriteLine("Es wurde eine 1 eingegeben.");
               break;
       case 2: Console.WriteLine("Es wurde eine 2 eingegeben.");
               break;
```

```
            case 3: Console.WriteLine("Es wurde eine 3 eingegeben.");
                    break;
            default: Console.WriteLine("Es wurde keine 1, 2 oder 3 eingeben.");
                    break;
        }
    }
```

5.1.5 Aufgaben

Für die nachstehenden Aufgaben zeichnen Sie wieder zuerst ein Struktogramm, um sich den Algorithmus bewusst zu machen. Die Konsolenanwendung enthält dann wieder alle Aufgaben, nur mit dem Unterschied, dass jetzt schon mehr Strukturierungsmöglichkeiten für das Programm zur Verfügung stehen. Diese wollen wir auch nutzen und ein Menü erstellen, in dem der Benutzer eine Aufgabe auswählen kann. Dazu erweitern wir die Grundstruktur des vorherigen Übungsprogramms um ein Auswahlmenü, mithilfe einer Mehrfachauswahl. Um die Ausgabe noch eine Stufe übersichtlicher zu gestalten, wird vor dem Anzeigen der eigentlichen Aufgabe der Bildschirm mit dem Befehl Console.Clear(); gelöscht. Die Grundstruktur des Übungsprogramms kann nun wie folgt aussehen:

```
using System;
namespace ÜbungVerzweigungen {
    class Program {
        static void Main(string[] args) {
            Console.Title = "Übungsaufgaben: Verzweigungen";
            MenueAnzeigen();
            Console.WriteLine("Zum Beenden drücken Sie eine beliebige
                              Taste ...");
            Console.ReadKey();
        }

        static void MenueAnzeigen() {
            Console.WriteLine("==================");
            Console.WriteLine("  Menü");
            Console.WriteLine("==================");
            Console.WriteLine("  1.Aufgabe: 1");
            Console.WriteLine("  2.Aufgabe: 2");
            Console.WriteLine();
            Console.Write("Geben Sie eine Zahl ein: ");
            int eingabe = Convert.ToInt32(Console.ReadLine());
            Console.Clear();
            switch (eingabe) {
                case 1: Aufgabe_01();
                        break;
                case 2: Aufgabe_02();
                        break;
                default:Console.WriteLine();
```

```
                        Console.WriteLine("Zahl nicht im Bereich!");
                        Console.WriteLine("Geben Sie eine Zahl von 1
                                          bis 10 ein");
                        break;
                }
            }

            static void Aufgabe1() {
                // Lösung Aufgabe 1
            }

            static void Aufgabe2() {
                // Lösung Aufgabe 2
            }
        }
}
```

Hierhin kommt der Quelltext für die erste Aufgabe.

Hierhin kommt der Quelltext für die zweite Aufgabe.

Das Menü würde auf dem Bildschirm dann folgendermaßen aussehen:

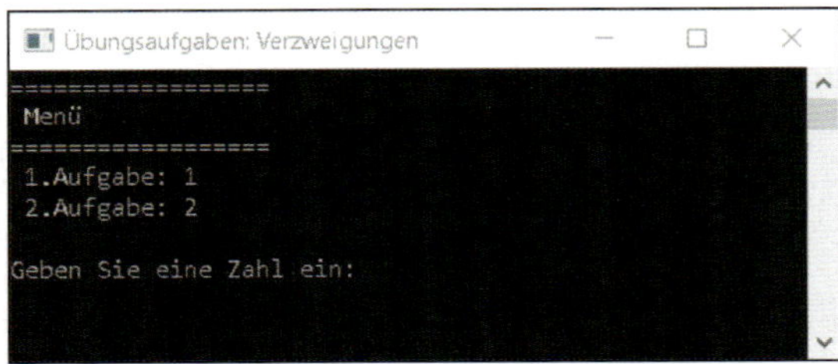

Abb. 5.1: Mögliche Ausgabe des Programms „Übungsaufgaben: Verzweigungen"

Die Ausgabe können Sie natürlich noch schöner gestalten und nach Ihrem Geschmack anpassen.

1 Eine Firma liefert bei einem Bestellwert ab 100,00 € porto- und verpackungsfrei. Für Aufträge unter 100,00 € beträgt die Versandpauschale 6,50 €. Schreiben Sie ein Programm, das den Rechnungsbetrag in Abhängigkeit vom Bestellwert ausgibt.
Beispiel:
Bestellwert in Euro: 50,00
Rechnungsbetrag: 55,5 Euro

oder

Bestellwert in Euro: 250,00
Rechnungsbetrag: 250,00 Euro

2 Schreiben Sie ein Programm, das Ihnen nach Eingabe von zwei Gleitkommazahlen die kleinste Zahl ausgibt.
Beispiel:
Zahl1: 51,12
Zahl2: -55,5
Die kleinste Zahl ist -55,5.

3 Ein Unternehmen gewährt seinen Kunden 5 % Bonus, wenn deren Nettoumsatz pro Jahr 70 000,00 € übersteigt. Schreiben Sie ein Programm, das den Bonus eines Kunden errechnet und ausgibt. Falls der Kunde den erforderlichen Umsatz nicht erbringt, soll eine entsprechende Meldung ausgegeben werden.
Beispiel:
Nettoumsatz in Euro: 100 000,00
Bonus in Euro: 5 000,00

4 Eine Bank gewährt ihren Kunden bei einer Festgeldanlage folgende Zinssätze pro Jahr:

Anlagebetrag in Euro	Zinssatz in %
Bis 5 000,00	2,00
Bis 10 000,00	2,25
Bis 50 000,00	2,50
Über 50 000,00	2,75

Berechnen Sie durch ein Programm die Zinsen bei verschiedenen Anlagebeträgen.
Beispiel:
Anlagebetrag in Euro: 10 000,00
Zinsen pro Jahr in Euro: 225,00

5 Ermitteln Sie den Wochen-Bruttolohn eines Arbeiters durch die Eingabe der geleisteten Arbeitsstunden pro Woche sowie des Stundenlohns. Für jede über 35 Wochenstunden abgeleistete Stunde wird ein Zuschlag von 50 % gewährt. Eingaben über 80 Stunden und Stundenlöhne über 50,00 € soll das zu erstellende Programm nicht verarbeiten.
Beispiel:
Stunden: 40
Stundenlohn: 20,00
Bruttolohn: 850,00 Euro

6 Schreiben Sie ein Programm, das die Auswahl einer logischen Verknüpfung und die Eingabe zweier Werte (x, y) ermöglicht und eine „0“ oder „1“ entsprechend der ausgewählten Verknüpfung ausgibt.

x	y	OR	AND	NAND	XOR
1	1	1	1	0	0
1	0	1	0	1	1
0	1	1	0	1	1
0	0	0	0	1	0

Beispiel:
Wählen Sie einen logischen Operator aus:
UND: 1
ODER: 2
NAND: 3
XOR: 4

Auswahl: 4
Geben Sie die Werte für x und y ein:
X: 1
Y: 1
Das Ergebnis ist 0.

7 Schreiben Sie ein Programm, dass Ihnen nach Eingabe einer positiven ganzen Zahl ausgibt, ob es sich um eine gerade oder eine ungerade Zahl handelt (Hinweis: Modulo-Operator benutzen).
Beispiel:
zahl: 4
Die Zahl 4 ist eine gerade Zahl.

8 Nach Eingabe von vier Zahlen soll das Programm Ihnen die größte Zahl ausgeben.
Beispiel:
Zahl1: 4
Zahl2: 12
Zahl3: 55
Zahl4: 7
Die größte Zahl ist 55.

9 Schreiben Sie ein Programm, das nach Eingabe einer Jahreszahl ausgibt, ob es sich um ein Schaltjahr handelt oder nicht. Ein Jahr ist ein Schaltjahr, wenn die Jahreszahl durch 4 und nicht durch 100 teilbar ist. Ausnahme: Ein Jahr ist ein Schaltjahr, wenn es durch 4 und durch 100 und durch 400 teilbar ist (Hinweis: Nutzen Sie den Modulo-Operator).
Beispiel:
Jahr: 2000
Das Jahr 2000 ist ein Schaltjahr.

10 Schreiben Sie ein Programm „Bankautomat". Bei der Eingabe einer 1, 2 oder 3 soll der Bildschirm gelöscht und folgende Meldung ausgeben werden (z. B. bei Eingabe einer 1):
Sie bekommen 100,- Euro ausgezahlt.
Wir wünschen Ihnen noch einen schönen Tag.

Wählen Sie bitte einen Betrag aus dem Menü aus und geben Sie die entsprechende Zahl ein.

Auswahlmenü

1. Auszahlung 100,- Euro
2. Auszahlung 200,- Euro
3. Auszahlung 500,- Euro
4. Anderer Betrag

Eingabe : _

Bei der Eingabe einer 4 wird ebenfalls der Bildschirm gelöscht und der Anwender erhält die Eingabeaufforderung, einen Betrag zwischen 10,00 € und 1 000,00 € einzugeben. Danach folgt wieder der Hinweis, dass der entsprechende Betrag ausgezahlt wird.
Bei falschen Eingabewerten soll eine Fehlermeldung ausgegeben werden.

```
Geben Sie einen Betrag zwischen 10,- und 1000,- Euro ein!
Betrag : _
```

Hinweis: Der kleinste Geldschein, der ausgegeben werden kann, ist der Zehn- Euro-Schein.

5.2 Schleifen (Iteration)

Es kommt immer wieder vor, dass Anweisungen mehrmals wiederholt werden müssen. Es ist unnötig und unübersichtlich, jede Anweisung so oft zu schreiben, wie sie wiederholt werden soll. Meist ist auch nicht vorhersehbar, wie oft Anweisungen ausgeführt werden sollen. Mithilfe von Schleifen können solche Anweisungen mehrfach wiederholt werden.

Beispiel

Anstatt immer wieder dieselbe die Anweisung zu schreiben, z. B.

```
.....
x = x + 2;
Console.WriteLine("Der Wert von x ist jetzt: " + x);
x = x + 2;
Console.WriteLine("Der Wert von x ist jetzt: " + x);
x = x + 2;
Console.WriteLine("Der Wert von x ist jetzt: " + x);
x = x + 2;
Console.WriteLine("Der Wert von x ist jetzt: " + x);
x = x + 2;
Console.WriteLine("Der Wert von x ist jetzt: " + x);
.....
```

könnte man das Gleiche auch mithilfe einer Schleife erreichen:

```
for (int i = 0; i < 5; i++) {
    x = x + 2;
    Console.WriteLine("Der Wert von x ist jetzt: " + x);
}
```

Dabei ist die Syntax für eine Schleife nicht nur übersichtlicher, sondern erfordert auch viel weniger Schreibaufwand. Es werden grundsätzlich drei Arten von Schleifen unterschieden: die kopfgesteuerte Schleife, die fußgesteuerte Schleife und die Zählschleife.

5.2.1 Kopfgesteuerte Schleife

Bei einer kopfgesteuerten Schleife steht die Schleifenbedingung am Anfang (Kopf) der Schleife. Im Struktogramm wird sie wie folgt dargestellt:

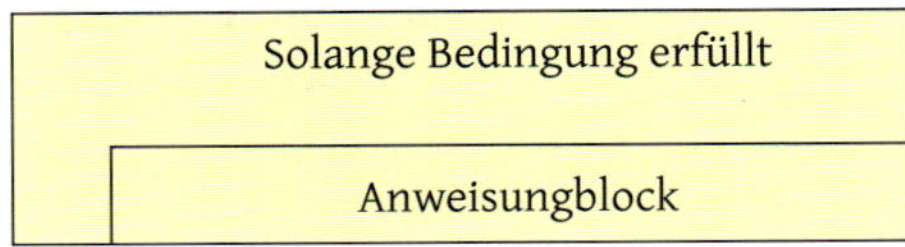

Dabei kann es vorkommen, dass der Schleifenkörper nie durchlaufen wird, weil die Schleifenbedingung schon zu Anfang nicht erfüllt ist. Deswegen wird diese Form der Schleife auch abweisende Schleife genannt. Solange die Bedingung wahr ist, wird der Schleifenkörper durchlaufen.

Auftrag

Es soll ein Programm entwickelt werden, dass alle ganzen Zahlen von 0 bis 10 auf dem Bildschirm ausgibt.

Für die Lösung dieser Aufgabe werden wir eine kopfgesteuerte Schleife verwenden. Zuerst müssen wir eine Zählvariable anlegen und mit einem Anfangswert initialisieren. In unserem Fall bietet sich der Anfangswert 0 an. Innerhalb der Schleife wird der aktuelle Wert der Zählvariablen ausgegeben und dann um 1 erhöht. Solange die Bedingung erfüllt ist, wird dieser Vorgang wiederholt. Der Algorithmus ist im Struktogramm ersichtlich.

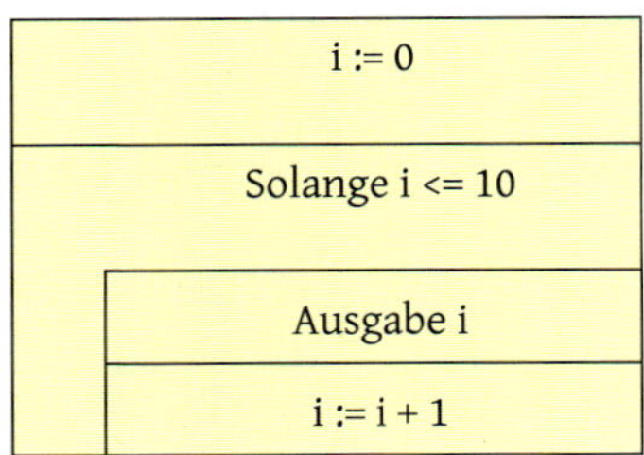

Dieser Algorithmus wird nun in C# umgesetzt. Dazu erst einmal die allgemeine Syntax für die kopfgesteuerte Schleife:

Syntax:
Kopfgesteuerte Schleife

```
while (Bedingung) {
     Anweisung1;
     Anweisung2;
     ...
}
```

Eine kopfgesteuerte Schleife wird mit dem Schlüsselwort while eingeleitet. Dahinter wird in runden Klammern die Schleifenbedingung angegeben. Solange die Bedingung erfüllt ist, wird die Schleife durchlaufen. In geschweifte Klammern wird dann geschrieben, was in der Schleife ausgeführt werden soll. Auf die Aufgabe übertragen, sieht die Lösung wie im Quelltext dargestellt aus. Dabei wird wiederum nur die Methode mit der Schleife aufgeführt. Der Rest des Programms ist aus den vorherigen Abschnitten bekannt.

Quelltext: Methode AusgabeZahlen

```
static void AusgabeZahlen() {
    int i = 0;
    while (i <= 10) {
       Console.WriteLine(i);
       i = i + 1;
    }
}
```

Im Konsolenfenster wird dann Folgendes angezeigt:

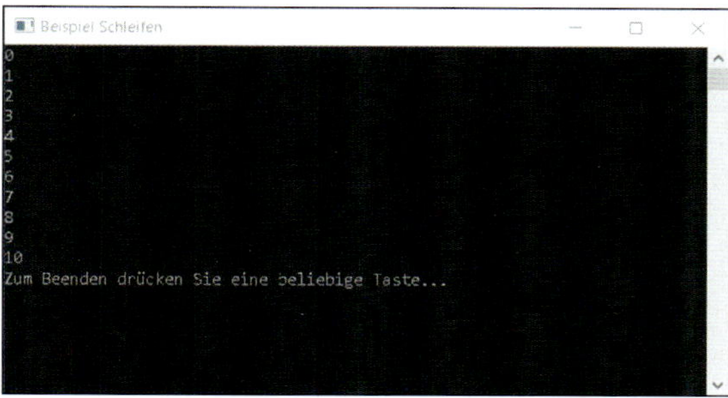

Abb. 5.2: Ausgabe der kopfgesteuerten Zählschleife

5.2.2 Fußgesteuerte Schleife

Bei einer fußgesteuerten Schleife steht die Schleifenbedingung am Ende (Fuß) der Schleife. Im Struktogramm wird sie wie folgt dargestellt:

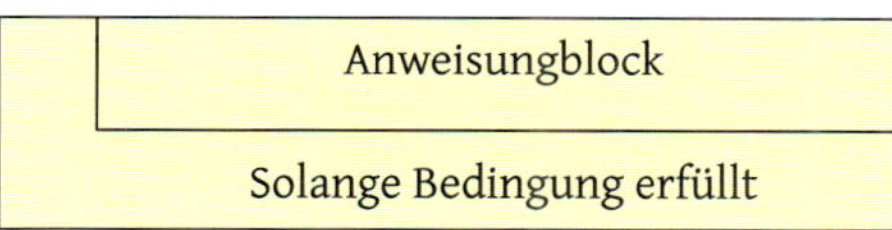

Im Gegensatz zur kopfgesteuerten Schleife wird der Schleifenkörper mindestens einmal durchlaufen, auch wenn die Schleifenbedingung nicht erfüllt ist. Deswegen wird diese Form der Schleife auch nichtabweisende Schleife genannt. Solange die Bedingung wahr ist, wird auch hier der Schleifenkörper durchlaufen.

Auftrag

Es soll ein Programm entwickelt werden, dass alle ganzen Zahlen von 10 bis 20 in Zweierschritten auf dem Bildschirm ausgibt.

Für die Lösung dieser Aufgabe werden wir diesmal eine fußgesteuerte Schleife verwenden. Zuerst müssen wir wieder eine Zählvariable anlegen und mit einem Anfangswert initialisieren. Dieses Mal verwenden wir den Anfangswert 10. Innerhalb der Schleife wird der aktuelle Wert der Zählvariablen ausgegeben und dann um 2 erhöht. Solange die Bedingung erfüllt ist, wird dieser Vorgang wiederholt. Der Algorithmus ist im Struktogramm ersichtlich.

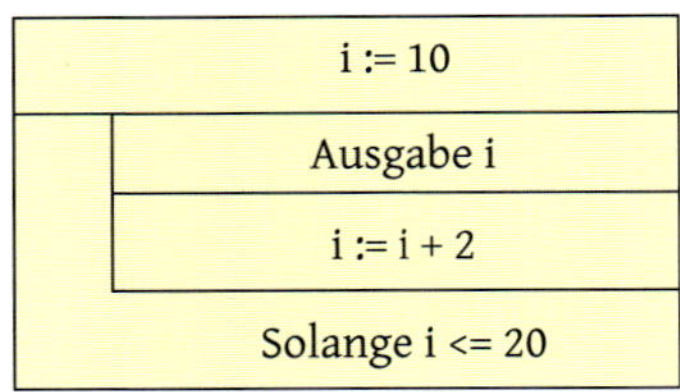

Dieser Algorithmus wird nun in C# umgesetzt. Dazu erst einmal die allgemeine Syntax für eine fußgesteuerte Schleife:

Syntax:
Fußgesteuerte Schleife

```
do {
    Anweisung1;
    Anweisung2;
    ...
} while (Bedingung);
```

Eine fußgesteuerte Schleife wird mit dem Schlüsselwort do eingeleitet. Dahinter wird in geschweiften Klammern geschrieben, was in der Schleife ausgeführt werden soll. Danach folgt das Schlüsselwort while mit der Schleifenbedingung in runden Klammern. Die Schleife wird mit einem Semikolon abgeschlossen. Dieses ist zwingend erforderlich, ansonsten gibt es einen Syntaxfehler.

Auf die Aufgabe übertragen, sieht die Lösung wie im Quelltext dargestellt aus. Dabei wird auch hier nur die Methode mit der Schleife aufgeführt (der Rest des Programms ist aus den vorherigen Abschnitten bekannt).

Quelltext: Methode AusgabeZahlen2

```
static void AusgabeZahlen2() {
    int i = 10;
    do {
      Console.WriteLine(i);
```

```
        i = i + 2;
    } while (i <= 20);
}
```

5.2.3 Zählschleife

Die Zählschleife ist eine Struktur, bei der von Anfang an feststeht, wie viele Wiederholungen des Schleifenkörpers ausgeführt werden. Dabei wird ein Zähler (genannt Laufvariable) mitgeführt und verändert. Die Laufvariable ändert sich von einem Anfangswert bis zu einem Endwert. In der Regel wird sie um 1 erhöht, es sind aber auch andere Schrittweiten möglich. Im Struktogramm wird sie wie folgt dargestellt:

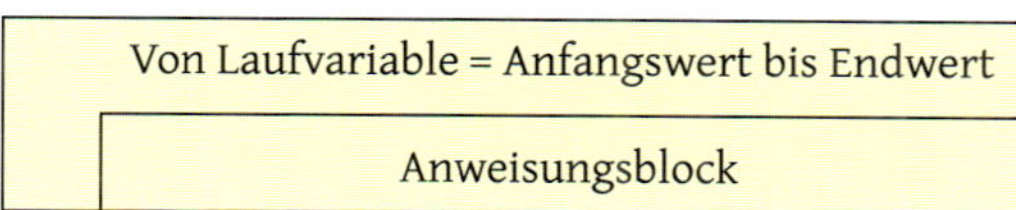

Auftrag

Es soll ein Programm entwickelt werden, das auf dem Bildschirm 10 Sterne hintereinander ausgibt.

Für die Lösung dieser Aufgabe wird eine Zählschleife genutzt. Als Laufvariable verwenden wir i und setzten einen Anfangswert von 0. Wenn wir 10 Sterne auf dem Bildschirm haben wollen, muss der Endwert 9 sein. Wir gehen dabei von einer Schrittweite 1 aus. Der Algorithmus ist im Struktogramm ersichtlich.

Von i := bis 9

Ausgabe “*”

Dieser Algorithmus wird nun in C# umgesetzt. Dazu erst einmal die allgemeine Syntax für eine Zählschleife:

Syntax:
Zählschleife

```
for (Initialisierung ; Bedingung ; Schrittweite) {
    Anweisung1;
    Anweisung2;
    ...
}
```

Eine Zählschleife wird mit dem Schlüsselwort for eingeleitet. Dahinter stehen in runden Klammern verschiedene Parameter. Die Parameterliste besteht aus drei Bereichen, die durch zwei Semikolons voneinander getrennt sind.

- **Initialisierung:** Setzen der Laufvariablen auf einen Anfangswert (Bsp.: `i = 0;`); wird nur bei der ersten Ausführung der Kontrollstruktur ausgeführt.
- **Bedingung:** Vergleich der Laufvariablen mit einem Endwert (Bsp.: `i < 10;`); ist die Bedingung erfüllt, wird der Schleifenkörper durchlaufen. Ist die Bedingung nicht erfüllt, wird die Schleife verlassen.
- **Schrittweite:** Erhöhung oder Verminderung des Werts der Laufvariablen (Bsp.: `i++;`); diese Anweisung wird nach dem Ende des Schleifenkörpers ausgeführt und sollte nur dazu genutzt werden, die Laufvariable zu verändern. Danach wird immer mit der Bedingungsprüfung (vorheriger Listenpunkt) fortgefahren.

Nach der Parameterliste folgt in geschweiften Klammern der Anweisungsblock, welcher in der Schleife ausgeführt werden soll. Auf die Aufgabe übertragen, sieht die Lösung wie im Quelltext dargestellt aus.

Quelltext: Methode AusgabeSterne

```
static void AusgabeSterne() {
    for (int i = 0; i <= 9; i++) {
      Console.Write("* ");
    }
}
```

Abb. 5.3: Ausgabe Sterne – Ergebnis im Konsolenfenster

Eine spezielle Form der Zählschleife ist die `foreach`-Schleife, die speziell bei der Arbeit mit Arrays zum Einsatz kommt. Mit dieser Schleife kann jedes Element eines Arrays durchlaufen werden, ohne dass die genaue Anzahl der Elemente bekannt sein muss. Hier soll der Aufbau kurz vorgestellt werden. Beispielhaft werden wir diese Schleife dann in Kapitel 6 einsetzen.

Syntax:
foreach-Schleife

```
foreach (Datentyp Bezeichner in Arrayname) {
   Anweisung1;
   Anweisung2;
   ...
}
```

Diese Schleife wird mit dem Schlüsselwort foreach eingeleitet. Dahinter stehen in runden Klammern wieder verschiedene Parameter. Diese unterscheiden sich aber von denen der Zählschleife:

- **Datentyp:** Hier wird der Datentyp der Elemente des Arrays angegeben.
- **Bezeichner:** Name der Variablen, mit dem jedes Element angesprochen werden kann.
- **Arrayname:** Name des Felds, das durchlaufen wird.

5.2.4 Die Schlüsselwörter break und continue

Mit den Schlüsselwörtern break und continue kann der normale Schleifenablauf verändert werden. Durch den Befehl break wird die Schleife sofort verlassen, auch wenn die Schleifenbedingung noch erfüllt ist.

Quelltext: Methode BeispielBreak

```
static void BeispielBreak() {
    int i = 0;
    while (i <= 10) {
       if ( i == 6 ) { break; }
       Console.WriteLine(i);
       i = i + 1;
    }
}
```

In diesem Beispiel werden nur die Zahlen 0, 1, 2, 3, 4 und 5 ausgegeben.

Durch den Befehl continue wird der aktuelle Schleifendurchlauf abgebrochen und mit dem nächsten fortgefahren.

Quelltext: Methode BeispielContinue

```
static void BeispielContinue() {
    for (int i = 0; i < 10; i++) {
      if (i % 2 == 0) { continue; }
      Console.WriteLine(i);
    }
 }
```

In diesem Beispiel werden nur alle ungeraden Zahlen (1, 3, 5, 7, 9) ausgegeben.
Hinweis: Natürlich kann man die Ausgabe aller ungeraden Zahlen innerhalb eines Bereiches viel eleganter lösen. Diese Lösung dient nur zur Verdeutlichung der Wirkungsweise von continue.

5.2.5 Aufgaben

Für die nachstehenden Aufgaben zeichnen Sie wieder ein Struktogramm, um sich den Algorithmus bewusst zu machen. Anschließend wird wieder eine Konsolenanwendung geschrieben. Diese basiert auf der Lösung aus dem Abschnitt „Verzweigungen" (siehe S. 63), wird aber um eine fußgesteuerte Schleife erweitert. In dieser soll solange verblieben werden, bis der Anwender das Programm mit der Eingabe einer 0 beendet und nicht nur mit dem Drücken einer beliebigen Taste. Eine fußgesteuerte Schleife wird deswegen verwendet, weil das Auswahlmenü mindestens einmal angezeigt werden soll. Die Grundstruktur des Übungsprogramms kann wie folgt aussehen:

```
using System;
namespace ÜbungSchleifen {
    class Program {
        static void Main(string[] args) {
            Console.Title = "Übungsaufgaben: Schleifen";
            MenueAnzeigen();
        }

        static void MenueAnzeigen() {
            int eingabe = 0;
            do {
                Console.WriteLine("==================");
                Console.WriteLine(" Menü");
                Console.WriteLine("==================");
                Console.WriteLine(" 1.Aufgabe: 1");
                Console.WriteLine(" 2.Aufgabe: 2");
                Console.WriteLine(" Programm beenden: 0");
                Console.WriteLine();
                Console.Write("Geben Sie eine Zahl ein: ");
                eingabe = Convert.ToInt32(Console.ReadLine());
                Console.Clear();
                switch (eingabe) {
                        case 1: Aufgabe1();
                        break;
                        case 2: Aufgabe2();
                        break;
                        default: break;
                }
                if (eingabe != 0) {
                        Console.WriteLine("Drücken Sie eine beliebige
                                           Taste, um das Programm
                                           fortzusetzen ...");
                        Console.ReadKey();
                        Console.Clear();
                }
            } while (eingabe != 0);
        }

        static void Aufgabe1() {
            // Lösung Aufgabe 1
        }

        static void Aufgabe2() {
            // Lösung Aufgabe 2
        }
    }
}
```

Beginn der fußgesteuerten Schleife

Menü löschen

Verzweigung wird nur ausgeführt, wenn das Programm fortgesetzt werden soll

Solange keine 0 eingegeben wird, wird die Schleife durchlaufen

Hierhin kommt der Quelltext für die erste Aufgabe

Hierhin kommt der Quelltext für die zweite Aufgabe

Das Menü würde auf dem Bildschirm dann folgendermaßen aussehen:

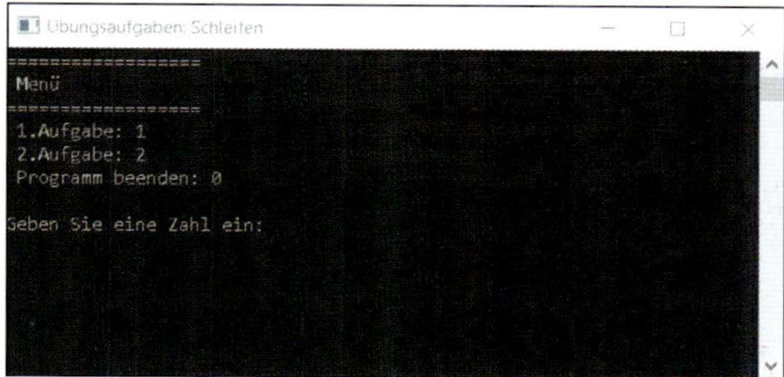

Abb. 5.4: Ausgabe des Programms „Übungsaufgaben: Schleifen"

Die Ausgabe können Sie wiederum noch schöner gestalten und nach Ihrem Geschmack anpassen.

1 Entwickeln Sie ein Programm, das alle geraden Zahlen von 0 bis 20 ausgibt.

2 Der Benutzer gibt eine ganze Zahl ein und es werden alle ganzen Zahlen von dieser Zahl bis 0 ausgeben.
Beispiel:
Eingabe: 5
Ausgabe: 5, 4, 3, 2, 1, 0

3 Schreiben Sie ein Programm, in das der Anwender eine ganze Zahl eingibt und das die Summe aller ganzen Zahlen von 0 bis zu dieser Zahl berechnet und ausgibt.
Beispiel:
Eingabe: 4
Ausgabe: 10 (Berechnung: 4 + 3 + 2 + 1 + 0)

4 Der Benutzer gibt eine ganze Zahl ein und das Programm soll die Fakultät dieser Zahl berechnen (Hinweis: 0! = 1).
Beispiel:
Eingabe: 4
Ausgabe: 24 (Berechnung: 4 • 3 • 2 • 1)

5 Schreiben Sie ein Programm, das nach Eingabe eines Anlagebetrags und eines Zinssatzes ausgibt, wie lange (in Jahren) Sie das Geld anlegen müssen, um über eine Million Vermögen zu haben. (Hinweis: Die erwirtschafteten Zinsen werden wieder angelegt und im nächsten Jahr mitverzinst.)
Beispiel:
Anlagebetrag in Euro: 700 000,00
Zinssatz in %: 10
Mindestanzahl Jahre: 4

6 Schreiben Sie ein Programm, in das der Anwender 10 Zahlen eingeben kann und das die größte und die kleinste Zahl davon anzeigt.
Beispiel:
Eingabe: 10, 5, 23, 5, 44, 3, 41, -2, 44, 3
Ausgabe: größte Zahl: 44, kleinste Zahl: -2

7 Schreiben Sie ein Programm, das alle Teiler einer einzulesenden positiven, ganzen Zahl ausgibt. (Hinweis: Nutzen Sie den Modulo-Operator.)
Beispiel:
Zahl: 63
63 ist teilbar durch: 1, 3, 7, 9, 21, 63

8 Schreiben Sie ein Programm, das nach einer ganzen Zahl fragt und nach Eingabe alle Primzahlen bis zu dieser Zahl ausgibt. (Hinweis: Nutzen Sie den Modulo-Operator.)
Beispiel:
Eingabe: 10
Ausgabe: 2, 3, 5, 7

9 Geben Sie mithilfe von Schleifen folgende Figur (umgekehrte Pyramide) aus Sternen auf dem Bildschirm aus. (Hinweis: Pro Schreibvorgang darf jeweils immer nur ein Stern ausgeben werden.)

```
* * * * * * *      7 Sterne
  * * * * *        5 Sterne
    * * *          3 Sterne
      *            1 Stern
```

10 J. Wallis hat eine andere Methode gefunden, um die Zahl Pi zu berechnen. Schreiben Sie ein Programm, das nach diesem Verfahren Pi berechnet und das Ergebnis ausgibt. Die Anzahl der Rechenschritte soll vom Anwender eingegeben werden.
Methode nach J. Wallis: Pi/2 = (2/1) * (2/3) * (4/3) * (4/5) * (6/5) * (6/7) * (8/7) * (8/9) * ..
Beispiel:
Anzahl Rechenschritte: 2
Pi = 2,6666666667

6 Felder, Zufallszahlen und Collections

Die bisher verwendeten Variablen können nur genau einen Wert des entsprechenden Datentyps speichern. Wenn man z. B. 100 verschiedene Werte im Programm speichern möchte, müsste man theoretisch 100 Variablen anlegen. Dies ist mit sehr viel Arbeit verbunden und außerdem sehr unübersichtlich. Um mehrere Werte des gleichen Datentyps zu speichern, werden deswegen Felder (Arrays) verwendet. In C# versteht man unter einem Feld (Array) einen Container, worin mehrere Objekte vom gleichen Typ aufgenommen und verwaltet werden können. In diesem Kapitel werden wir ein- und mehrdimensionale Felder, die ArrayList und die Hashtable kennenlernen. Um größere Felder mit Testdaten zu füllen, werden wir uns außerdem noch mit Zufallszahlen beschäftigen.

6.1 Eindimensionale Felder

In einem eindimensionalen Feld werden mehrere Werte gleichen Typs hintereinander abgespeichert. Die Deklaration eines Feldes ist der Deklaration einer Variablen sehr ähnlich, nur dass nach dem Datentyp eckige Klammern gesetzt werden müssen. Danach muss das Feld noch erzeugt werden.

Syntax:
Felder erzeugen

Ausführliche Schreibweise:

```
datentyp[ ] feldname;
feldname = new datentyp[anzahlElemente];
```

Kurzschreibweise:

```
datentyp[ ] feldname = new datentyp[anzahlElemente];
```

Jedes Feld besitzt einen Feldnamen und hat eine Anzahl von Elementen des gleichen Typs (z. B. double oder int). Für die Wahl und Schreibweise des Feldnamens gelten die gleichen Regeln wie bei Bezeichnern von Variablen.

Beispiele

Feld mit 5 Gleitkommawerten

```
double[] messwerte;
messwerte = new double[5];

double[] messwerte = new double[5];
```

Das Feld „messwerte“ hat folgenden Aufbau:

Index	0	1	2	3	4
Wert	0.0	0.0	0.0	0.0	0.0

Der Index eines Feldes beginnt immer mit dem Wert 0 und endet mit dem Wert anzahlElemente -1. In diesem Fall endet das Feld mit dem Index 4. Die einzelnen Datenfelder werden über den Feldnamen und den Index angesprochen. Wird ein Index verwendet, dessen Wert außerhalb des Feldbereichs liegt (negativer Index oder der Index ist größer als die Anzahl der Feldelemente), dann wird ein Laufzeitfehler (Exception) erzeugt.

Beispiele

```
messwerte[0] = 20.3;
messwerte[3] = -1.6;
messwerte[4] = (x * 1.34) / 5.0;
messwerte[5] = 10.0; // Fehler, weil das Feldelement nicht existiert
```

Auftrag

Es soll ein Programm entwickelt werden, in dem fünf Messwerte in ein Array eingegeben werden können und welches dann den höchsten Messwert ermittelt und ausgibt.

Zunächst entwickeln wir für den Algorithmus ein Struktogramm:

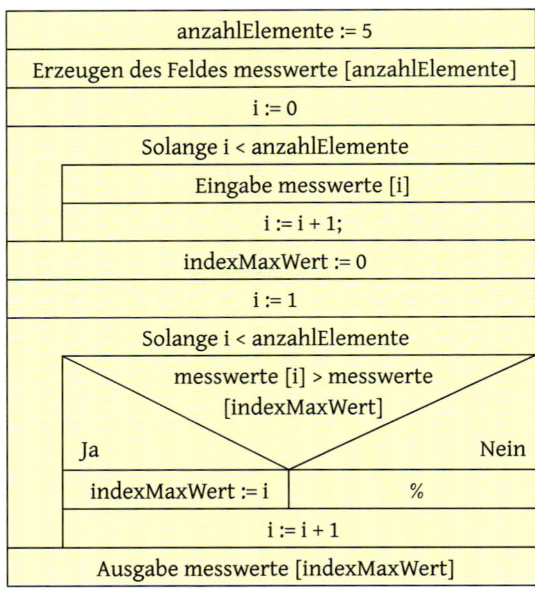

Daraus entwickeln wir nun unser Programm. Als Schleifen werden zwei kopfgesteuerte Schleifen verwendet. Es wäre aber ebenso möglich, eine andere Schleifenart zu wählen.

Quelltext: Höchster Messwert

```
using System;
namespace EindimensionalesFeld {
    class Program {
        static void Main(string[] args) {
            Console.Title = "Höchster Messwert";
            //---------------------------
            // Erzeugen des Feldes
            //---------------------------
            int anzahlElemente = 5;
            double[] messwerte = new double[anzahlElemente];
            //---------------------------
            // Eingabe der Messwerte
            //---------------------------
            Console.WriteLine(" Geben Sie fünf Messwerte ein.");
            int i = 0;
            while (i < anzahlElemente) {
                Console.Write(" Messwert {0} : ", i + 1);
                messwerte[i] = Convert.ToDouble(Console.ReadLine());
                i = i + 1;
            }
            //----------------------------------
            // Ermitteln des höchsten Messwerts
            //----------------------------------
            int indexMaxWert = 0;
            i = 1;
            while (i < anzahlElemente) {
                if (messwerte[i] > messwerte[indexMaxWert]) {
                    indexMaxWert = i;
                }
                i = i + 1;
            }
            Console.WriteLine("Der höchste Wert ist: " +
                                 messwerte[indexMaxWert] + "\n");
            Console.WriteLine("Zum Beenden drücken Sie eine beliebige
                                Taste ...");
            Console.ReadKey();
        }
    }
}
```

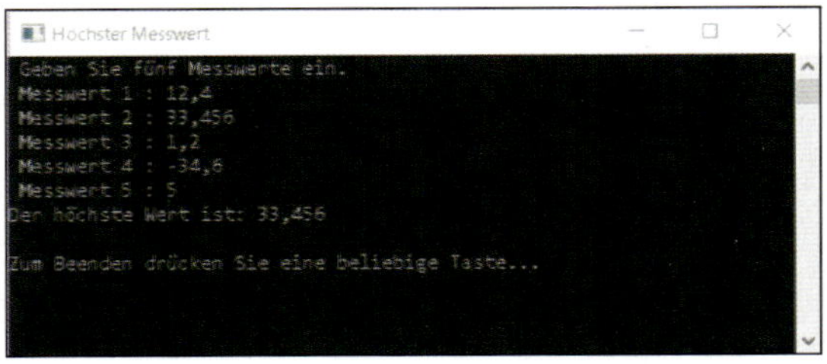

```
Höchster Messwert
Geben Sie fünf Messwerte ein.
Messwert 1 : 12,4
Messwert 2 : 33,456
Messwert 3 : 1,2
Messwert 4 : -34,6
Messwert 5 : 5
Der höchste Wert ist: 33,456

Zum Beenden drücken Sie eine beliebige Taste...
```

Abb. 6.1: Mögliche Ausgabe des Programms „Höchster Messwert“

6.2 Zufallszahlen

Um Felder mit sehr vielen Elementen zu testen, wäre es sehr umständlich, alle Testdaten per Hand einzugeben. Stattdessen ist es einfacher, Testdaten automatisch zu erzeugen und diese mithilfe einer Schleife in das Feld zu schreiben. Damit man unterschiedliche Testdaten bekommt, bietet es sich an, diese per Zufallsgenerator zu generieren.

Auftrag

Es soll ein Programm entwickelt werden, das ein Array mit Zufallszahlen im Bereich von 0 bis 99 füllt und danach alle Daten anzeigt. Die Anzahl der Feldelemente soll vom Benutzer eingegeben werden können.

Für die Lösung sind drei Schritte notwendig:

1. Erzeugen eines Feldes von n Elementen
2. Füllen des Feldes mit Zufallszahlen
3. Ausgabe der Zufallszahlen

Zum Durchlaufen des Feldes werden eine for-Schleife und eine foreach-Schleife verwendet.

Quelltext: Zufallszahlen

```
using System;
namespace Zufallszahlen {
    class Program {
        static void Main(string[] args) {
            Console.Title = "Zufallszahlen";
            //----------------------------
            // Erzeugen des Feldes
            //----------------------------
            Console.Write("Geben Sie die Anzahl der Feldelemente
                           ein: ");
            int anzahlElemente = Convert.ToInt32(Console.ReadLine());
            int[] feld = new int[anzahlElemente];
            Console.WriteLine();
```

```
            //-----------------------------------------
            // Füllen des Feldes mit Zufallszahlen
            //-----------------------------------------
            Random zufallszahl = new Random();
            for (int i = 0; i < anzahlElemente; i++) {
                feld[i] = zufallszahl.Next(0, 99);
            }
            //-----------------------------------------
            // Ausgabe aller Feldwerte
            //-----------------------------------------
            Console.WriteLine("Es wurden folgende Zufallszahlen
                                erzeugt:");
            foreach (int i in feld) {
                Console.Write(" {0},", i);
            }
            Console.WriteLine("\n");
            Console.WriteLine("Zum Beenden drücken Sie eine beliebige
                                Taste...");
            Console.ReadKey();
        }
    }
}
```

Zufallszahlen-generator erzeugen

Zufallszahlen erzeugen

Wie aus dem Quellcode ersichtlich, sind zwei Schritte notwendig, um Zufallszahlen zu generieren. Als Erstes muss ein Zufallsgenerator erzeugt werden. Dazu wird ein Objekt der Klasse Random erzeugt. Der Bezeichner ist frei wählbar.

Syntax:
Zufallsgenerator erzeugen

```
Random bezeichner = new Random();
```

Beispiel
Random zufallszahl = new Random();

Als Zweites wird mit der Methode Next() eine Zufallszahl erzeugt. Davon gibt es drei Varianten:

Syntax:
Zufallszahlen erzeugen

1. **Next()** - Es wird eine nicht negative Zufallszahl erzeugt.
2. **Next(*maxValue*)** - Es wird eine nicht negative Zufallszahl erzeugt, deren maximaler Wert durch *maxValue* angeben ist.
3. **Next(*minValue*, *maxValue*)** - Es wird eine Zufallszahl im Bereich von minValue und maxValue erzeugt.

Beispiele
zufallszahl.Next();
zufallszahl.Next(100);
zufallszahl.Next(31,111);

Das fertige Programm erzeugt folgende Ausgabe:

```
Zufallszahlen
Geben Sie die Anzahl der Feldelemente ein: 10

Es wurden folgende Zufallszahlen erzeugt:
 13, 23, 75, 19, 33, 72, 69, 48, 4, 79,

Zum Beenden drücken Sie eine beliebige Taste...
```

Abb. 6.2: Ausgabe des Programms „Zufallszahlen“

6.3 Mehrdimensionale Felder

Neben eindimensionalen Feldern ist es außerdem möglich, mehrdimensionale Felder anzulegen. Dabei ist die Anzahl der Dimensionen nicht begrenzt. Hier wird anhand des zweidimensionalen Feldes exemplarisch die Erzeugung und Verwendung von mehrdimensionalen Feldern erläutert.
Ein zweidimensionales Feld kann man sich so vorstellen, dass ein Feldelement selbst wieder ein Feld definiert. Dabei müssen alle Elemente vom gleichen Typ sein. Denken Sie an eine Matrix oder eine Tabelle, um sich ein zweidimensionales Feld anschaulich vorzustellen. Jede Zelle einer Tabelle ist eindeutig durch die Position in einer Zeile und einer Spalte identifizierbar.

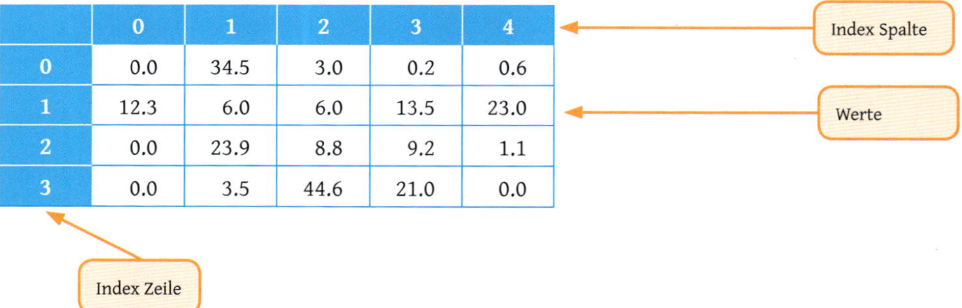

	0	1	2	3	4
0	0.0	34.5	3.0	0.2	0.6
1	12.3	6.0	6.0	13.5	23.0
2	0.0	23.9	8.8	9.2	1.1
3	0.0	3.5	44.6	21.0	0.0

Die Syntax ist der von eindimensionalen Feldern sehr ähnlich:

Syntax:
Mehrdimensionale Felder erzeugen (Beispiel zweidimensional)

Ausführliche Schreibweise:

```
datentyp[,] feldname;
feldname = new datentyp[anzahlZeilen, anzahlSpalten];
```

Kurzschreibweise:

```
datentyp[,] feldname = new datentyp[anzahlZeilen, anzahlSpalten];
```

Beispiel

Zweidimensionales Feld mit 3 Zeilen und 4 Spalten, in dem Ganzzahlwerte gespeichert werden können:

```
int[,] matrix;
matrix = new int[3,4];
```

oder

```
int[,] matrix = new int[3,4];
```

Dreidimensionales Feld mit jeweils 5 Elementen pro Dimension in dem Wahrheitswerte gespeichert werden können:

```
bool[,,] matrix;
matrix = new bool[5,5,5];
```

oder

```
bool[,,] matrix = new bool[5,5,5];
```

Der Zugriff auf die einzelnen Elemente erfolgt wieder über die Angabe der entsprechenden Indizes. Bezogen auf ein zweidimensionales Feld, müssten der Index der Zeile und der Index der Spalte angegeben werden. Der Index der Zeilen beginnt immer mit dem Wert 0 und endet mit dem Wert anzahlZeilen -1. Das Gleiche gilt für den Index der Spalten. Wird ein Index verwendet, dessen Wert außerhalb des Feldbereichs liegt, wird ein Laufzeitfehler erzeugt.

Beispiel

```
messwerte[0,2] = 202.3;
messwerte[3,3] = -10.6;
messwerte[1,0] = x * y;
```

Auftrag

Es soll ein Programm entwickelt werden, in dem ein zweidimensionales Feld genutzt wird, um die Belegung von Sitzplätzen in einem Theatersaal zu dokumentieren. Es gibt in dem Saal sechs Reihen mit jeweils neun Sitzplätzen pro Reihe. Zum Testen sollen die Plätze zufällig belegt werden.

Zunächst entwickeln wir für den Algorithmus ein Struktogramm:

anzahlReihen := 6

anzahlPlätze := 9

Erzeugen des Feldes belegung [anzahlReihen, anzahlPlaetze]

Von reihe := 0 bis anzahlReihen – 1

Von platz := 0 bis anzahlPlaetze – 1

belegung [reihe, platz] := Zufallswert (true oder false)

Von reihe := 0 bis anzahlReihen – 1

Von platz := 0 bis anzahlPlaetze – 1

Ausgabe belegung [reihe, platz]

Für den Algorithmus wird zunächst ein zweidimensionales Feld belegung erzeugt. Um die Anzahl der Reihen und die Anzahl der Plätze pro Reihe flexibel verändern zu können, werden zwei Variablen angelegt, welche diese Werte aufnehmen. Diese werden auch als Abbruchbedingung in den Schleifen verwendet. Nach dem Anlegen des Feldes haben alle Feldelemente automatisch den Wert „false“. Nun werden zufällig Plätze belegt, in dem einigen Feldelementen der Wert „true“ zugewiesen wird. Dies geschieht mit zwei verschachtelten Zählschleifen. In der äußeren Schleife werden die Reihen durchlaufen und in der inneren Schleife die einzelnen Plätze der entsprechenden Reihe. Danach wird die Belegung im Konsolenfenster angezeigt. Die programmtechnische Lösung ist nachfolgend dargestellt.

Quelltext: Sitzplatzbelegung Theatersaal

```
using System;
namespace ZweidimensionalesFeld {
    class Program {
        static void Main(string[] args) {
            Console.Title = "Sitzplatzbelegung Theatersaal";
            //----------------------------
            // Erzeugen des Feldes
            //----------------------------
            int anzahlReihen = 6;
            int anzahlPlaetze = 9;
            bool[,] belegung = new bool[anzahlReihen, anzahlPlaetze];
            //-----------------------------------
            // Setzen einer zufälligen Belegung
            //-----------------------------------
            Random rnd = new Random();
            for (int reihe = 0; reihe < anzahlReihen; reihe++) {
                for (int platz = 0; platz < anzahlPlaetze; platz++) {
                    if (rnd.Next(0,2) == 1) {
                        belegung[reihe, platz] = true;
                    }
```

```
                }
            }
            //------------------------------------------------
            // Ausgabe Belegung
            //------------------------------------------------
            Console.WriteLine(" Aktuelle Belegung \n");
            Console.WriteLine("           |         Platz ");
            Console.WriteLine("           | 1 2 3 4 5 6 7 8 9 ");
            Console.WriteLine("----------------------------");
            for (int reihe = 0; reihe < anzahlReihen; reihe++) {
                Console.Write(" {0}.Reihe |",reihe + 1);
                for (int platz = 0; platz < anzahlPlaetze; platz++) {
                    if (belegung[reihe, platz] == true) {
                        Console.Write(" x");
                    } else {
                        Console.Write(" -");
                    }
                }
                Console.WriteLine();
            }
            Console.WriteLine();
            Console.WriteLine("Zum Beenden drücken Sie eine beliebige
                               Taste...");
            Console.ReadKey();
        }
    }
}
```

Da der Zufallszahlengenerator nur positive ganze Zahlen erzeugt, muss eine Struktur geschaffen werden, die zufällige Wahrheitswerte produziert. Dies geschieht mit den Zeilen:

```
if (rnd.Next(0,2) == 1) {
   belegung[reihe, platz] = true;
}
```

Hier wird zufällig eine 1 oder eine 0 erzeugt (die 2 ist nicht in den Bereich mit eingeschlossen). Immer wenn die Zufallszahl 1 ist, wird dem aktuellen Feldelement der Wahrheitswert „true" zugewiesen. Die Ausgabe muss ein wenig komplexer gestaltet werden, als sie im Struktogramm entworfen wurde. Dies ist notwendig, um eine benutzerfreundliche Darstellung der Platzbelegung zu gewährleisten. Belegte Plätze (true) werden mit „x" und nicht belegte Plätze (false) mit „-" angezeigt. Eine zufällige Belegung mit Ausgabe könnte wie in Abb. 6.3. aussehen.

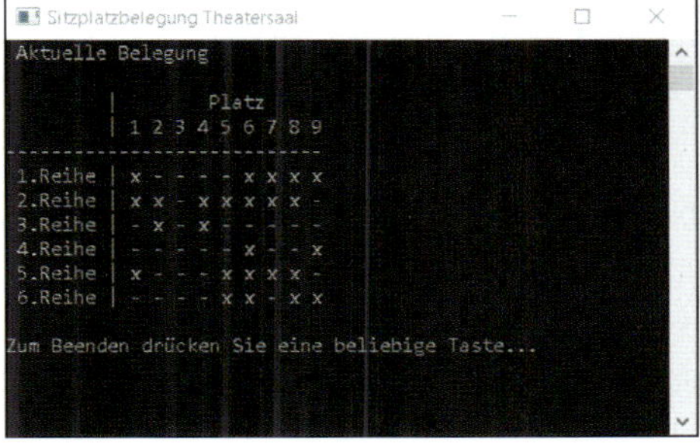

Abb. 6.3: Mögliche Ausgabe des Programms „Sitzplatzbelegung Theatersaal"

6.4 Collections

Die Felder, die wir bisher kennengelernt haben, besitzen eine feste Größe, nachdem sie erzeugt wurden. Benötigt man später mehr Elemente, ist eine Größenveränderung nicht ohne Weiteres möglich. Ein neues Element kann auch nicht an einer beliebigen Position hinzugefügt werden. In den meisten Fällen ist der entsprechende Index schon durch ein anderes Element besetzt. Wird ein Element aus einem Feld entfernt, bleibt ein unbesetzter Index zurück. Ein Feld (Array) ist somit ein statischer Pool freier und belegter Elementpositionen ohne die Fähigkeit, sich bei Änderungen dynamisch anpassen zu können. Wenn solche Anforderungen an das Programm bestehen, dann kommen die Klassen des Namensraums „Collection" zum Einsatz, die ähnlich den Feldern als Container meist typgleicher Elemente dienen. Im Unterschied zu den herkömmlichen Feldern arbeiten diese Klassen jedoch dynamisch, d. h., sie vergrößern ihre Kapazität entsprechend der Anzahl der Einträge und haben niemals Indizes, die unbesetzt sind. Ganz allgemein werden diese Klassen als Collections bezeichnet und sind im Namensraum „System.Collection" zu finden. Hier eine kurze Übersicht:

Bezeichnung	Beschreibung
ArrayList	Basisalternative zu einem Feld, das je nach Bedarf dynamisch vergrößert oder verkleinert wird
Hashtable	Stellt eine Auflistung von Schlüssel-Wert-Paaren dar, die auf Grundlage des Hashcodes des Schlüssels geordnet sind
SortedList	Stellt eine Auflistung von Schlüssel-Wert-Paaren dar, die nach Schlüsseln sortiert sind und auf die sowohl über Schlüssel als auch über Indizes zugegriffen werden kann
Stack	Datenstruktur, die nach dem LIFO-Prinzip (Last In, First Out) arbeitet
Queue	Datenstruktur, die nach dem FIFO-Prinzip (First In, First Out) arbeitet
BitArray	Verwaltet ein komprimiertes Array von Bitwerten, die als Boolesche Werte dargestellt sind. „True" bezeichnet hierbei ein gesetztes Bit (1), und „false" bezeichnet ein nicht gesetztes Bit (0).

Jede Klasse unterscheidet sich von der anderen durch besondere Fähigkeiten und Charakteristiken, z. B. in der internen Verwaltung der Objekte, im Zugriff auf die einzelnen Elemente oder in der Geschwindigkeit, mit der nach einem bestimmten Eintrag gesucht werden kann. Im Folgenden wollen wir uns die Klassen ArrayList und Hashtable anhand eines kurzen Beispiels ansehen.

6.4.1 ArrayList

Die ArrayList ist eine Alternative zu einem Feld, das je nach Bedarf dynamisch vergrößert oder verkleinert werden kann. Um mit der ArrayList arbeiten zu können, muss der Namespace „System.Collection" in das Programm eingebunden werden. Erzeugt wird eine ArrayList durch folgende Syntax.

Syntax:
ArrayList erzeugen

```
ArrayList bezeichner;
bezeichner = new ArrayList();
```

oder

```
ArrayList bezeichner = new ArrayList();
```

Als Erstes wird eine ArrayList deklariert. Der Bezeichner kann dabei frei gewählt werden. Im Anschluss wird sie dann mithilfe von new erzeugt.

Beispiele

```
ArrayList messwerte;
messwerte = new ArrayList();

ArrayList umsaetze = new ArrayList();
```

In der ArrayList gibt es viele nützlich Methoden. Die wichtigsten sind nachfolgend aufgeführt:

Methode	Beschreibung	Beispiel
Add(*Element*)	Fügt ein Element am Ende der ArrayList hinzu	messwerte.Add(12.6);
Clear()	Entfernt alle Elemente aus der ArrayList	messwerte.Clear();
Remove(*Element*)	Entfernt das erste Vorkommen eines angegebenen Elements aus der ArrayList	messwerte.Remove(10.0);
Sort()	Sortiert die Elemente in der gesamten ArrayList	messwerte.Sort();

Auf die einzelnen Elemente der ArrayList kann über einen Index zugegriffen werden. Die Arbeit mit einer ArrayList wird im folgenden Beispiel (Arbeitsauftrag) verdeutlicht.

Auftrag

Es soll ein Programm entwickelt werden, das eine ArrayList mit Zufallszahlen im Bereich von 0 bis 99 füllt und danach alle Daten anzeigt. Die Anzahl der Feldelemente soll zufällig bestimmt werden und im Bereich zwischen 5 und 20 liegen.

Quellcode: Beispiel ArrayList

```
using System;
using System.Collections;
namespace BeispielArrayList {
    class Program {
        static void Main(string[] args) {
```

```
            Random random = new Random();
            ArrayList arrayList = new ArrayList();
            Console.Title = "Beispiel ArrayList";
            int anzahlElemente = random.Next(5, 21);
            for(int i = 0; i < anzahlElemente; i++) {
                arrayList.Add(random.Next(0, 100));
            }
            Console.WriteLine(" Die ArrayList hat {0} Elemente. \n",
                                arrayList.Count);
            foreach (Object element in arrayList) {
                Console.Write(" {0}", element);
            }
            Console.WriteLine("\n");
            Console.WriteLine(" Zum Beenden drücken Sie eine belie-
                                bige Taste...");
            Console.ReadKey();
        }
    }
}
```

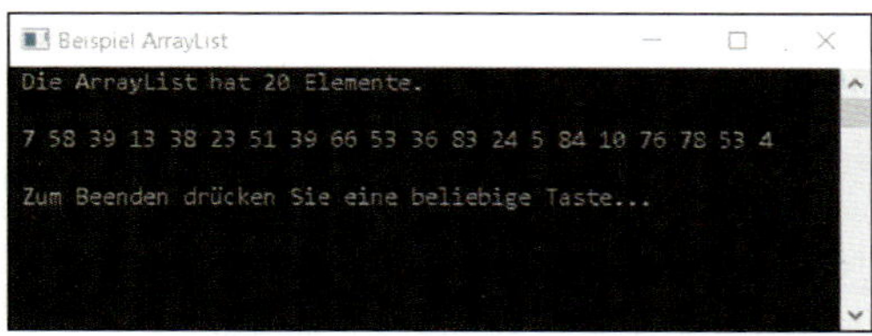

Abb. 6.4: Mögliche Ausgabe des Programms „Beispiel ArrayList"

6.4.2 Hashtable

Felder und ArrayLists greifen über einen Index auf ihre Elemente zu. Dieses Konzept hat allerdings folgenden Nachteil: Wenn man nach einem bestimmten Element sucht und dessen Position (Index) nicht kennt, muss die ganze Liste solange durchlaufen werden, bis eine Übereinstimmung gefunden wird. Sind sehr viele Elemente vorhanden, kann das sehr zeitaufwendig sein und viel Rechenleistung kosten. Kommt es nicht auf die Reihenfolge der Elemente an, kann man eine Hashtable verwenden. Eine Hashtable ist eine Auflistung von Schlüssel-Wert-Paaren, die auf Grundlage des Hashcodes des Schlüssels geordnet ist.

Erzeugt wird eine Hashtable durch folgende Syntax:

Syntax:
Hashtable erzeugen

```
Hashtable bezeichner;
bezeichner = new Hashtable();
```

oder

```
Hashtable bezeichner = new Hashtable();
```

Als Erstes wird eine Hashtable deklariert. Der Bezeichner kann dabei frei gewählt werden. Im Anschluss wird die Hashtable mithilfe von new erzeugt.

Beispiele

Hashtable hashtable;
hashtable = new Hashtable();

Hashtable ht = new Hashtable();

Um Werte in einer Hashtable zu speichern, werden sogenannte Schlüssel benutzt. Der Schlüssel muss immer eindeutig und nicht Null sein. Jedem Schlüssel wird dann ein Wert zugeordnet, der allerdings Null sein darf. Schlüsselwerte dürfen nicht verändert werden, solange sie als Schlüssel dienen.

Beispiel

Schlüssel (Schülernummer)	**Wert** (Name)
008145	Frank Maier
022211	Thomas Müller
902301	Claudia Schulz

Mit der Hashtable gibt es viele nützlich Methoden. Die wichtigsten sind hier aufgeführt:

Methode	Beschreibung	Beispiel
Add(*schlüssel, wert*)	Fügt der Hashtable ein Element mit dem entsprechenden Schlüssel und Wert hinzu	ht.Add("003", "Maier");
Clear()	Entfernt alle Elemente aus der Hashtable	ht.Clear();
Remove(*schlüssel)*	Entfernt das Element mit dem entsprechenden Schlüssel aus der Hashtable	ht.Remove("003");

Auftrag

Es soll ein Programm entwickelt werden, welches Schülernamen und Schülernummern in einer Hashtable verwaltet. Dabei sollen die Schülernummern als Schlüssel dienen.

Quellcode: Beispiel Hashtable

```
using System;
using System.Collections;
namespace BeispielHashtable {
    class Program {
        static void Main(string[] args) {
            Console.Title = "Beispiel Hashtable";
            Hashtable hashtable = new Hashtable();
```

```
            hashtable.Add("001", "Hans Müller");
            hashtable.Add("002", "Claudia Lehmann");
            hashtable.Add("003", "Rainer Schulz");
            foreach (DictionaryEntry eintrag in hashtable) {
                Console.WriteLine(" {0} - {1} ", eintrag.Key, eintrag.
                                  Value);
            }
            Console.WriteLine();
            Console.WriteLine(" Zum Beenden drücken Sie eine belie-
                              bige Taste...");
            Console.ReadKey();
        }
    }
}
```

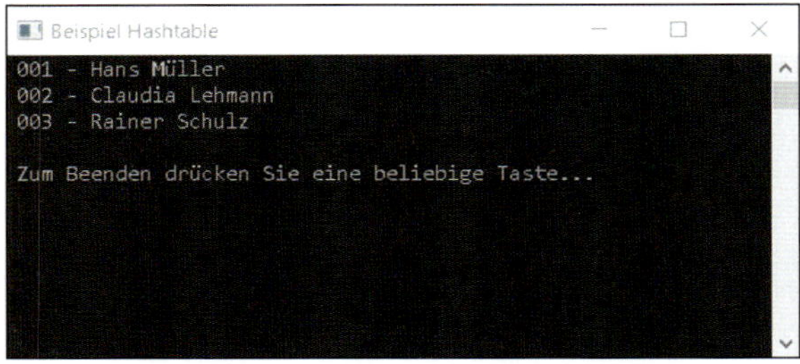

Abb. 6.5: Mögliche Ausgabe des Programms „Beispiel Hashtable"

6.5 Aufgaben

1 Ein Feld von Monatsumsätzen ist mit Zufallszahlen von 1 000 bis 5 000 zu füllen. Danach ist der Durchschnitt zu berechnen und auszugeben.
Beispiel:
Januar: 1 000,00
Februar: 2 000,00
März: 3 000,00
...
Der durchschnittliche Monatsumsatz beträgt 2 000,00 Euro.

2 Schreiben Sie ein Programm, in das der Benutzer eine ganze Zahl eingibt und damit die Größe eines Feldes bestimmt, in dem ganze Zahlen gespeichert werden können. Füllen Sie anschließend das Feld mit Zufallszahlen im Bereich von 0 bis 200 und geben Sie dieses aus. Jetzt soll das Feld mit dem Bubblesort-Algorithmus sortiert werden. Das sortierte Feld ist wieder auszugeben.

Bubblesort-Algorithmus:

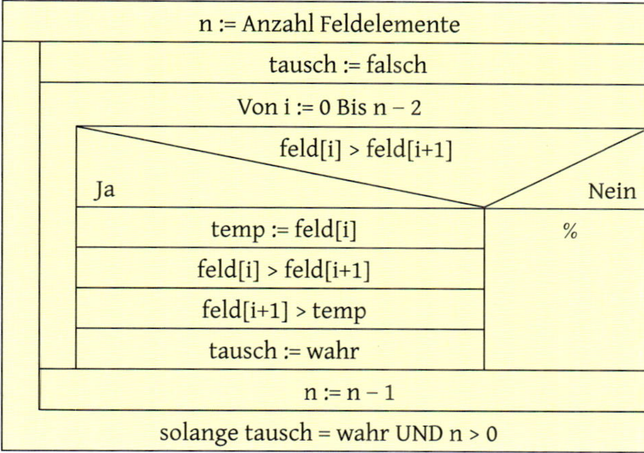

3 Erweitern Sie das Programm aus Aufgabe 2 so, dass der Benutzer am Anfang zwischen dem Bubbelsort- und dem Quicksort-Algorithmus auswählen kann: Je nach Auswahl wird das Feld dann mit dem einen oder dem anderen Algorithmus sortiert.
Quicksort-Algorithmus (rekursiv):

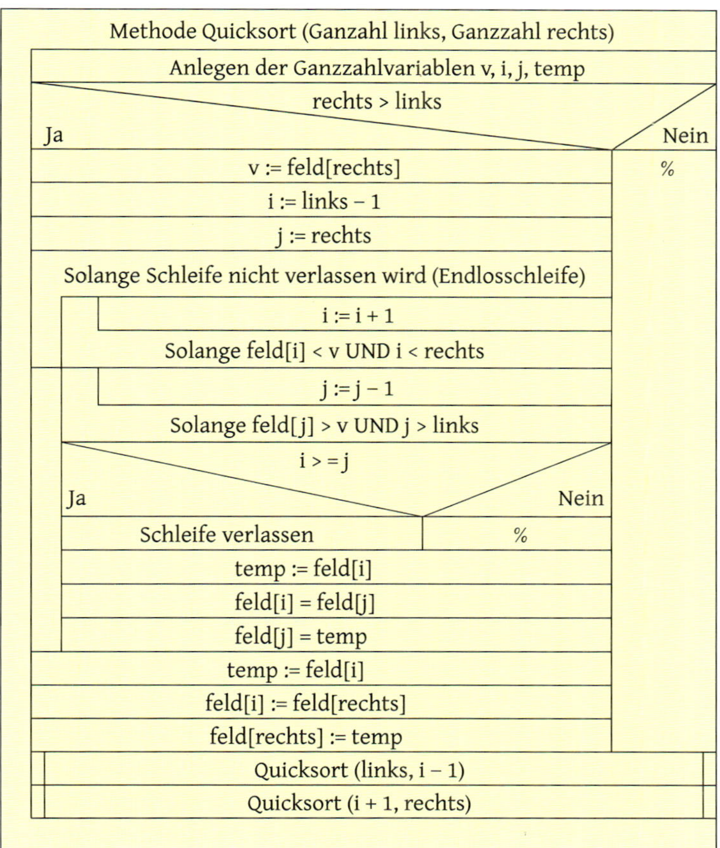

Hinweis: Verwenden Sie das Schlüsselwort break, um die Endlosschleife zu verlassen (siehe S. 73) und informieren Sie sich in Kapitel 4.4 (siehe S. 53 ff.) über rekursive Methodenaufrufe.

4 Füllen Sie zwei 3×3-Matrizen mit Zufallszahlen von 0 bis 9. Anschließend addieren Sie beide Matrizen miteinander und speichern das Ergebnis in einer dritten Matrix. Verwenden Sie für die Lösung der Aufgabe drei Felder. Die Bildschirmausgabe soll wie folgt aussehen:

```
| 3 1 0 |   | 6 8 9 |   | 3+6 1+8 0+9 |   | 9 9 9 |
| 2 2 2 | + | 3 4 5 | = | 2+3 2+4 2+5 | = | 5 6 7 |
| 9 3 5 |   | 0 2 1 |   | 9+0 2+3 5+1 |   | 9 5 6 |
```

5 Schreiben Sie ein Programm, in das der Benutzer zehn Länder und die dazugehörige Hauptstadt eingeben und in einer Hashtable abspeichern kann. Alle Eingaben sollen am Ende ausgegeben werden.
Beispiel:
Eingabe:

```
1. Datensatz
Land: Deutschland
Hauptstadt: Berlin
2. Datensatz
Land: Frankreich
Hauptstadt: Paris
...
```

Ausgabe:

```
Land           Hauptstadt
Deutschland    Berlin
Frankreich     Paris
...
```

6 Schreiben Sie ein Programm, in dem eine ArrayList beliebiger Größe mit Zufallszahlen gefüllt wird. Die ArrayList wird dann nach der größten und der kleinsten Zahl durchsucht. Die Ausgabe besteht aus alle Elementen der ArrayList sowie dem größten und kleinsten Wert.
Beispiel:

```
Die ArrayList besteht aus den folgenden 5 Elementen: 2, 34, -3, 66, 12
Der größte Wert ist 66 und der kleinste Wert ist -3.
```

7 Das objektorientierte Konzept von C#

Die objektorientierte Programmierung (OOP) ist aus der modernen Softwareentwicklung nicht mehr wegzudenken. Sie bietet folgende Vorteile:

- **Nähe zur natürlichen Umgebung:** Alle Eigenschaften ähnlicher Objekte können in einer Klasse beschrieben werden. Objekte, die im realen Leben verbunden sind, sollten auch im Programm zusammengehören.
- **Wiederverwendbarkeit:** Die erstmals erzeugte und überprüfte Implementierung einer Klasse kann in vielen anderen Anwendungen erneut eingesetzt werden, wobei die vorhandenen Programmteile nicht erneut kontrolliert oder gar programmiert werden müssen.
- **Kontrollfunktion:** Während der Übersetzung und der Laufzeit erfolgt eine strengere Überprüfung. Der Compiler führt gegenüber prozeduralen Programmiersprachen eine strengere Typ- und Code-Überprüfung durch.

Die OOP verfährt nach den drei Basisprinzipien **Kapselung**, **Vererbung** und **Polymorphie**.

C# ist eine rein objektorientierte Sprache, die diese Basisprinzipien voll unterstützt. Deren Realisierung in C# wird in diesem Kapitel näher untersucht und anhand von Beispielen erklärt. Zusätzlich werden mithilfe von UML-Klassendiagrammen die Programme geplant und später in C# umgesetzt.

7.1 Was ist ein Objekt?

Im Sinne der OOP versteht man unter einem **Objekt** (auch Instanz genannt) eine Zusammenfassung von Eigenschaften mit zugehörigen Methoden. Dabei stellt ein Objekt eine softwaretechnische Abbildung eines realen oder abstrakten Gegenstands dar, wobei die Eigenschaften des Objekts immer konkrete Werte enthalten. Nehmen wir als Beispiel ein Haus: Ein Haus hat verschiedene Eigenschaften, z. B. eine konkrete Höhe, die Anzahl der Fenster, die Farbe des Dachs und die Art des Hauses. Wenn wir uns die nachstehenden drei Häuser ansehen, haben diese drei Objekte die folgenden Eigenschaften mit unterschiedlichen Werten.

	Haus 1	Haus 2	Haus 3
Höhe:	6 m	10 m	18 m
Anzahl Fenster:	3	5	15
Dachfarbe:	Rot	Braun	Rotbraun
Art:	Eigenheim	Villa	Mehrfamilienhaus

Es ist auch möglich, dass sich ein Objekt aus anderen Objekten zusammensetzt. Zum Beispiel besteht ein Haus aus Fenstern, Türen und Wänden, welche wiederum Objekte sind. Ein Fensterobjekt kann sich wiederum aus den Objekten Scheibe und Fensterrahmen zusammensetzen.

7.2 Klassen

Für die Erstellung einer Software können hunderte von Objekten notwendig sein. Es ist nicht sinnvoll, jedes einzelne Objekt gesondert zu programmieren. Also fasst man gleichartige Objekte zu Klassen zusammen und programmiert nur diese. Im Beispiel wären dies verschiedene Eigenheime, die aber alle die gleichen Eigenschaften und Methoden besitzen:

Eigenheim von Müller

Eigenheim von Maier

Eigenheim von Schulz

Dann erstellt man eine Klasse Eigenheim, aus der die einzelnen Objekte erzeugt werden. Die Eigenschaften der konkreten Objekte enthalten dann unterschiedliche Werte. Auf das Beispiel bezogen enthalten die Eigenschaften „Besitzer" und „Dachfarbe" folgende Werte:

- linkes Eigenheim→ Besitzer:Müller; Dachfarbe: Rot
- mittleres Eigenheim→ Besitzer:Maier; Dachfarbe: Blau
- rechtes Eigenheim→ Besitzer:Schulz; Dachfarbe: Orange

Klassen sind die wichtigsten Struktureinheiten objektorientierter Programme. Eine Klasse beschreibt die Eigenschaften und Verhaltensweisen der Objekte. In ihr werden die Eigenschaften und die dazugehörigen Methoden zusammengefasst. Man spricht in diesem Zusammenhang auch von **Kapselung**. Jedes einzelne Objekt wird aus einer Klasse abgeleitet und stellt ein Exemplar oder auch eine Instanz einer Klasse dar. Man sagt auch allgemein:

Eine Klasse ist ein Bauplan für Objekte.

Welche Eigenschaften und Methoden eine Klasse tatsächlich besitzen soll, wird in der Entwurfs- und Designphase festgesetzt und mithilfe des UML-Klassendiagramms geplant.

Auftrag

In einem Programm soll ein Konto verwaltet werden. Das Konto hat eine ganzzahlige Kontonummer, einen Besitzer und einen aktuellen Kontostand. Auf diese Kontoinformationen soll über verschiedene Methoden indirekt zugegriffen werden. Weiterhin sollen Ein- und Auszahlungen getätigt werden können. Außerdem soll eine Methode geschaffen werden, mit der ermittelt werden kann, ob das Konto überzogen wurde.

Zur Planung dieser Aufgabe benutzen wir ein UML-Klassendiagramm, welches in C#-Code überführt wird. Generell besteht eine Klasse aus einem Klassennamen, Eigenschaften und Methoden. Der generelle Aufbau einer Klasse in einem UML-Klassendiagramm sieht wie folgt aus:

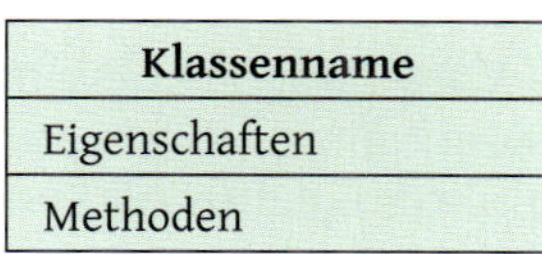

Für unsere Aufgabe entwerfen wir erst einmal nur die Klasse Konto ohne Eigenschaften und Methoden. Diese kommen im nächsten Abschnitt dazu.

Konto

Diese Klasse wird nun in C# umgesetzt. Die generelle Syntax zum Anlegen von Klassen (der Klassenname wird immer großgeschrieben) lautet:

Syntax:
Anlegen von Klassen

```
class Klassenname {
   // Eigenschaften
   // Methoden
}
```

Für unser Beispiel sieht die Umsetzung dann wie folgt aus:

```
class Konto {
   // hier werden später die Eigenschaften und Methoden erstellt.
}
```

Diese Klasse muss nun noch in ein Hauptprogramm eingebunden werden. Danach wird davon ein Objekt erstellt, mit dem wir arbeiten können. Zunächst erstellt man wieder ein Konsolenprogramm „Kontoverwaltung“, das erst einmal nur so aussieht:

```
using System;
namespace Kontoverwaltung {
    class Program {
        static void Main(string[] args) {
            Console.Title = "Kontoverwaltung";
            Console.ReadKey();
        }
    }
}
```

Hier sieht man, dass bereits eine Klasse Program besteht, welche die Main-Methode enthält. Nun muss noch die Klasse Konto hinzugefügt werden. Theoretisch könnte man die Klasse in dieselbe Datei schreiben, also zusätzlich zur Klasse Program eine neue Klasse hinzufügen. Wenn aber mehrere Klassen hinzukommen, wird der Quellcode sehr schnell unübersichtlich. Deswegen schreibt man jede Klasse in eine separate Datei. Dies bietet auch den Vorteil, dass dann die Klasse Konto auch in andere Programme eingebunden werden kann. Eine neue Klasse in Visual Studio zu erstellen ist relativ einfach.

Menüpunkt: Projekt | neue Klasse auswählen

Danach erscheint folgendes Fenster:

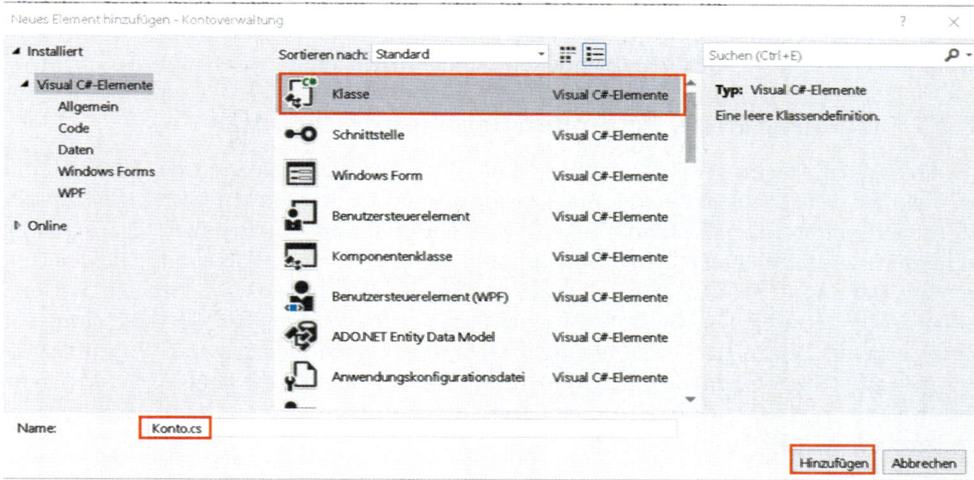

Abb. 7.1: Neue Klasse in Visual Studio erstellen

Hier wählen Sie das Element „Klasse" aus, geben der Datei den Namen „Konto.cs" (den gleichen Namen, den die Klasse haben soll) und bestätigen die Eingabe danach durch „Hinzufügen". Dadurch wird die Datei „Konto.cs" dem Projekt hinzugefügt und die Klasse Konto wird darin angelegt, die nun weiter bearbeitet werden kann.

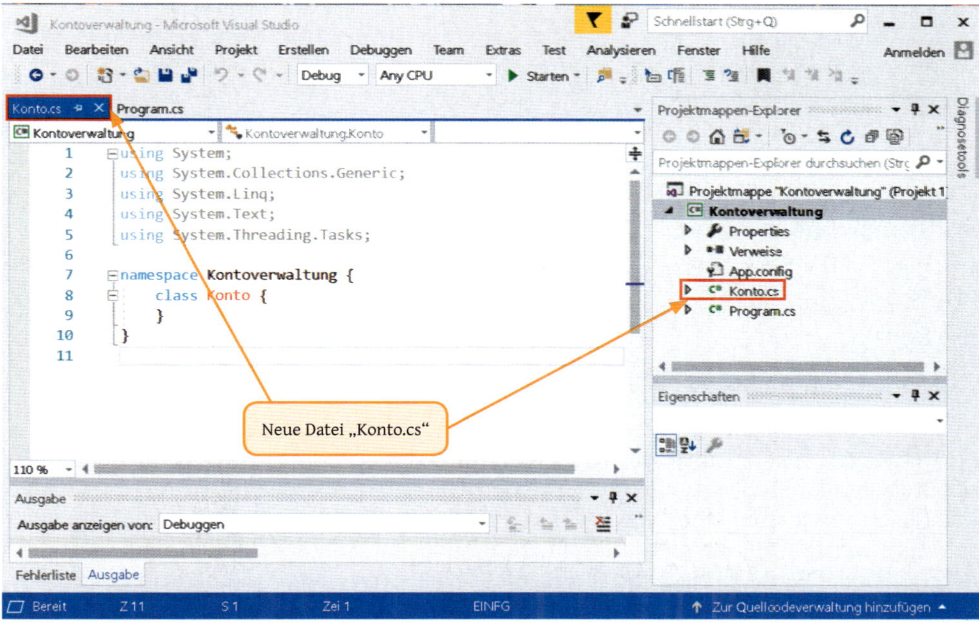

Abb. 7.2: Neue Datei „Konto.cs"

Unser Programm besteht nun aus zwei Dateien, die jeweils eine Klasse enthalten: Einmal „Program.cs“ mit der Klasse Program und einmal „Konto.cs“ mit der Klasse Konto. Bevor wir das Hauptprogramm sinnvoll erweitern, wollen wir aber zunächst die Klasse Konto mit Leben füllen, sprich Eigenschaften und Methoden hinzufügen.

7.2.1 Eigenschaften, Methoden und Zugriffsmodifier

Die Eigenschaften eines Objekts definieren die Zustände (Daten), die durch Variablen implementiert werden. Die Daten des Objekts sind gegenüber der Objektumgebung gekapselt. Methoden können den Zustand eines Objekts durch Manipulation seiner Eigenschaften verändern. Die Methoden bilden die Schnittstellen zwischen einem Objekt und dessen Umgebung. Der Zugriff auf die einzelnen Eigenschaften und Methoden wird durch Zugriffsmodifier geregelt. Durch den bewussten Einsatz der Zugriffsmodifier wird eine Kapselung der Daten erreicht, sodass sie von außen nicht mehr direkt manipulierbar sind. Zugriffsmodifier sind allen Komponenten (Attributen und Methoden) einer Klasse zugeordnet und legen fest, welchen Klassen und abgeleiteten Klassen der Zugriff gestattet ist. Man unterscheidet drei grundlegende Zugriffsmodifier:

- **Public:** Auf öffentliche (public) Komponenten darf uneingeschränkt zugegriffen werden.
- **Private**: Ein Zugriff auf private Komponenten ist nur innerhalb der Klasse erlaubt.
- **Protected:** Auf geschützte (protected) Komponenten kann nur innerhalb der eigenen Klasse und aus Klassen, die von dieser Klasse abgeleitet wurden, zugegriffen werden.

Zugriffsmodifier	Zugriff von fremden Klassen	Zugriff von abgeleiteten Klassen	Zugriff innerhalb der Klasse
Public	x	x	x
Protected		x	x
Private			x

Dabei wird der Zugriffsmodifier immer vor die jeweilige Eigenschaft oder Methode geschrieben. Wird kein Zugriffsmodifier angegeben, ist der Zugriff auf die Komponente automatisch auf private gesetzt.

Beispiele

```
private int anzahl;
protected string bezeichnung;
public double BerechneGesamtkosten();
```

Ein Gebot der objektorientierten Programmierung ist es, den direkten Zugriff auf die Eigenschaften eines Objekts von außen zu verhindern. Diese Datenkapselung wird erreicht, indem man die Eigenschaften einer Klasse auf private setzt und über get-Methoden (**Getter**) und set-Methoden (**Setter**) auf diese zugreift. Getter und Setter sind Methoden einer Klasse, mit deren Hilfe die Werte der Eigenschaften eines Objekts von außen gelesen bzw. gesetzt werden können. Sie stellen eine Art Schnittstelle dar. Der Vorteil besteht darin, dass bei notwendigen Änderungen nur der Quelltext der Schnittstellen angepasst werden muss, der Rest des Programms bleibt von den Änderungen unbeeinflusst. Die Getter und Setter müssen dafür natürlich als public deklariert werden, damit ein Zugriff von anderen Klassen überhaupt möglich ist. Die Syntax für get- und set-Methoden ist wie folgt definiert:

Syntax:
Definition von Gettern und Settern

```
public Datentyp Bezeichner {
  set {  ..... }
  get { ..... }
}
```

Diese Definition ist noch ein wenig abstrakt. Am besten lässt es sich anhand eines Beispiels erläutern. Nehmen wir an, es gibt innerhalb einer Klasse eine Variable „anzahl", die private gesetzt wird, um den direkten Zugriff von außen zu verhindern. Es sollen nun zwei Methoden geschrieben werden, die den Zugriff auf diese Variable ermöglichen:

Beispiel

```
class Beispiel {
  private int anzahl;

  public int Anzahl {
      get { return this.anzahl; }
      set { this.anzahl = value; }
  }
}
```

Als Erstes wird der Zugriffsmodifier für beide Methoden gesetzt. In der Regel ist dies public. Danach folgt der Datentyp der Variablen, in diesem Fall int. Der Bezeichner entspricht üblicherweise dem Variablennamen, mit dem Unterschied, dass er großgeschrieben wird. Es handelt sich ja um Methoden und diese beginnen im Gegensatz zu Variablen in C# mit Großenbuchstaben. Danach wird die get- und die set-Methode implementiert. Der Getter beginnt mit dem Schlüsselwort get, in die geschweiften Klammern wird geschrieben, was beim Lesen der Variable passieren soll. In den meisten Fällen wird der Wert der Variablen zurückgegeben (wie im Beispiel). Der Setter beginnt mit dem Schlüsselwort set. Auch hier folgt in geschweiften Klammern der Code, der festlegt, was beim Schreiben der Variablen geschehen soll. Dabei wird meistens der Wert der Variablen durch den Übergabewert neu gesetzt. Der Übergabewert wird dabei immer durch den Bezeichner value repräsentiert. Man kann aber auch mehr Code schreiben: Zum Beispiel könnte überprüft werden, ob der Übergabewert in einem gewissen Bereich liegt, bevor er in die Variable geschrieben wird. Dies hängt ganz von den Erfordernissen der Aufgabenstellung ab. Es ist auch möglich, nur den Getter oder nur den Setter zu schreiben. Dann kann die Variable nur gelesen oder nur geschrieben werden.

Neben den get- und set-Methoden kann eine Klasse natürlich noch eine Menge anderer Methoden besitzen. Diese können Übergabeparameter und auch Rückgabewerte besitzen (siehe dazu auch Kapitel 4.3). Nicht alle dieser Methoden müssen public gesetzt werden.

Methoden, die nur innerhalb der Klasse verwendet werden, sollten dementsprechend auch private gesetzt werden.

Jetzt wollen wir für unsere Aufgabenstellung die Klasse Konto mit Eigenschaften und Methoden füllen. Da alle Eigenschaften Getter und Setter besitzen, werden diese nicht extra aufgeführt. Außerdem erhält unsere Klasse noch einen Konstruktor, der im nächsten Abschnitt erläutert wird. Zunächst einmal wird die Klasse Konto im UML-Diagramm mit allen Eigenschaften und Methoden geplant. Jede Eigenschaft und jede Methode erhält dabei einen Zugriffsmodifier: „+“ für public, „#“ für protected und „-“ für private.

Konto
– kontoNr: int – besitzer: string – kontostand: double
+ Konto() + Einzahlen(double): void + Auszahlen(double): void + Überzogen(): bool

Jetzt können wir unsere Klasse Konto im Programm erweitern. Dazu werden im Quelltext die Variablen mit den entsprechenden Gettern und Settern angelegt und danach die restlichen Methoden implementiert. Einen Konstruktor fügen wir auch schon hinzu.

```
namespace Kontoverwaltung {
    class Konto {
        private int kontoNr;
        private string besitzer;
        private double kontostand;

        public Konto() {
          this.kontoNr = -1;
          this.besitzer = "unbekannt";
          this.kontostand = 0.0;
        }

        public int KontoNr {
            get { return this.kontoNr; }
            set { this.kontoNr = value; }
        }

        public string Besitzer {
            get { return this.besitzer; }
            set { this.besitzer = value; }
        }

        public double Kontostand {
            get { return this.kontostand; }
            set { this.kontostand = value; }
        }
```

Attribute

Konstruktor

get- und set-Methoden

```
        public void Einzahlen(double betrag) {
            kontostand = kontostand + betrag;
        }

        public void Auszahlen(double betrag) {
            kontostand = kontostand - betrag;
        }

        public bool Überzogen() {
            if (kontostand < 0) {
                return true;
            } else {
                return false;
            }
        }
    }
}
```

Arbeitsmethoden

Die Klasse enthält schon einen Konstruktor. Diesen und sein Gegenstück, den Destruktor, werden wir uns im nächsten Abschnitt ansehen.

7.2.2 Konstruktoren und Destruktoren

Ein **Konstruktor** ist eine Methode einer Klasse, die beim Erzeugen eines Objekts als Erstes aufgerufen wird. Der Konstruktor hat den gleichen Namen wie die Klasse und besitzt keinen Rückgabetyp. Er sollte immer public sein, damit ein Objekt überhaupt erzeugt werden kann. Konstruktoren werden meistens dafür benutzt, das Objekt zu initialisieren, d. h. den Variablen Anfangswerte zuzuweisen oder weiteren Speicherplatz zu reservieren. Eine Klasse kann mehrere Konstruktoren besitzen.

Syntax:
Konstruktor einer Klasse

```
Zugriffsrecht Klassenname ( Parameterliste ) {
...
}
```

Beispiele

```
class Auto {
        public Auto() { ... }
}

class Person {
        public Person( string name) { ... }
}
```

Destruktoren sind das Gegenteil von Konstruktoren. Ein Destruktor ist eine Methode einer Klasse, die als letzte Methode vor dem Zerstören des Objekts aufgerufen wird. Im Gegenteil zum Konstruktor kann es nur einen Destruktor pro Klasse geben und er darf auch keine Übergabeparameter haben. In der Regel werden Destruktoren dafür benutzt, um Speicher freizugeben, den das Objekt belegt hat. Da moderne Programmiersprachen wie C# einen Garbage-Collector besitzen, der sich automatisch um die Freigabe von Speicher kümmert, werden Destruktoren kaum noch eingesetzt und müssen somit auch nicht implementiert werden.

Syntax:
Destruktor einer Klasse

```
~ Klassenname ( ) {
...
}
```

Der Destruktor besitzt kein Zugriffsrecht und beginnt mit einer Tilde. Danach folgt der Klassenname mit dem obligatorischen runden Klammerpaar. Zum Schluss kommt in geschweiften Klammern der entsprechende Anweisungsblock.

Beispiele

```
class Auto {
        ~Auto() { ... }
}

class Person {
        ~Person() { ... }
}
```

Der Konstruktor für unsere Aufgabe sieht wie folgt aus:

```
public Konto () {
    this.kontoNr = -1;
    this.besitzer = "unbekannt";
    this.kontostand = 0.0;
}
```

Mit dessen Hilfe wird das Konto mit Anfangswerten initialisiert. Die Klasse Konto ist nun vollständig implementiert. Jetzt können wir aus unserer Klasse Objekte erzeugen und diese im Programm verwenden.

7.3 Erzeugen und Verwenden von Objekten

Die Syntax zum Anlegen von Objekten lautet:

Syntax:
Anlegen von Objekten

Ausführliche Schreibweise:

```
Klasse Bezeichner;
Bezeichner = new Klasse();
```

Kurzschreibweise:

```
Klasse Bezeichner = new Klasse();
```

Objekte werden in C# generell aus Klassen erzeugt. Zuerst wird die Klasse angegeben, aus der ein Objekt erzeugt werden soll, und danach ein Bezeichner für das Objekt. Der Bezeichner kann wieder frei gewählt werden. Das eigentliche Erstellen des Objekts erfolgt dann mit dem Schlüsselwort new. Dahinter wird dann ein Konstruktor der Klasse aufgerufen.

Beispiele

```
Haus haus;
haus = new Haus();

Auto auto = new Auto();
```

Von dem neu erzeugten Objekt können nun alle öffentlichen Eigenschaften und Methoden aufgerufen werden. Dazu wird dem Objektnamen die entsprechende Eigenschaft oder Methode durch einen Punkt angeschlossen:

Beispiele

```
Auto auto = new Auto();

auto.Fahren();
auto.Bremsen();
auto.Farbe = “rot”;
Console.WriteLine(auto.Kennzeichen);
```

Für unsere Aufgabe wollen wir nun im Hauptprogramm ein Konto erzeugen und mithilfe eines Menüs Ein- und Auszahlungen vornehmen sowie die Kontodaten abfragen. Das Konto wird in der Methode KontoAnlegen() erzeugt und mit Daten initialisiert. Auf das Konto wird dann über den Namen und die entsprechende Methode zugegriffen. Die restlichen Anweisungen des Konsolenprogramms sind aus den vorangegangenen Kapiteln bekannt.

```
using System;
namespace Kontoverwaltung {
    class Program {

        static Konto konto = null;

        static void Main(string[] args) {
            Console.Title = "Kontoverwaltung";
            int eingabe = 0;
            KontoAnlegen();
            do {
                MenüAnzeigen();
                eingabe = Convert.ToInt32(Console.ReadLine());
                Console.Clear();
                EingabeVerarbeiten(eingabe);
            } while (eingabe != 4);
        }

        static void KontoAnlegen() {
            konto = new Konto();
            konto.KontoNr = 1;
            konto.Besitzer = "Klaus Müller";
            konto.Kontostand = 0.0;
        }

        static void MenüAnzeigen() {
            Console.Clear();
            Console.WriteLine("Wählen Sie eine Aktion aus!");
            Console.WriteLine("1. Kontodaten anzeigen");
            Console.WriteLine("2. Geld einzahlen");
            Console.WriteLine("3. Geld auszahlen");
            Console.WriteLine("4. Programm beenden");
            Console.WriteLine();
            Console.Write("Geben Sie eine Zahl ein: ");
        }

        static void EingabeVerarbeiten(int eingabe) {
            switch (eingabe) {
                case 1: KontodatenAnzeigen();
                    break;
                case 2: GeldEinzahlen();
                    break;
                case 3: GeldAuszahlen();
                    break;
                case 4: break;
                default: Console.WriteLine("Keine korrekte Auswahl!");
                    break;
            }
            if (eingabe != 4) {
                Console.Write("Drücken Sie eine beliebige Taste ...");
```

Variable für das Konto anlegen

Konto erzeugen und mit Daten füllen

```
                Console.ReadKey();
            }
        }

        static void KontodatenAnzeigen() {
            Console.WriteLine("Kontodaten");
            Console.WriteLine("--------------------");
            Console.WriteLine("Kontonummer: " + konto.KontoNr);
            Console.WriteLine("Eigentümer: " + konto.Besitzer);
            Console.WriteLine("Kontostand: {0:F2} Euro",
                              konto.Kontostand);
            if (konto.Überzogen()) {
                Console.WriteLine("Achtung!!!! Das Konto ist im
                                   Augenblick überzogen.");
            }
            Console.WriteLine();
        }

        static void GeldEinzahlen() {
            Console.WriteLine("Einzahlung");
            Console.WriteLine("--------------------");
            Console.WriteLine();
            Console.Write("Geben Sie den Einzahlungsbetrag in Euro
                           ein: ");
            double betrag = Convert.ToDouble(Console.ReadLine());
            konto.Einzahlen(betrag);
            Console.WriteLine();
            Console.WriteLine("Der aktuelle Kontostand beträgt jetzt:
                               {0:F2} Euro.", konto.Kontostand);
        }

        static void GeldAuszahlen() {
            Console.WriteLine("Auszahlung");
            Console.WriteLine("--------------------");
            Console.WriteLine();
            Console.Write("Geben Sie den Auszahlungsbetrag in Euro
                           ein: ");
            double betrag = Convert.ToDouble(Console.ReadLine());
            konto.Auszahlen(betrag);
            Console.WriteLine();
            Console.WriteLine("Der aktuelle Kontostand beträgt jetzt:
                               {0:F2} Euro.", konto.Kontostand);
            if (konto.Überzogen()) {
                Console.WriteLine("Achtung!!!! Das Konto ist im
                                   Augenblick überzogen.");
            }
        }
    }
}
```

auf das Objekt zugreifen

auf das Objekt zugreifen

auf das Objekt zugreifen

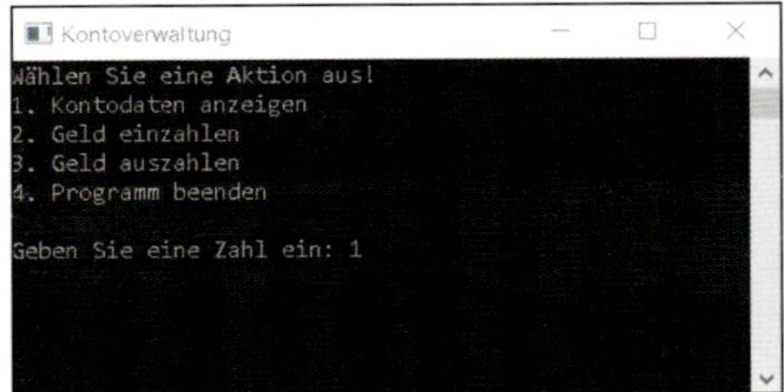

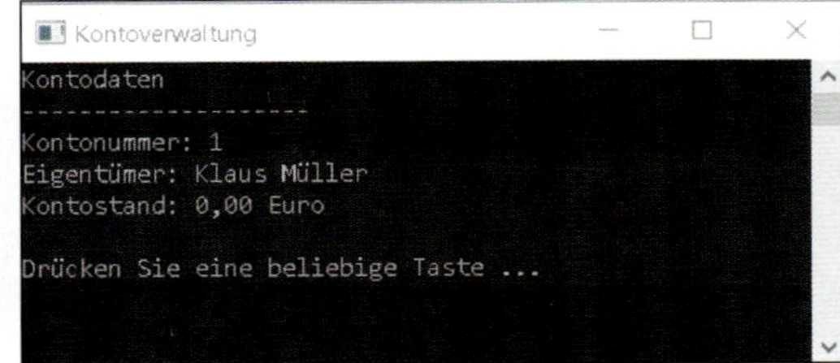

Abb. 7.3: Beispiele für Ausgaben des Programms „Kontoverwaltung"

Das Programm stellt nur exemplarisch die Arbeit mit einem Objekt, sprich mit einem Konto, dar. Um es praxistauglicher zu gestalten, muss es noch erweitert werden. Es sollte möglich sein, mehrere Konten anzulegen, zu bearbeiten und zu löschen. Dies könnte z. B. mithilfe einer ArrayList (siehe Kapitel 6.4.1) geschehen. Auch das Menü müsste dementsprechend angepasst werden. Das würde aber den hier gewählten Rahmen sprengen und kann vom Leser bei Bedarf selbst programmiert werden.

7.4 Vererbung

Neben der Kapselung ist die Vererbung ein weiteres Basisprinzip der OOP. Über die Vererbung kann man eine neue Klasse auf Basis einer bereits vorhandenen Klasse erzeugen, die als **Elternklasse** bezeichnet wird. Die abgeleitete Klasse übernimmt dabei sämtliche Eigenschaften und Methoden der Elternklasse und es werden neue Eigenschaften und Methoden hinzufügt. Die abgeleitete Klasse erweitert damit die Elternklasse. Im folgenden Beispiel wird die Klasse B von der Klasse A abgeleitet. Der Pfeil mit ungefüllter Spitze zwischen den Klassen visualisiert die Vererbung und zeigt immer auf die Ober- oder auch Basisklasse. In UML wird dies wie folgt dargestellt:

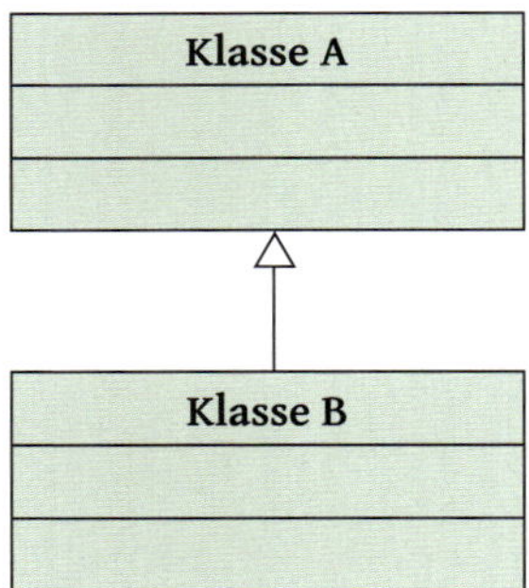

Man unterscheidet zwei Arten von Vererbungen:

- Einfachvererbung
- Mehrfachvererbung

Art	Erläuterung	Darstellung im UML-Klassendiagramm
Einfachvererbung	Bei der Einfachvererbung hat eine abgeleitete Klasse genau eine Basisklasse, von der sie erbt.	Klasse A Klasse B
Mehrfachvererbung	Bei der Mehrfachvererbung hat eine abgeleitete Klasse mindestens zwei Basisklassen, von der sie erbt.	Klasse A1 Klasse A2 Klasse B

C# erlaubt aus verschiedenen Gründen auf direktem Weg nur die Einfachvererbung. Eine Mehrfachvererbung kann nur indirekt mithilfe von **Interfaces** realisiert werden. Vererbung wird in C# mit einem Doppelpunkt dargestellt.

Syntax:
Vererbung

```
class Klassenname : Basisklasse {
...
}
```

Beispiele

```
class Katze : Säugetier {
        ...
}
class Eigenheim : Haus {
        ...
}
```

Die Vererbung kann durch Zugriffsrechte für Attribute und Methoden eingeschränkt werden. Eine abgeleitet Klasse erbt dann alle Attribute und Methoden von einer Elternklasse, die nicht private sind. Attribute oder Methoden, welche vererbt, aber nach außen nicht sichtbar sein sollen, werden mit dem Schlüsselwort protected gekennzeichnet.

Beispiele

```
class A {
  private int x;
  protected int y;
  public int z;
}
class B : A {
  ...
}
```

In diesem Beispiel besitzt die Klasse A drei Attribute. Das Attribut x ist private, y ist protected und z ist public. Die abgeleitete Klasse B erbt alles, was nicht private ist, und kann darauf direkt zugreifen, also in diesem Fall die Attribute y und z.

Auftrag

Von der Klasse Konto aus dem letzten Auftrag sollen ein Sparkonto und ein Konto mit einem Dispokredit (Dispokonto) abgeleitet werden. Das Sparkonto wird ab einem festgelegten Betrag höher verzinst. Das Dispokonto stellt einen Dispokredit zur Verfügung, der einen besseren Zinssatz hat. Es soll jeweils eine Methode zur Verfügung gestellt werden, die die Zinsen bzw. Dispozinsen ermittelt und mit dem aktuellen Kontostand verrechnet.

Zunächst erweitern wir unser UML-Klassendiagramm um die beiden neuen Klassen, die mittels Einfachvererbung aus der Klasse Konto abgeleitet werden. Da wir auf den Kontostand für die Berechnungen direkt zugreifen wollen, wird das Zugriffsrecht auf protected geändert.

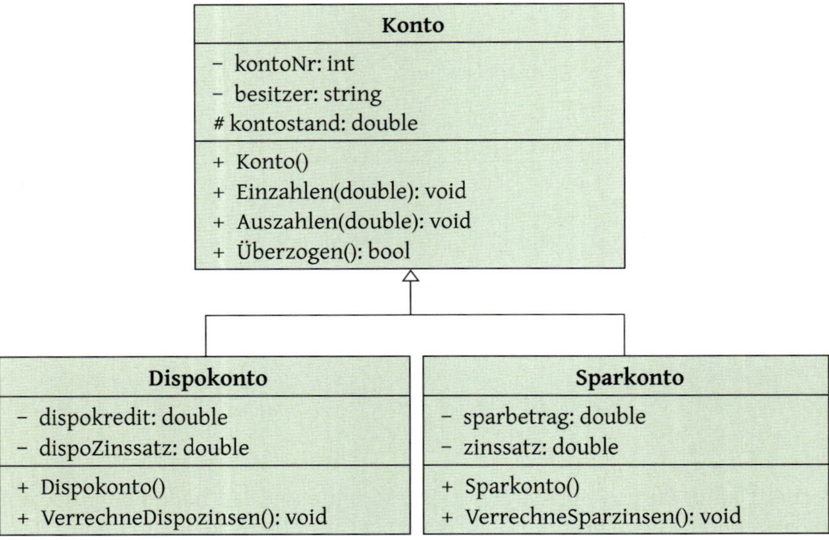

Nun müssen noch die beiden Klassen implementiert und die Klasse Konto angepasst werden. In der Klasse Konto ändern wir nur das Zugriffsrecht des Attributs kontostand von private auf protected.

```
namespace Kontoverwaltung {
    class Konto {
        private int kontoNr;
        private string besitzer;
        protected double kontostand;
...
   }
}
```

Kann nun vererbt werden.

Danach werden die anderen beiden Klassen mithilfe von Visual Studio erzeugt und jeweils in einer separaten Datei gespeichert (siehe Kapitel 7.2). Jetzt müssen noch die Vererbung, die Attribute und die Methoden hinzugefügt werden. Die Implementierung beider Klassen könnte wie folgt aussehen:

```
namespace Kontoverwaltung {
    class Sparkonto : Konto {
        private double sparbetrag;
        private double zinssatz;

        public Sparkonto() {
            this.sparbetrag = 500.00;
            this.zinssatz = 5.00;
        }

        public double Sparbetrag {
            get { return this.sparbetrag; }
            set { this.sparbetrag = value; }
        }

        public double Zinssatz {
            get { return this.zinssatz; }
            set { this.zinssatz = value; }
        }

        public void VerechneSparZinsen() {
            if (kontostand > sparbetrag) {
                kontostand = kontostand + (kontostand * (zinssatz / 100));
            }
        }
    }
}
```

Die Initialisierung des Sparkontos kann mit beliebigen Werten erfolgen.

```
namespace Kontoverwaltung {
    class Dispokonto : Konto {
        private double dispokredit;
        private double dispoZinssatz;

        public Dispokonto() {
            this.dispokredit = 1000.00;
            this.dispoZinssatz = 4.75;
        }

        public double Dispokredit {
            get { return this.dispokredit; }
            set { this.dispokredit = value; }
        }
```

Die Initialisierung des Dispokontos kann mit beliebigen Werten erfolgen.

```
        public double DispoZinssatz {
            get { return this.dispoZinssatz; }
            set { this.dispoZinssatz = value; }
        }

        public void VerechneDispoZinsen() {
            double aktuellerDispo = 0.0;
            if (kontostand < 0) {
                if (-(kontostand) > dispokredit) {
                    aktuellerDispo = dispokredit;
                } else {
                    aktuellerDispo = -kontostand;
                }
                kontostand = kontostand - (aktuellerDispo *
                             (dispoZinssatz / 100));
            }
        }
    }
}
```

Auf die Erweiterung des Hauptprogramms wollen wir an dieser Stelle verzichten. Anstatt eines Kontos müsste nun ein Dispo- oder Sparkonto angelegt und das Auswahlmenü z. B. durch den Menüpunkt „Zinsen verrechnen“ ergänzt werden.

7.5 Abstrakte Klassen und Interfaces

Nicht immer soll eine Klasse ausprogrammiert werden. Dies ist immer dann der Fall, wenn eine Basisklasse lediglich Methoden für die abgeleiteten Klassen vorgeben möchte, aber man nicht weiß, wie diese implementiert werden sollen. In diesem Fall verwendet man **abstrakte Klassen.** Eine abstrakte Klasse ist eine spezielle Klasse, die neben normalen Methoden auch sogenannte abstrakte Methoden enthält. Abstrakte Methoden sind Methoden, welche eine Methodensignatur, z. B. void SchreibeDaten(), aber keinen Methodenrumpf besitzen, d. h., sie sind nicht implementiert. Dadurch können sie auch nicht ausgeführt werden. Deswegen ist es auch nicht möglich, von abstrakten Klassen Objekte zu bilden. Anders ausgedrückt: Es ist nicht möglich, abstrakte Klassen zu instanziieren. Sinn und Zweck einer abstrakten Klasse ist, dass von ihr geerbt wird. Die nicht implementierten Methoden müssen dann in der neuen Klasse ausprogrammiert werden. Erst dann ist es möglich, eine Instanz von der neuen Klasse zu bilden. Verwendet werden abstrakte Klassen z. B. als Basisklassen, um grundlegende Eigenschaften und Methoden ihrer Unterklassen festzulegen, ohne diese bereits konkret zu implementieren.

Syntax:
Abstrakte Klasse

```
abstract class Klassenname {
   public abstract AbstrakteMethode();
….
}
```

Eine abstrakte Klasse wird mit dem Schlüsselwort abstract gekennzeichent. In ihr können beliebig viele abstrakte Methoden deklariert werden, die ebenfalls durch das Schlüsselwort abstract gekennzeichnet werden. Abstrakte Methoden werden direkt nach der Methodensignatur mit einem Semikolon abgeschlossen und haben keine Implementierung.

Beispiel

```
abstract class Landfahrzeug {
   private int ps;
   public void AnzeigenPS() {
         ...
   }
   public abstract void Anhalten();
   public abstract void Fahren();
}
```

Um mit abstrakten Klassen arbeiten zu können, muss davon eine neue Klasse abgeleitet werden, in der alle abstrakten Methoden implementiert werden. Durch das Schlüsselwort override werden diese Methoden gekennzeichnet.

Beispiel

```
class Auto : Landfahrzeug {
   public override void Anhalten() {
   ...
   }

   public override void Fahren() {
   ...
   }
}

class Schienenfahrzeug : Landfahrzeug {
   public override void Anhalten() {
   ...
   }

   public override void Fahren() {
   ...
   }
}
```

Im UML-Diagramm wird eine abstrakte Klasse bzw. Methode mit dem Wort abstract in geschweiften Klammern gekennzeichnet.

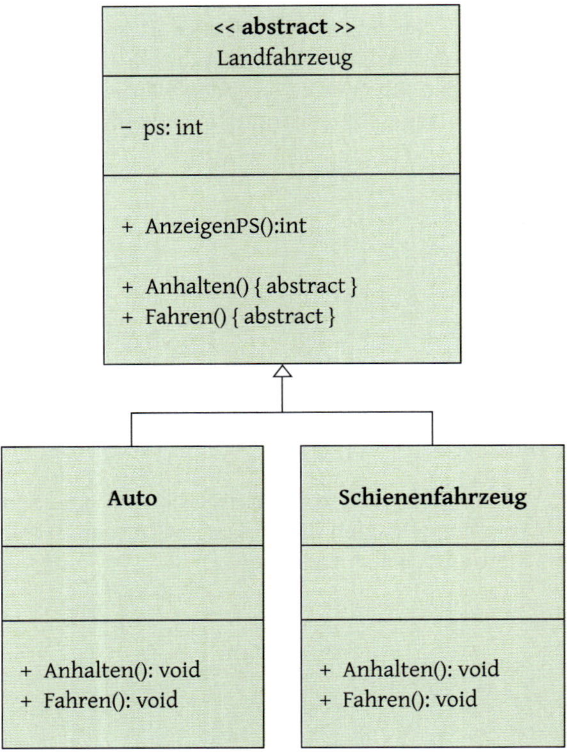

Interface

Ein weiteres Basisprinzip der objektorientierten Programmierung ist das Konzept der **Schnittstellen** (Interfaces). Schnittstellen enthalten nur Prototypen von Methoden, sind also pure abstrakte Klassen. Ein Interface ist also eine besondere Form einer abstrakten Klasse, die ausschließlich abstrakte Methoden enthält. Variablen und Konstanten sind in Schnittstellen erlaubt.
Ein Interface unterscheidet sich in den nachstehenden Punkten von einer abstrakten Klasse:

- In einem Interface sind alle Methoden abstrakt, während eine abstrakte Klasse auch implementierte Methoden enthalten kann.
- In einem Interface ist die Sichtbarkeitsstufe für alle Elemente immer public, in abstrakten Klassen können auch andere Sichtbarkeitstufen verwendet werden. Das Zugriffsrecht public wird nicht angegeben.
- Abstrakte Klassen werden als Klassen gesehen und somit kann in C# jeweils nur von einer abstrakten Klassen geerbt werden. Im Gegensatz dazu ist es möglich, dass eine Klasse von mehreren Interfaces erbt und diese implementiert (indirekte Mehrfachvererbung).

Syntax:
Interface

```
interface Interfacename {
    Methode1();
    Methode2();
...
}
```

Ein Interface beginnt im Gegensatz zu Klassen mit dem Schlüsselwort interface. Der Name des Interface kann wieder frei gewählt werden, sollte aber laut Programmierkonvention mit einem großen I für Interface beginnen. Ansonsten gelten die normalen Regeln wie für alle Bezeichner. Da alle Methoden eines Interface nur aus einem Methodenrumpf mit abschließendem Semikolon bestehen, wird auf das Schlüsselwort abstract verzichtet.

Beispiel

```
interface ILandfahrzeug {
    void Fahren();
    void Bremsen();
}
```

Wird eine Klasse aus einem Interface abgeleitet, müssen alle Methoden des Interface in der neuen Klasse implementiert werden. Es ist auch möglich, dass eine Klasse nicht alle Methoden des Interface implementiert. In diesem Fall muss die Klasse aber als abstrakt gekennzeichnet werden. Auf das Schlüsselwort override kann hier verzichtet werden.

Auftrag

Ein Interface IObjekt2D soll erstellt werden, das Methoden zur Flächen- und Umfangsberechnung vorgibt. Von diesem Interface werden die Klassen Rechteck und Kreis abgeleitet, welche diese Methoden implementieren. Dazu sind den Klassen alle notwendigen Eigenschaften hinzuzufügen.

Es wird ein Interface IObject2D angelegt, welches die abstrakten Methoden BerechneFläche und BerechneUmfang definiert. Von diesem Interface erben dann die Klassen Kreis und Rechteck und implementieren die beiden Methoden. Zur Berechnung sind für die Klasse Kreis der Radius als Attribut und für die Klasse Rechteckt die Länge und die Breite als Attribute erforderlich. In einem UML-Diagramm würde dies wie folgt dargestellt.

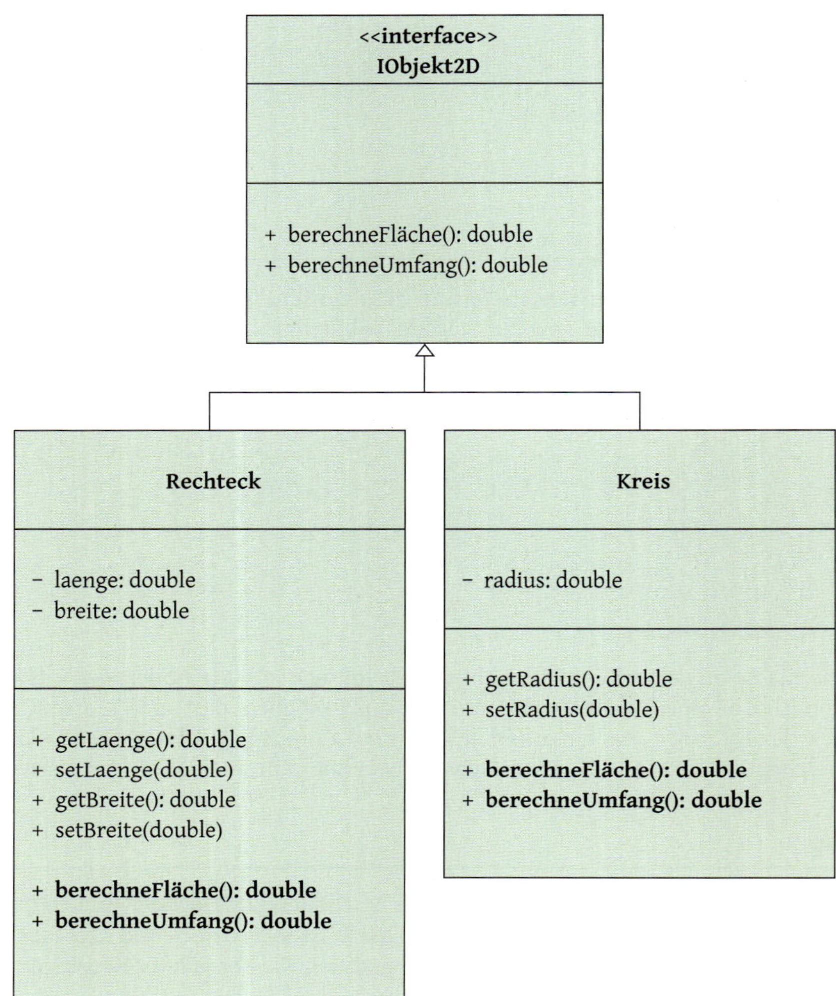

Umgesetzt in C# würde sich folgender Quellcode ergeben:

```
namespace InterfaceBeispiel {
    interface IObjekt2D {
        double BerechneFläche();
        double BerechneUmfang();
    }
}

namespace InterfaceBeispiel {
    class Rechteck : IObjekt2D {
        private double laenge;
        private double breite;
```

```
        public double Laenge {
            get { return this.laenge; }
            set { this.laenge = value; }
        }

        public double Breite {
            get { return this.breite; }
            set { this.breite = value; }
        }

        public double BerechneFläche() {
            return (laenge * breite);
        }

        public double BerechneUmfang() {
            return (2*(laenge + breite));
        }

    }
}

using System;
namespace InterfaceBeispiel {
    class Kreis : IObjekt2D {
        private double radius;

        public double Radius {
            get { return this.radius; }
            set { this.radius = value; }
        }

        public double BerechneFläche() {
            return (Math.PI * radius * radius);
        }

        public double BerechneUmfang() {
            return (2 * Math.PI * radius);
        }

    }
}

using System;
namespace InterfaceBeispiel {
    class Program {
        static void Main(string[] args) {
            Console.Title = "InterfaceBeispiel";
```

```
            Console.WriteLine(" Wählen Sie ein 2D-Objekt aus!");
            Console.WriteLine();
            Console.WriteLine(" 1.Rechteck");
            Console.WriteLine(" 2.Kreis");
            Console.WriteLine();
            Console.Write("Geben Sie eine Zahl ein: ");
            int eingabe = Convert.ToInt32(Console.ReadLine());
            Console.Clear();
            switch(eingabe) {
                case 1: BerechneRechteck();
                        break;
                case 2: BerechneKreis();
                        break;
            }
            Console.WriteLine();
            Console.WriteLine("Zum Beenden eine beliebige Taste
                               drücken ...");
            Console.ReadKey();
        }

        static void BerechneRechteck() {
            Rechteck r = new Rechteck();
            Console.WriteLine(" Berechnung Rechteck");
            Console.WriteLine(" -------------------");
            Console.WriteLine();
            Console.Write(" Geben Sie die Länge ein: ");
            r.Laenge = Convert.ToDouble(Console.ReadLine());
            Console.Write(" Geben Sie die Breite ein: ");
            r.Breite = Convert.ToDouble(Console.ReadLine());
            Console.WriteLine("");
            Console.WriteLine("Die Fläche ist " + r.BerechneFläche());
            Console.WriteLine("Der Umfang ist " + r.BerechneUmfang());
        }

        static void BerechneKreis() {
            Kreis k = new Kreis();
            Console.WriteLine(" Berechnung Kreis");
            Console.WriteLine(" ----------------");
            Console.WriteLine();
            Console.Write(" Geben Sie den Radius ein: ");
            k.Radius = Convert.ToDouble(Console.ReadLine());
            Console.WriteLine("");
            Console.WriteLine("Die Fläche ist " + k.BerechneFläche());
            Console.WriteLine("Der Umfang ist " + k.BerechneUmfang());
        }
    }
}
```

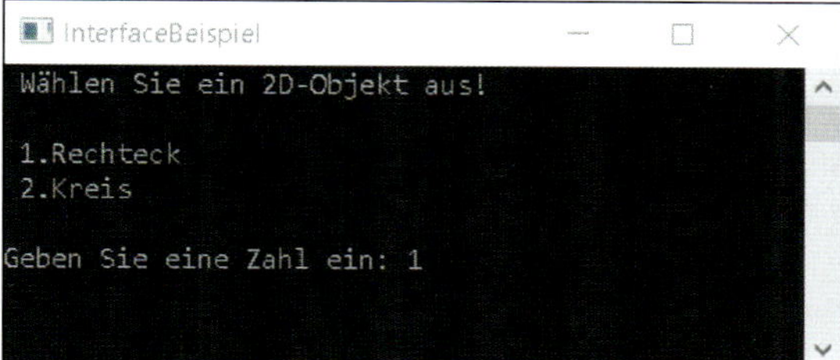

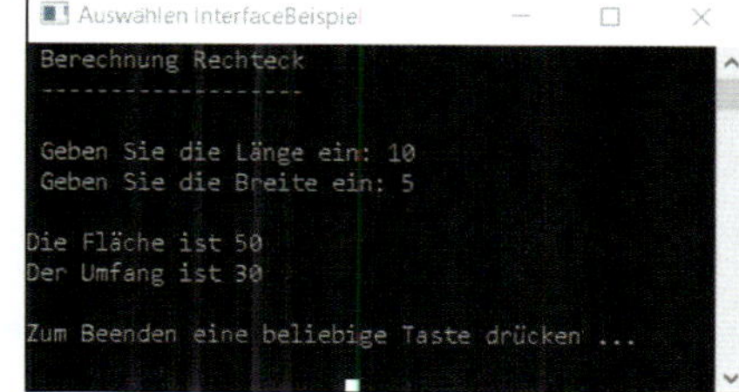

Abb. 7.4: Mögliche Ausgaben des Interface-Beispiels

Mithilfe eines Interface kann auch eine Art von Mehrfachvererbung in C# realisiert werden. Eine Mehrfachvererbung ist direkt nicht möglich, d. h., eine Klasse kann nicht gleichzeitig von zwei oder mehreren Klassen erben. Es ist aber möglich, dass eine neue Klasse von einer Klasse und beliebig vielen Interfaces erbt. Alle Methoden der Interfaces müssen dann in der neuen Klasse implementiert werden.

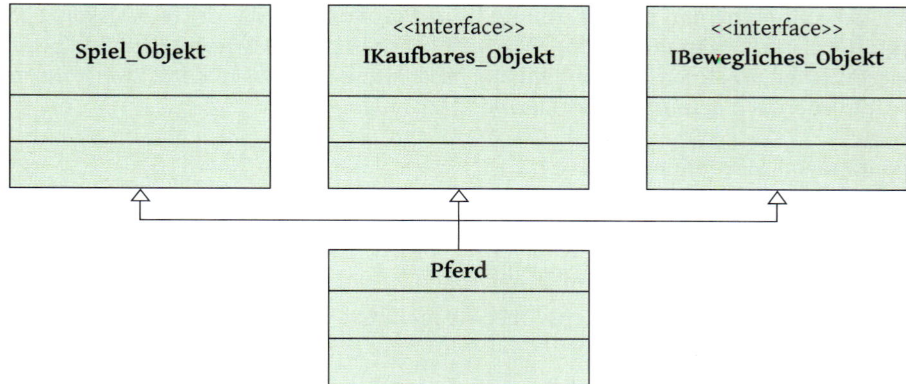

In diesem Beispiel wird die Klasse Pferd von der Klasse Spiel_Objekt abgeleitet. Außerdem soll das Pferd ein bewegliches und kaufbares Objekt sein. Alle Methoden, die kaufbare und bewegliche Objekte im Spiel haben sollen, sind in den Interfaces Kaufbares_Objekt und Bewegliches_Objekt definiert und müssen nun in der Klasse Pferd implemeniert werden. Der Quellcode für die Vererbung würde so aussehen:

```
namespace BeispielMehrfachvererbung {
    class Spiel_Objekt {
        ...
    }
}

namespace BeispielMehrfachvererbung {
    interface IKaufbares_Objekt {
        ...
    }
}
```

```
namespace BeispielMehrfachvererbung {
    interface IBewegliches_Objekt {
        ...
    }
}

namespace BeispielMehrfachvererbung {
    class Pferd : Spiel_Objekt, IKaufbares_Objekt, IBewegliches_
        Objekt {
        ...
    }
}
```

7.6 Überladen und Überschreiben von Methoden

Neben der Kapselung und der Vererbung ist die **Polymorphie** das dritte Basiskonzept der objektorientierten Programmierung. Das Wort kommt aus dem Griechischen und bedeutet Vielgestaltigkeit. In diesem Zusammenhang beschäftigen wir uns nun mit zwei Konzepten, dem Überladen und dem Überschreiben von Methoden.

Überladen von Methoden

Das Überladen von Methoden bedeutet, dass es mehrere Methoden mit demselben Methodennamen in einer Klasse geben darf. Die Methoden müssen aber trotzdem zu unterscheiden sein. Dies kann auf zwei Arten geschehen:

1 Der Datentyp mindestens eines Übergabeparameters ist anders als in den übrigen gleichnamigen Methoden oder

2 die Anzahl der Übergabeparameter ist unterschiedlich.

Beispiel

```
class Mitarbeiter {
    ...

    public Mitarbeiter() { ... }
    public Mitarbeiter( string name ) { ... }
    public Mitarbeiter( string name, double gehalt ) { ... }
    ...
}
```

Im Beispiel wurde der Konstruktor der Klasse Mitarbeiter überladen. Es existieren drei Konstruktoren mit dem gleichen Namen, aber mit unterschiedlichen Übergabeparametern.

Überschreiben von Methoden

Das Überschreiben von Methoden bedeutet, dass eine Methode einer Basisklasse in der abgeleiteten Klasse neu implementiert (überschrieben) wird. Durch Vererbung übernimmt eine neue Klasse alle öffentlichen (public) und geschützten (protected) Eigenschaften und

Methoden der Basisklasse. Der Basisklasse können nun wiederum beliebige Methoden und Eigenschaften hinzugefügt werden. Unter anderem ist es auch möglich, geerbte Methoden zu überladen, d. h., es wird eine Methode hinzugefügt, die den gleichen Namen wie eine Methode aus der Basisklasse hat, aber unterschiedliche Parameter besitzt. Anders verhält es sich, wenn eine Methode der Unterklasse den gleichen Namen, die gleiche Parameterliste und den gleichen Rückgabewert aufweist und neu implementiert wird. In diesem Fall spricht man vom **Überschreiben** von Methoden. Damit eine Methode überschrieben werden kann, müssen folgenden Bedingungen erfüllt sein:

- Die Methoden müssen namentlich übereinstimmen.
- Die Methoden müssen im Datentyp und in der Anzahl ihrer Übergabeparameter übereinstimmen.
- Der Rückgabedatentyp muss übereinstimmen.
- Die überschreibende Methode darf in ihren Zugriffsrechten nicht mehr beschränkt sein als die überschriebene Methode. Die Zugriffsrechte dürfen jedoch gelockert werden (z. B. von protected auf public).
- Die zu überschreibende Methode muss auch tatsächlich vererbt werden. Private gesetzte Methoden werden nicht vererbt und können damit auch nicht überschrieben werden.
- Die zu überschreibende Methode muss mit dem Schlüsselwort virtual oder abstract gekennzeichnet sein.
- Die überschreibende Methode erhält das Schlüsselwort override.

Beispiel

```
class Rechteck {
    ...
    public virtual void Zeichne() { ... }
    ...
}
class AusgefülltesRechteck : Rechteck {
    ...
    public override void Zeichne() { ... }
    ...
}
```

Im Beispiel erbt die Klasse AusgefülltesRechteck die virtuelle Methode Zeichne() von der Klasse Rechteck. Diese wird nun überschrieben und neu implementiert, sodass anstatt eines nicht ausgefüllten Rechtecks ein ausgefülltes Rechteck gezeichnet wird.

Auftrag

Schreiben Sie ein Konsolen-Programm, welches das folgende Klassendiagramm abbildet. Dabei soll die Methode SchreibeText() in der Klasse A zweimal überladen und in den Klassen B und C überschrieben werden.

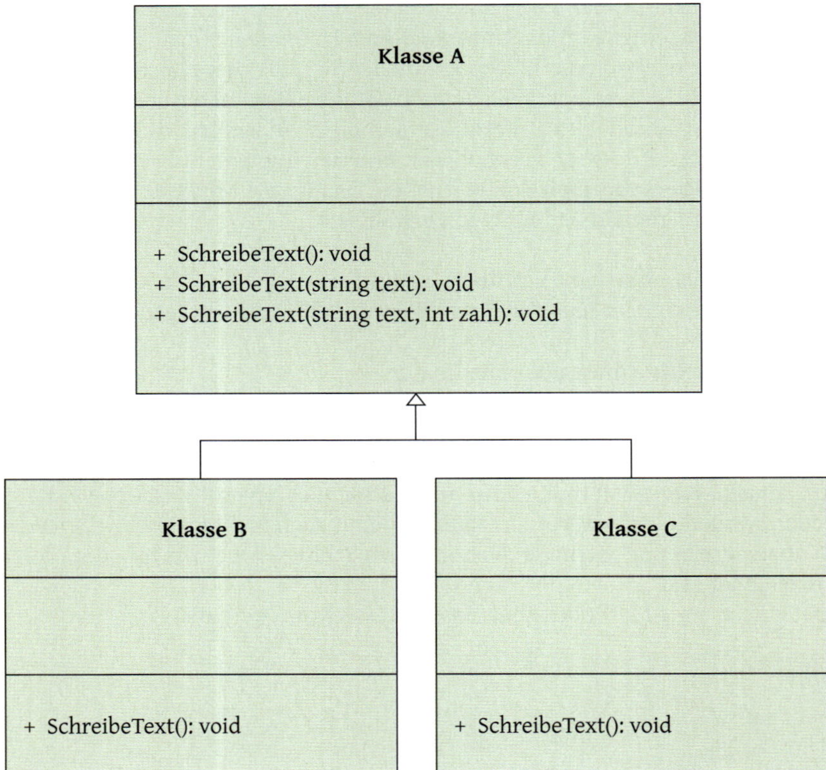

Zunächst werden die drei Klassen angelegt. In der Klasse A wird die Methode SchreibeText() zweimal überladen und als virtual gekennzeichnet. Damit kann sie in den Klassen B und C überschrieben werden. Dies muss mit dem Schlüsselwort override angezeigt werden. In den einzelnen Methoden wird ein spezieller Text auf dem Bildschirm ausgegeben.

Quellcode: Klasse A

Die Methode SchreibeText() wird zweimal überladen.

```
using System;
namespace Beispiel10 {
    class KlasseA {
        public virtual void SchreibeText() {
            Console.WriteLine(" Methode der Klasse A");
        }

        public void SchreibeText(string text) {
            Console.WriteLine(" Methode der Klasse A: " + text);
        }

        public void SchreibeText(string text, int zahl) {
            Console.WriteLine(" Methode der Klasse A: " + text + zahl);
        }
    }
}
```

Quellcode: Klasse B

```
using System;
namespace Beispiel10 {
    class KlasseB : KlasseA {
        public override void SchreibeText() {
            Console.WriteLine(" Methode der Klasse B, welche die
                                Methode von Klasse A überschreibt");
        }
    }
}
```

Die Methode SchreibeText() von Klasse A wird überschrieben.

Quellcode: Klasse C

```
using System;
namespace Beispiel10 {
    class KlasseC : KlasseA {
        public override void SchreibeText() {
            Console.WriteLine(" Methode der Klasse C, welche die
                                Methode von Klasse A überschreibt");
        }
    }
}
```

Die Methode SchreibeText() von Klasse A wird überschrieben.

Im Hauptprogramm wird von jeder Klasse jeweils ein Objekt angelegt und von diesen die eigenen oder geerbten Methoden aufgerufen.

```
using System;
namespace Beispiel10 {
    class Program {
        static void Main(string[] args) {
            Console.Title = "Beispiel Überladen und Überschreiben
                            von Methoden";
            KlasseA objektA = new KlasseA();
            KlasseB objektB = new KlasseB();
            KlasseC objektC = new KlasseC();
            objektA.SchreibeText();
            objektA.SchreibeText("mit einem Übergabeparameter");
            objektA.SchreibeText("mit Übergabeparameteranzahl: ", 2);
            Console.WriteLine();
            objektB.SchreibeText();
            objektB.SchreibeText("von Objekt B aufgerufen");
            Console.WriteLine();
            objektC.SchreibeText();
            objektC.SchreibeText("von Objekt C aufgerufen: Anzahl
                                  Parameter: ", 2);
```

```
            Console.WriteLine();
            Console.WriteLine(" Drücken Sie eine beliebige Taste ...");
            Console.ReadKey();
        }
    }
}
```

Die Übergabeparameter scheinen auf den ersten Blick nur bedingt Sinn zu ergeben. Man muss sie aber im Zusammenhang mit der Ausgabe innerhalb der Methode sehen. Wenn man das Programm startet, erhält man die Ausgabe aus Abb. 7.5, was Vieles deutlicher erscheinen lässt:

```
Beispiel Überladen und Überschreiben von Methoden
Methode der Klasse A
Methode der Klasse A: mit einem Übergabeparameter
Methode der Klasse A: mit Übergabeparameteranzahl: 2

Methode der Klasse B, welche die Methode von Klasse A überschreibt
Methode der Klasse A: von Objekt B aufgerufen

Methode der Klasse C, welche die Methode von Klasse A überschreibt
Methode der Klasse A: von Objekt C aufgerufen: Anzahl Parameter: 2

Drücken Sie eine beliebige Taste ...
```

Abb. 7.5: Ausgabe des Hauptprogramms

7.7 Aufgaben

Entwickeln Sie für alle Aufgaben eine sinnvolle und benutzerfreundliche Konsolenanwendung und schreiben Sie jede Klasse in eine separate Datei.

1 Implementieren Sie die folgenden drei Klassen, welche nur aus öffentlichen Attributen bestehen, und legen Sie im Hauptprogramm jeweils ein Objekt jeder Klasse an. Der Benutzer soll nun die Werte der einzelnen Objekte in das Programm eingeben können und diese werden im Anschluss angezeigt.

Segelschiff
+ anzahlMasten: int + crewMitglieder: int

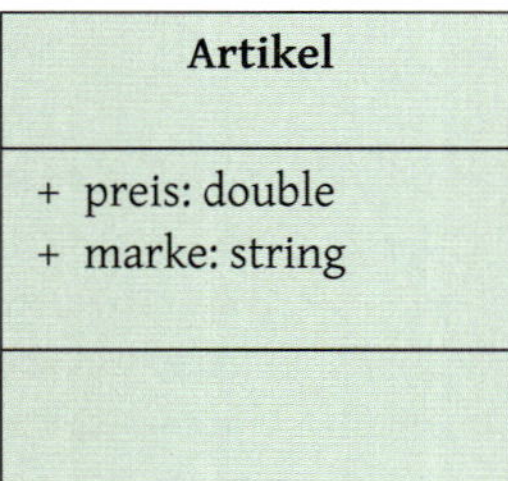

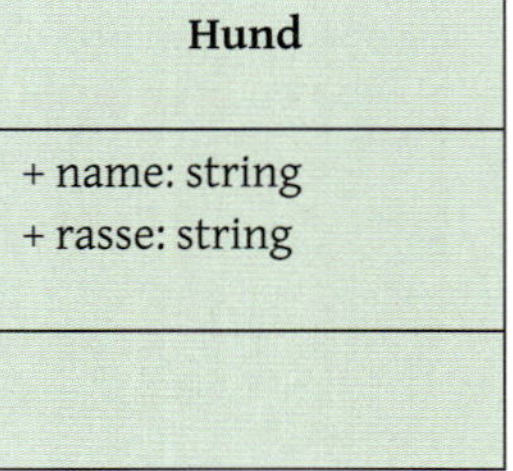

2 Setzen Sie nun alle Attribute auf private. Versuchen Sie das Programm zu starten und beobachten Sie, was geschieht.

3 Schreiben Sie nun für jedes Attribut eine öffentliche get- und eine öffentliche set-Methode. Passen Sie das Hauptprogramm an die neue Klassenstruktur an.

4 Entwickeln Sie aus dem UML-Klassendiagramm eine Klasse Auto mit allen get- und set-Methoden und einem Konstruktor. Im Konstruktor sollen die Attribute mit sinnvollen Werten initialisiert werden. Legen Sie danach im Hauptprogramm zwei Objekte vom Typ Auto an und weisen Sie ihnen Werte zu. Geben Sie anschließend die Daten der beiden Autos aus.

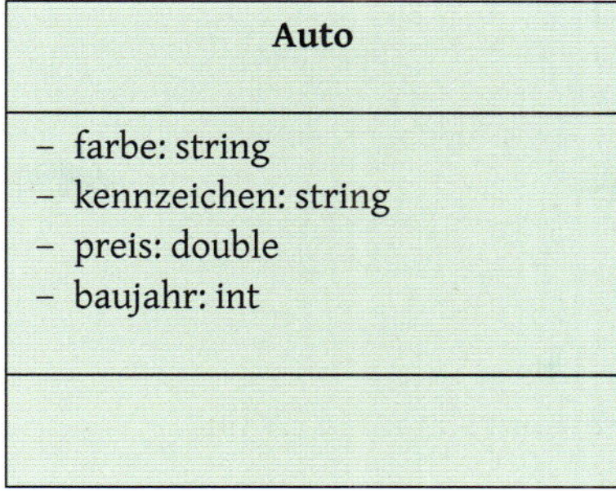

5 Erweitern Sie die Klasse Auto, indem Sie den aktuellen Konstruktor überladen. Es sollen zwei weitere Konstruktoren hinzukommen. Ein Konstruktor mit Kennzeichen und Farbe als Übergabeparameter und einer, bei dem alle vier Attribute als Parameter übergeben werden.

6 Entwickeln Sie eine Klasse Punkt, welche die X- und die Y-Koordinate eines Punkts speichert. Auf die Attribute kann mithilfe von get- und set-Methoden zugegriffen werden. Es soll einen Konstruktor geben, dem die Werte von x und y als Parameter übergeben werden.

Des Weiteren soll es eine Klasse Gerade geben, welche aus zwei Punkten besteht. Diese werden wiederum mithilfe eines Konstruktors übergeben. Außerdem soll die Klasse eine Methode zur Berechnung der Länge der Geraden enthalten.

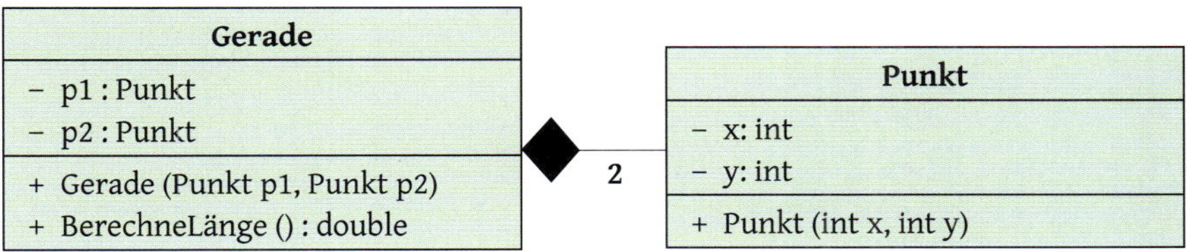

7 Erweitern Sie das Beispiel „Konto" aus diesem Kapitel um eine weitere Klasse Girokonto (siehe UML-Klassendiagramm unten) und passen Sie den Rest der Klassen an folgende Anforderungen an:

- Die Klasse Konto soll eine abstrakte Klasse sein.
- Alle Konten sollen einen festen Zinssatz haben, mit denen die Guthaben verzinst werden. Ausnahme ist das Sparkonto, bei dem ab einem bestimmten Betrag das Guthaben mit dem Sparzinssatz verzinst wird.
- Die Klasse Konto soll eine abstrakte Methode VerrechneZinsen() erhalten, welche in den Unterklassen implementiert wird.
- Kein Konto soll mehr überzogen werden können. Bei Abhebungen wird nur so viel ausgezahlt, dass das Konto nicht überzogen wird. Ausnahme ist das Dispokonto. Hier darf der Dispokredit nicht überzogen werden.
- Auf das Girokonto fallen feste Kontogebühren an, die durch eine Methode VerrechneKontogebühr() abgezogen werden. Durch das Abziehen der Kontogebühr darf das Girokonto kein negatives Guthaben aufweisen.

Girokonto
– kontogebühr: double
+ VerrechneKontogebühr()

8 Setzen Sie folgenden Vererbungsbaum in C# um:

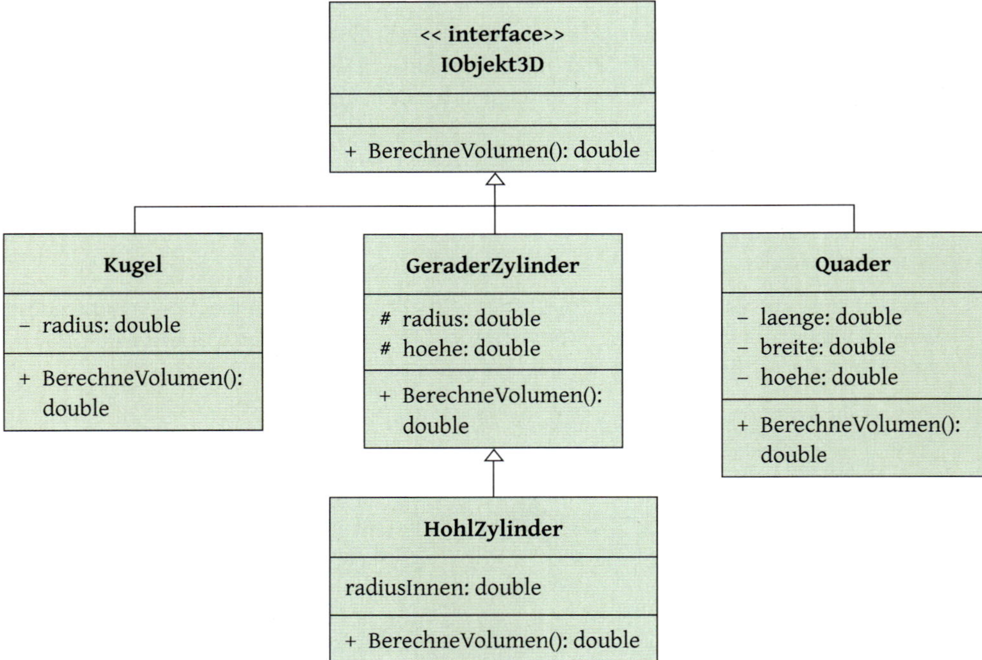

9 Erkundigen Sie sich im Internet über das Singleton-Entwurfsmuster und entwickeln Sie eine Klasse Singleton. Beachten Sie dabei, dass der Konstruktor dieser Klasse private gesetzt ist, damit kein weiteres Objekt von dieser Klasse erstellt werden kann. Setzen und lesen Sie den Wert des Attributs x im Hauptprogramm.

Singleton
– singleton : Singleton + x: int
– Singleton() + getInstance(): Singelton

10 Erkundigen Sie sich im Internet über das Entwurfsmuster (*design pattern*) Fabrikmethode (*factory method*) und setzten Sie es exemplarisch in einem C#-Programm um.

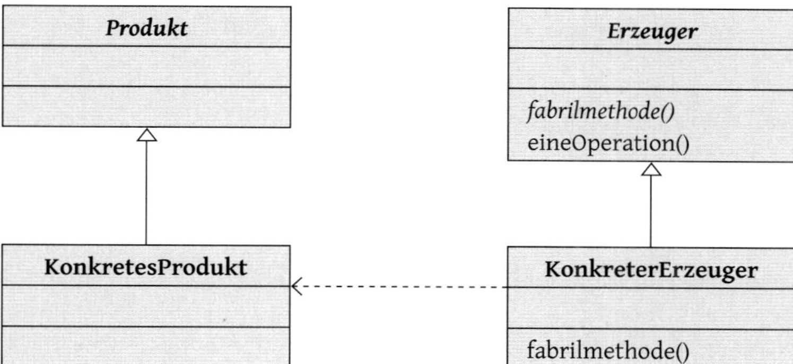

8 Erstellen von Windows-Forms-Programmen

In den ersten Kapiteln des Buches wurde das Fundament der Sprache C# gelegt. Die Beispiele wurden als Konsolenprogramme vorgestellt. Konsolenprogramme sind aber in der Praxis eher selten anzutreffen. Hier dominieren Programme, die eine **grafische Benutzeroberfläche** (**GUI**) aufweisen. Grafische Benutzeroberflächen lassen sich gegenüber Konsolenanwendungen viel einfacher gestalten und sind in der Regel auch benutzerfreundlicher. Die Gestaltungsmöglichkeiten sind sehr vielfältig und die Steuerung ist sowohl mit der Maus als auch mit der Tastatur möglich.
Unter Windows wird für die Entwicklung einer grafischen Benutzeroberfläche das Windows Application Programming Interface (API) verwendet. Da das Windows API nicht objektorientiert ist, wurde es im .NET-Framework gekapselt und in eine objektorientiere Variante überführt. Dieses GUI-Toolkit des .NET-Frameworks wird als **Windows Forms** bezeichnet. Im Rahmen des Mono-Projekts steht Windows Forms auch weitestgehend unter Linux und macOS zur Verfügung.

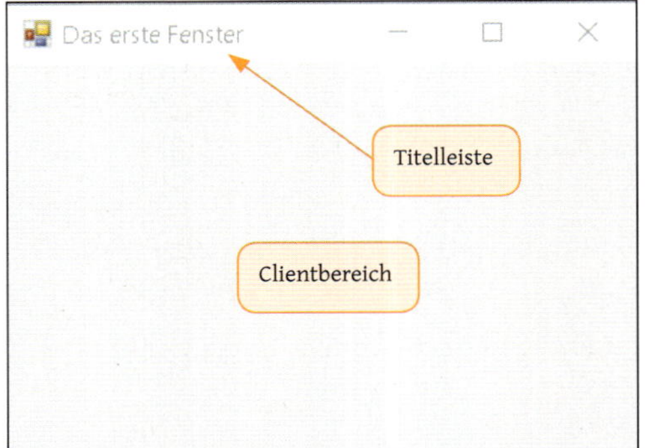

Abb. 8.1: Titelseite und Clientbereich eines Windows Form

Die Basis einer Windows-Forms-Anwendung ist das Fenster. Es wird auch als Formular oder einfach als Form bezeichnet. Ein Fenster besteht in der Regel aus einer Titelleiste und einem Clientbereich.

Diese Fenster werden durch folgenden Quellcode erzeugt:

```
using System;
using System.Windows.Forms;
namespace DasErsteFenster {
    static class Program {
        [STAThread]
        static void Main() {
            Form form = new Form();
            form.Text = "Das erste Fenster";
            form.Show();
            Application.Run(form);
        }
    }
}
```

Nun könnte man Oberflächenelemente wie Buttons und Textboxen programmieren und dem Fenster zuweisen. Dies ist aber eine sehr aufwendige Angelegenheit. Zum Glück stellt uns Visual Studio den Windows-Forms-Designer zur Verfügung, mit dem die Entwicklungsarbeit sehr vereinfacht wird. Die Elemente einer Windows-Oberfläche lassen sich bequem auf das Formular ziehen und können dort frei bewegt werden, bis ein ansprechendes Design geschaffen wurde. Die Erzeugung und Verwaltung dieser Objekte erfolgt automatisch im Hintergrund und braucht nicht weiter beachtet zu werden. Die Eigenschaften der einzelnen Objekte können im sogenannten Eigenschaftsfenster schnell und problemlos angepasst und geändert werden. Deswegen werden wir im Folgenden nur noch den Windows-Forms-Designer verwenden, um unsere grafischen Benutzeroberflächen zu erstellen und zu verwalten. In diesem Kapitel werden verschiedene grundlegende Steuer- und Kontrollelemente vorgestellt, die für die Entwicklung von Windows-Forms-Anwendungen zur Verfügung stehen.

8.1 Das erste Windows-Forms-Programm

Auftrag

Ein Programm soll in C# entwickelt werden, dass „Hello World" auf einer Windows-Forms-Oberfläche anzeigt.

Eine ähnliche Aufgabe kennen wir schon vom Anfang des Buchs, nämlich unser „HelloWorld"-Programm, nur als Konsolenanwendung. Diesmal werden wir aber eine Windows-Oberfläche dafür verwenden. Folgende Schritte müssen ausgeführt werden, um ein Windows-Forms-Projekt anzulegen:

1 **Visual Studio starten:** Gestartet wird Visual Studio durch einen Doppelklick auf das Programmsymbol.

2 **Projekt anlegen:** Durch den nachfolgenden Menübefehl wird ein neues Projekt erzeugt:

Datei | Neu | Projekt

Folgendes Fenster ist dann zu sehen:

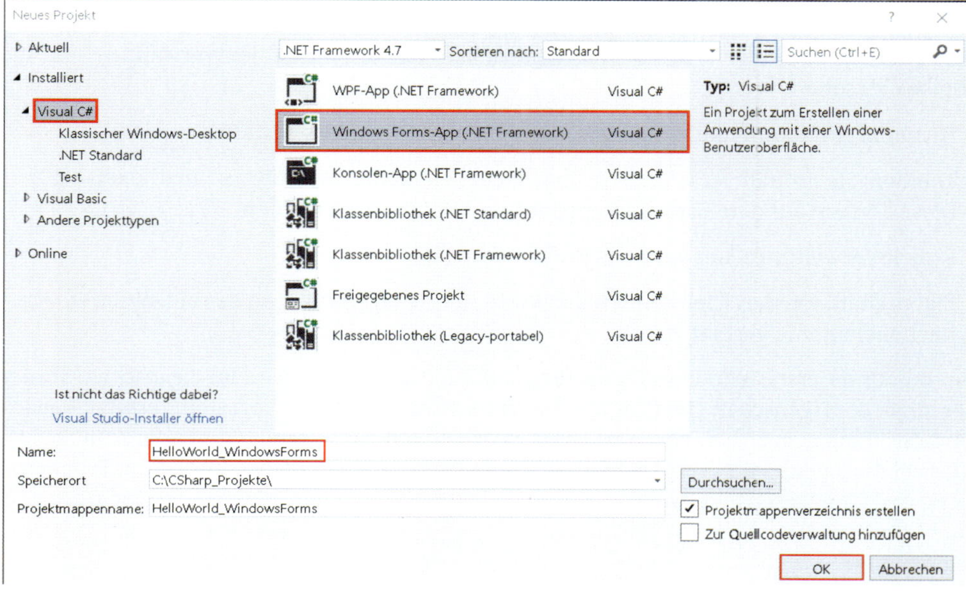

Abb. 8.2: Neues Windows-Forms-Projekt unter Visual Studio anlegen

In diesem Fenster muss nun wieder die Programmiersprache C# und die Art der Anwendung ausgewählt werden. Jetzt wird eine Windows-Forms-App ausgewählt anstatt einer Konsolen-App. Es wird wieder ein Name für das Projekt eingegeben und ein Speicherort ausgewählt. Anschließend sind die Eingaben mit OK zu bestätigen.

3 **Oberfläche erstellen:** Nach dem Bestätigen mit OK wird ein neues Projekt angelegt und in der Entwicklungsumgebung angezeigt. Es ist nun folgendes Windows-Fenster zu sehen:

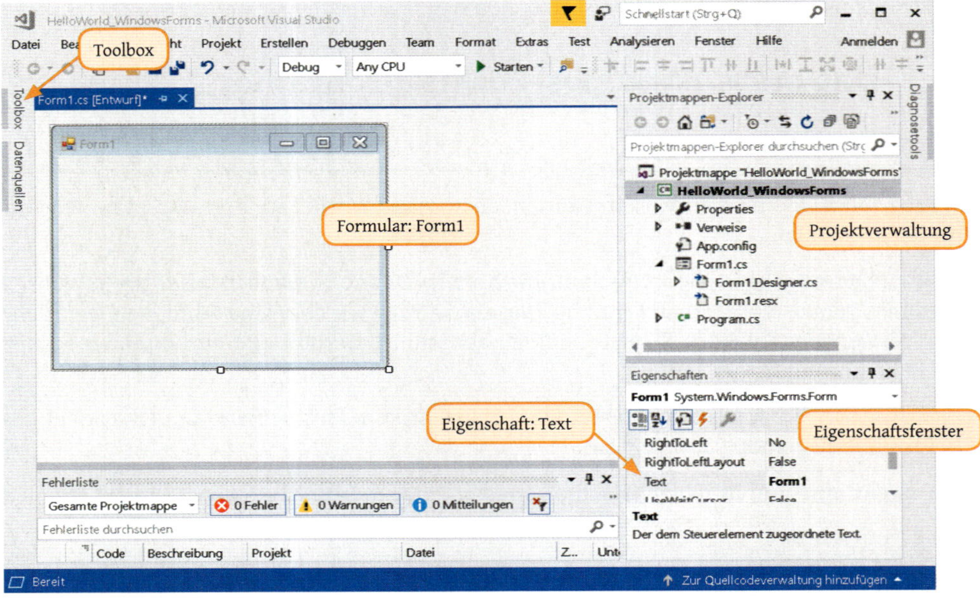

Abb 8.3: Neues Projekt in der Entwicklungsumgebung

Hier sind das Formular „Form1“, das Eigenschaftsfenster, die Projektverwaltung und die Toolbox zu sehen.

- Formular: Hier kann die Windows-Oberfläche des Formulars gestaltet werden.
- Toolbox: Sie enthält verschiedene Oberflächenelemente wie Buttons, Textboxen ect. Diese können auf dem Formular angeordnet und gestaltet werden.
- Projektverwaltung: Hier wird das Projekt verwaltet.
- Eigenschaftsfenster: Hier können die Werte für die Eigenschaften der einzelnen Oberflächenelemente gesetzt werden.

Um nun unser erstes Windows-Forms-Programm fertigzustellen, wird im Eigenschaftsfenster der Inhalt der Eigenschaft „Text“ durch „Das erste Windows-Forms Programm“ ersetzt. Danach wird die Toolbox geöffnet, ein Label ausgesucht und auf das Formular gezogen. Zum Schluss wird bei der Eigenschaft „Text“ des Labels „Hello World“ eingetragen. Damit ist das Programm fertig und kann gestartet werden. Quellcode müssen wir erst einmal nicht schreiben.

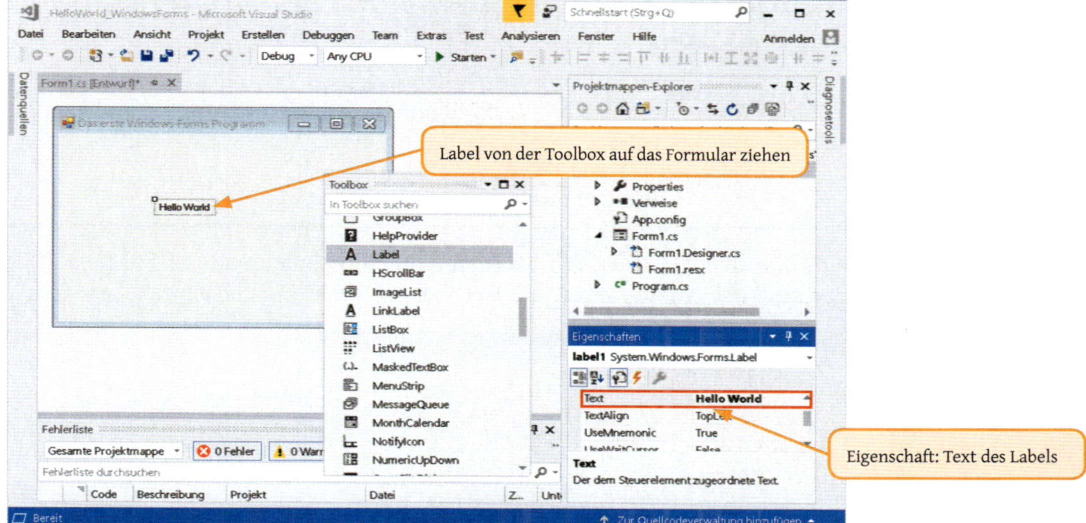

Abb. 8.4: Label aussuchen und beschriften

4 **Programm starten:** Durch den nachfolgenden Menübefehl wird das Programm gestartet:

Debuggen | Debugging starten

Alternativ kann auch F5 gedrückt oder in der Menüleiste die Schaltfläche ▶ Starten betätigt werden. Das Programm wird nun ausgeführt und folgendes Fenster erscheint:

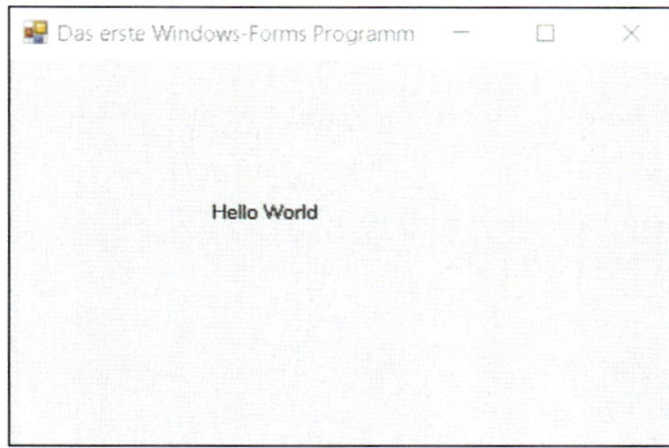

Abb. 8.5: Ausgabefenster nach Programmstart

Dieses Windows-Fenster ist natürlich nicht sonderlich spektakulär. Am Oberflächendesign kann man noch arbeiten, und es besitzt auch nur eine gewisse Grundfunktionalität, die alle Windows-Fenster haben. Es kann in der Größe verändert und durch den Schließen-Button rechts oben geschlossen werden. Aber dafür, dass nicht eine Zeile programmiert werden musste, ist es schon sehr beachtlich.

8.2 Grundgerüst einer Windows-Forms-Anwendung und Buttons

Eine Windows-Forms Anwendung hat meistens einen oder mehrere Buttons. Durch das Betätigen des Buttons wird ein Ereignis im Programm ausgelöst.

Auftrag

Erstellen Sie eine Oberfläche, die der Abb. 8.6 entspricht, und implementieren Sie danach für die Ereignisse „Click" und „MouseMove" die Methoden, wie sie im Buch vorgegeben sind.

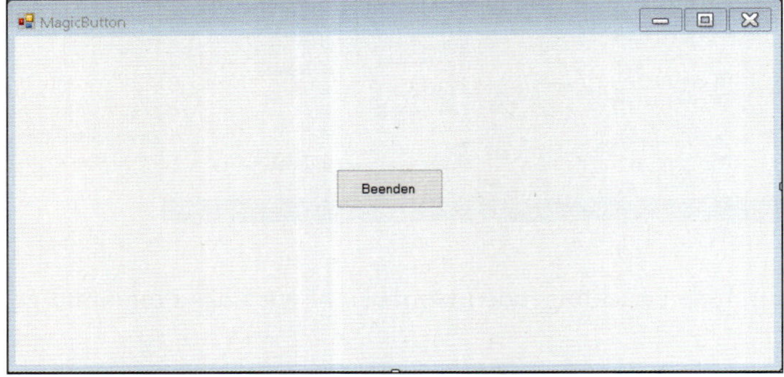

Abb. 8.6: Vorgabe der Oberfläche für den Arbeitsauftrag

Zunächst wird wieder ein Windows-Forms-Projekt angelegt und gespeichert. Danach werden einige Eigenschaften des Formulars im Eigenschaftsfenster festgelegt.

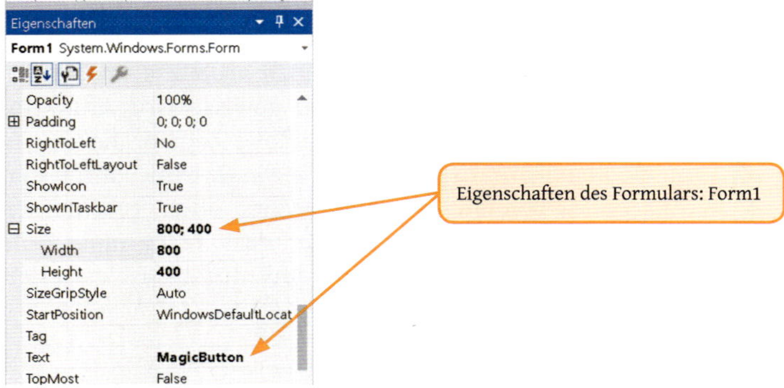

Abb. 8.7: Eigenschaften im Eigenschaftsfenster festlegen

Nun wird noch die Eigenschaft „Name" in „frmMain" geändert. Ab jetzt werden die Eigenschaften des entsprechenden Objekts und seine Werte nur noch in Tabellenform dargestellt. Alle Eigenschaften, die nicht aufgeführt werden, behalten ihre Standardwerte und müssen nicht geändert werden.

Eigenschaft: frmMain	Wert
Name	frmMain
Text	MagicButton
Size: Width Height	800;400 800 400

Als Nächstes wird aus der Toolbox ein Button auf die Oberfläche gezogen. Damit wird automatisch ein Objekt der Klasse Button angelegt, erzeugt und initialisiert.

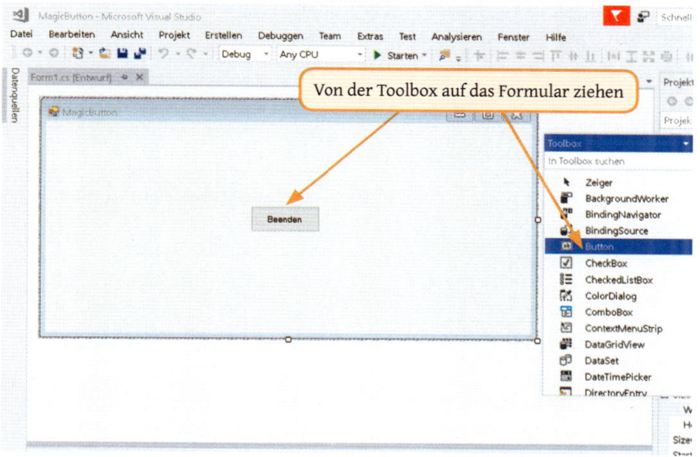

Abb. 8.8: Button auf die Oberfläche ziehen

Der Button wird markiert, sodass jetzt seine Eigenschaften angezeigt werden. Es werden folgende Eigenschaften gesetzt:

Eigenschaft: btnBeenden	Wert
Text	Beenden
Name	btnBeenden

Jetzt wird in das Ergebnisfenster des Buttons gewechselt. Dazu wird im Eigenschaftsfenster auf das Blitzsymbol geklickt.

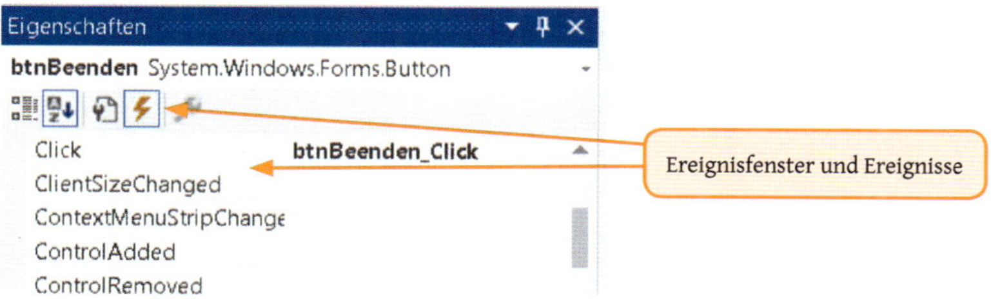

Abb. 8.9: Eigenschaftsfenster

Im Ereignisfenster werden nun die Ereignisse „Click“ und „MouseMove“ herausgesucht und in das leere Feld wird ein Doppelklick gemacht. Dadurch wird automatisch die entsprechende Methode erzeugt. Diese sehen wir dann im Quellcode unseres Formulars.

```
using System;
using System.Windows.Forms;

namespace MagicButton {
    public partial class frmMain : Form {

        public frmMain() {
            InitializeComponent();
        }

        private void btnBeenden_Click(object sender, EventArgs e) {

        }

        private void btnBeenden_MouseMove(object sender, MouseEventArgs e) {

        }
    }
}
```

Klasse frmMain erbt von der Klasse Form

Konstruktor der Klasse

Methode: btnBeenden_Click

Methode: btnBeenden_MouseMove

Abb. 8.10: Quellcode von „Form1.cs“

Nun stellt sich die Frage, wo wird der Button angelegt und erzeugt, und wo wird das Formular erstellt?
Diese Teile des Quellcodes werden automatisch erstellt und verwaltet. In der Regel muss man sich darum auch nicht kümmern. Um den Quellcode dafür zu sehen, müssen wir die Projektverwaltung näher betrachten. Dort befinden sich noch andere Dateien, die normalerweise geschlossen sind.

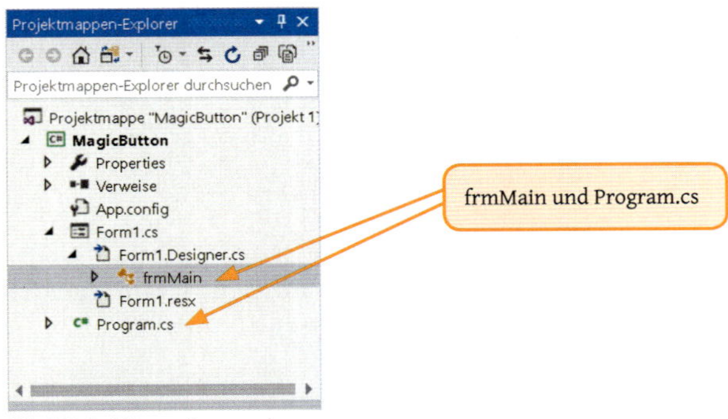

Abb. 8.11: Projektverwaltung

Wir öffnen die Dateien „frmMain" und „Program.cs" durch einen Doppelklick. In der „frm-Main" steht folgender Quellcode, welcher nicht verändert werden sollte:

```
namespace MagicButton {
    partial class frmMain {
        /// <summary>
        /// Erforderliche Designervariable.
        /// </summary>
        private System.ComponentModel.IContainer components = null;

        /// <summary>
        /// Verwendete Ressourcen bereinigen.
        /// </summary>
        /// <param name="disposing">True, wenn verwaltete Ressourcen
                        gelöscht werden sollen; andernfalls False.</param>
        protected override void Dispose(bool disposing) {
            if (disposing && (components != null)) {
                components.Dispose();
            }
            base.Dispose(disposing);
        }

        #region Vom Windows Form-Designer generierter Code

        /// <summary>
        /// Erforderliche Methode für die Designerunterstützung.
        /// Der Inhalt der Methode darf nicht mit dem Code-Editor
            geändert werden.
        /// </summary>
        private void InitializeComponent() {
            this.btnBeenden = new System.Windows.Forms.Button();
            this.SuspendLayout();
            //
            // btnBeenden
            //
            this.btnBeenden.Location = new System.Drawing.Point(331,
                                        142);
            this.btnBeenden.Name = "btnBeenden";
            this.btnBeenden.Size = new System.Drawing.Size(110, 42);
            this.btnBeenden.TabIndex = 0;
            this.btnBeenden.Text = "Beenden";
            this.btnBeenden.UseVisualStyleBackColor = true;
            this.btnBeenden.Click += new System.EventHandler(this.
                                    btnBeenden_Click);
            this.btnBeenden.MouseMove += new System.Windows.Forms.
                                        MouseEventHandler(this.
                                        btnBeenden_MouseMove);
```

Diese Methode wird im Konstruktor aufgerufen.

Hier wird der Button erzeugt und initialisiert.

```
            //
            // frmMain
            //
            this.AutoScaleDimensions = new System.Drawing.SizeF(8F, 16F);
            this.AutoScaleMode = System.Windows.Forms.AutoScaleMode.
                                   Font;
            this.ClientSize = new System.Drawing.Size(782, 352);
            this.Controls.Add(this.btnBeenden);
            this.Name = "frmMain";
            this.Text = "MagicButton";
            this.ResumeLayout(false);

        }

        #endregion

        private System.Windows.Forms.Button btnBeenden;
    }
}
```

Hier wird das Formular initialisiert.

In der Datei „Program.cs“ findet sich die Main-Methode, welche immer als Erste aufgerufen wird, und das Formular wird erzeugt. Auch hier sollte ohne guten Grund nichts verändert werden.

```
using System;
using System.Collections.Generic;
using System.Linq;
using System.Threading.Tasks;
using System.Windows.Forms;
namespace MagicButton {
    static class Program {
        /// <summary>
        /// Der Haupteinstiegspunkt für die Anwendung.
        /// </summary>
        [STAThread]
        static void Main() {
            Application.EnableVisualStyles();
            Application.SetCompatibleTextRenderingDefault(false);
            Application.Run(new frmMain());
        }
    }
}
```

Die statische Klasse Program ist schon aus den Konsolenanwendungen bekannt. Sie enthält die Main-Methode.

Main-Methode

Hier wird das Formular erzeugt.

Nachdem wir die Oberfläche gestaltet haben und auch wissen, wo die einzelnen Objekte angelegt und erzeugt werden, muss nun noch das Programm gefüllt werden. Dazu werden die zwei offenen Methoden implementiert. Der komplette Quelltext von „Form1.cs“ sieht dann wie folgt aus.

```
using System.Windows.Forms;
namespace MagicButton {
    public partial class frmMain : Form {

        Random rnd = new Random();   ← Anlegen eines Zufallszahlengenerators

        public frmMain() {
            InitializeComponent();
        }

        private void btnBeenden_Click(object sender, EventArgs e) {
            Close();   ← Schließt die Anwendung
        }

        private void btnBeenden_MouseMove(object sender,
                                          MouseEventArgs e) {
            btnBeenden.Left = rnd.Next(0, this.Width -
                                          btnBeenden.Width - 10);
            btnBeenden.Top = rnd.Next(0, this.Height -
                                         btnBeenden.Height - 25);
        }
    }
}
```

Vervollständigen Sie den Quellcode in Visual Studio und starten Sie danach das Programm. Schließen Sie danach das Programm wieder, indem Sie mit der Maus den Beenden-Button drücken.

8.3 Textbox, Label und RadioButton

Auftrag

Erstellen Sie einen einfachen Taschenrechner, mit dem man zwei Zahlen addieren, subtrahieren, multiplizieren und dividieren kann. Die Oberflächengestaltung soll wie in Abb. 8.12 dargestellt erfolgen.

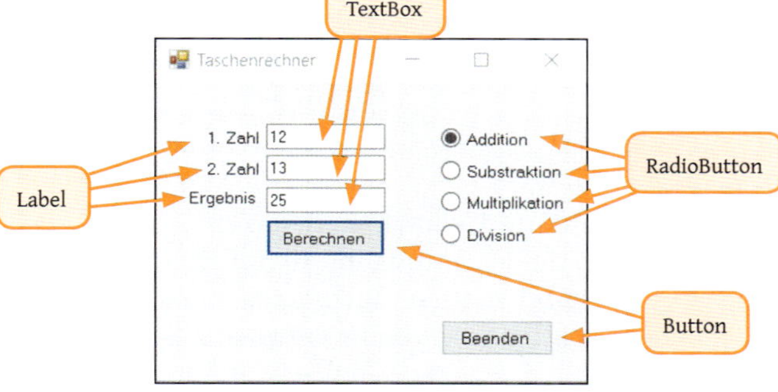

Abb. 8.12: Oberflächengestaltung des Taschenrechners

Zunächst erstellen wir unsere Oberfläche. Ordnen Sie dazu die entsprechenden Steuerelemente aus der Toolbox auf dem Formular an und weisen Sie allen Eigenschaften, die in den Tabellen angegeben sind, die entsprechenden Werte zu.

Eigenschaft: frmMain	Wert
Name	frmMain
Text	Taschenrechner

Eigenschaft: btnBeenden	Wert
Name	btnBeenden
Text	Beenden

Eigenschaft: btnBerechnen	Wert
Name	btnBerechnen
Text	Berechnen

Eigenschaft:	Wert
Label1: Text	1. Zahl
Label2: Text	2. Zahl
Label3: Text	Ergebnis

Eigenschaft: txtZahl1	Wert
Name	txtZahl1
Text	0

Eigenschaft: txtZahl2	Wert
Name	txtZahl2
Text	0

Eigenschaft: txtErgebnis	Wert
Name	txtErgebnis
Text	0

Eigenschaft: rbAddition	Wert
Name	rbAddition
Text	Addition
Checked	True

Eigenschaft: rbSubtraktion	Wert
Name	rbSubtraktion
Text	Subtraktion

Eigenschaft: rbMultiplikation	Wert
Name	rbMultiplikation
Text	Multiplikation

Eigenschaft: rbDivision	Wert
Name	rbDivision
Text	Division

Wenn Sie jetzt das Programm starten, kann man schon eine Auswahl bei den RadioButtons treffen und Zahlen in die Textfelder eintragen. Allerdings fehlt noch die Funktionalität, wenn die beiden Buttons gedrückt werden. Um diese zu implementieren, wechseln wir bei beiden in das Ereignismenü und machen beim Ereignis „Click" einen Doppelklick. Damit werden die Funktionen

```
private void btnBeenden_Click(object sender, EventArgs e)
private void btnBerechnen_Click(object sender, EventArgs e)
```

erzeugt. Im Methodenrumpf kann nun der Quelltext eingeben werden. Der Befehl Close() schließt die Anwendung. Wenn man den Berechnen-Button drückt, wird abgefragt, welcher RadioButton gerade ausgewählt ist, und die Rechnung wird entsprechend durchgeführt. Beachten sollte man, dass in die Textfelder korrekte Werte, sprich Gleitkommazahlen, eingetragen werden. Fehlerhafte Eingaben werden noch nicht abgefangen, daher kann es beim Konvertieren zu einer Double-Zahl zum Programmabsturz kommen. Dies trifft auch zu, wenn die Textfelder für Zahl1 oder Zahl2 leer sind.

```
using System;
using System.Windows.Forms;
namespace Taschenrechner {
    public partial class frmMain : Form {
        public frmMain() {
            InitializeComponent();
        }

        private void btnBeenden_Click(object sender, EventArgs e) {
            Close();
        }

        private void btnBerechnen_Click(object sender, EventArgs e) {
            double zahl1 = Convert.ToDouble(txtZahl1.Text);
            double zahl2 = Convert.ToDouble(txtZahl2.Text);
            double ergebnis = 0.0;

            if (rbAddition.Checked) {
                ergebnis = zahl1 + zahl2;
            }
            if (rbSubtraktion.Checked) {
                ergebnis = zahl1 - zahl2;
            }
            if (rbMultiplikation.Checked) {
                ergebnis = zahl1 * zahl2;
            }
            if (rbDivision.Checked) {
                ergebnis = zahl1 / zahl2;
            }

            txtErgebnis.Text = Convert.ToString(ergebnis);
        }
    }
}
```

8.4 CheckBox, ComboBox, Panel und Farben

In diesem Abschnitt beschäftigen wir uns mit CheckBoxen, ComboBoxen, Panels und damit, wie Farben in C# erzeugt bzw. vorhandene Farben genutzt werden.

Auftrag

Erstellen Sie ein Programm mit folgendem Aussehen:

Abb. 8.13: Programm „Farbwechsel"

Je nachdem, ob die entsprechende CheckBox ein Häkchen hat oder nicht, soll das zugehörige Panel die Farbe für den Zustand „An" oder „Aus" annehmen. Welche Farbe für den jeweiligen Zustand angezeigt wird, kann in der entsprechenden ComboBox ausgewählt werden.

Als Erstes wird wieder die Oberfläche erstellt und die entsprechenden Eigenschaften werden laut den folgenden Tabellen gesetzt.

Eigenschaft: frmMain	Wert
Name	frmMain
Text	Farbwechsel

Eigenschaft: btnBeenden	Wert
Name	btnBeenden
Text	Beenden

Eigenschaft:	Wert
pnlUnten: Name	pnlUnten
pnlOben: Name	pnlOben

Eigenschaft: cbOben	Wert
Name	cbOben
Text	Oben

Eigenschaft: cbUnten	Wert
Name	cbUnten
Text	Unten

Eigenschaft: cmbFarbeAn	Wert
Name	cmbFarbeAn
Text	Grün
Items	Grün Gelb

Eigenschaft: cmbFarbeAus	Wert
Name	cmbFarbeAus
Text	Rot
Items	Rot Blau

Eigenschaft:	Wert
label1: Text	Farbe für Zustand: An
label2: Text	Farbe für Zustand: Aus

Nun wird im Ereignisfenster des jeweiligen Objekts bei folgenen Ereignissen eine Methode erzeugt.

Steuerelement	Ereignis
btnBeenden	Click
cbOben	CheckedChanged
cbUnten	CheckedChanged
cmbFarbeAn	TextChanged
cmbFarbeAus	TextChanged

Für das Wechseln der einzelnen Farben werden nun noch drei Methoden geschrieben, welche dann in anderen Methoden aufgerufen werden:

```
private void SetzeFarbeAn() { … }
private void SetzeFarbeAus() { … }
void SetzePanelFarbe() { … }
```

Diese Methoden werden nicht automatisch erstellt. Deshalb erfolgt die Implementierung per Hand. Bei jedem Wechsel der Farbe wird die neue Farbe in einer Klassenvariablen vermerkt. Diese wird dann an entsprechender Stelle der Eigenschaft „BackColor“ (Hintergrundfarbe) des jeweiligen Panels zugewiesen.

Es sind bereits eine Menge Farben vordefiniert, aus denen ausgewählt werden kann. Wenn man das Wort „Color“ gefolgt von einem Punkt eingibt, erhält man eine Liste der Farben, die zur Verfügung stehen. Hier einige Beispiele:

Color.Blue	Color.Yellow	Color.BlueViolet	Color.Organe
Color.Red	Color.Green	Color.Cyan	Color.Olive
Color.White	Color.Beige	Color.DarkBlue	Color.LightBlue
Color.Gray	Color.Azure	Color.DarkGreen	Color.LightGreen
Color.Black	Color.Brown	Color.DarkGray	Color.LightGray

Falls eine gesuchte Farbe nicht dabei sein sollte, kann die Methode Color.FromArgb() genutzt werden, um die entsprechende Farbe zu erzeugen. Dazu werden die Werte Alpha, Rot, Grün und Blau (ARGB) übergeben. Die Werte müssen ganze Zahlen im Bereich von 0 bis 255 sein. Da die Methode überladen ist, könnten auch nur die Werte für Rot, Grün und Blau eingeben werden.

Beispiel

```
panel.BackColor = Color.FromArgb(100, 20, 4, 200);
panel.BackColor = Color.FromArgb(255, 255, 255);
```

Im Programm werden gleich zu Beginn im Konstruktor schon die Farben der Panels laut den Anfangseinstellungen gesetzt. Pro ComboBox stehen in diesem Beispiel nur zwei Farben zur Verfügung. Die Liste kann aber je nach Bedarf beliebig erweitert werden.

```
using System;
using System.Drawing;
using System.Windows.Forms;
namespace Farbwechsel {
    public partial class frmMain : Form {

        private Color farbeAn = Color.White;
        private Color farbeAus = Color.Gray;

        public frmMain() {
            InitializeComponent();
            SetzeFarbeAn();
            SetzeFarbeAus();
            SetzePanelFarbe();
        }

        private void btnBeenden_Click(object sender, EventArgs e) {
            Close();
        }

        private void SetzeFarbeAn() {
            switch (cmbFarbeAn.Text) {
                case "Grün": farbeAn = Color.Green;
                    break;
                case "Gelb": farbeAn = Color.Yellow;
                    break;
                default: farbeAn = Color.White;
                    break;
            }
        }

        private void SetzeFarbeAus() {
            switch (cmbFarbeAus.Text) {
                case "Rot": farbeAus = Color.Red;
                    break;
                case "Blau": farbeAus = Color.Blue;
                    break;
                default: farbeAus = Color.Gray;
                    break;
            }
        }
```

```
        void SetzePanelFarbe() {
            if (cbOben.Checked) {
                pnlOben.BackColor = farbeAn;
            } else {
                pnlOben.BackColor = farbeAus;
            }
            if (cbUnten.Checked) {
                pnlUnten.BackColor = farbeAn;
            } else {
                pnlUnten.BackColor = farbeAus;
            }
        }

        private void cbOben_CheckedChanged(object sender,
                                          EventArgs e) {
            SetzePanelFarbe();
        }

        private void cbUnten_CheckedChanged(object sender,
                                           EventArgs e) {
            SetzePanelFarbe();
        }

        private void cmbFarbeAn_TextChanged(object sender,
                                           EventArgs e) {
            SetzeFarbeAn();
            SetzePanelFarbe();
        }

        private void cmbFarbeAus_TextChanged(object sender,
                                            EventArgs e) {
            SetzeFarbeAus();
            SetzePanelFarbe();
        }
    }
}
```

8.5 PictureBox und die Komponente Timer

In diesem Abschnitt schauen wir uns an, wie man leicht Bilder ins Programm einbindet und wie man zeitliche Abläufe mithilfe eines Timers steuern kann.

Auftrag

Ein Programm soll erstellt werden, bei dem ein animiertes Gif-Bild sich kontinuierlich von links nach rechts bewegt. Die Bewegung soll durch einen Start- und Stop-Button gesteuert werden können.

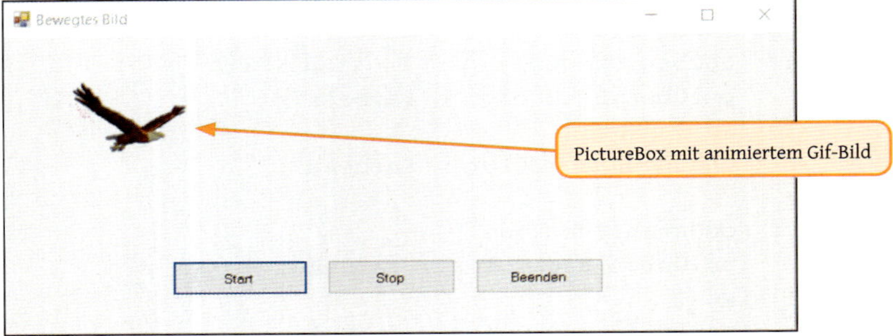

Abb. 8.14: Programm mit animiertem Bild

Diesmal legen wir neben den anderen Oberflächenelementen eine PictureBox an, welcher wir ein Bild zuweisen können. In dem Beispiel ist es ein animierter Adler, der mit den Flügeln schlägt. Die Werte aller Oberflächenelemente sind in den folgenden Tabellen aufgeführt.

Eigenschaft: frmMain	Wert
Name	frmMain
Text	Bewegtes Bild

Eigenschaft: btnStop	Wert
Name	btnStop
Text	Stop

Eigenschaft: btnBeenden	Wert
Name	btnBeenden
Text	Beenden

Eigenschaft: pbBild	Wert
Name	pbBild
SizeMode	StretchImage

Eigenschaft: btnStart	Wert
Name	btnStart
Text	Start

Eigenschaft: timer	Wert
Name	timer

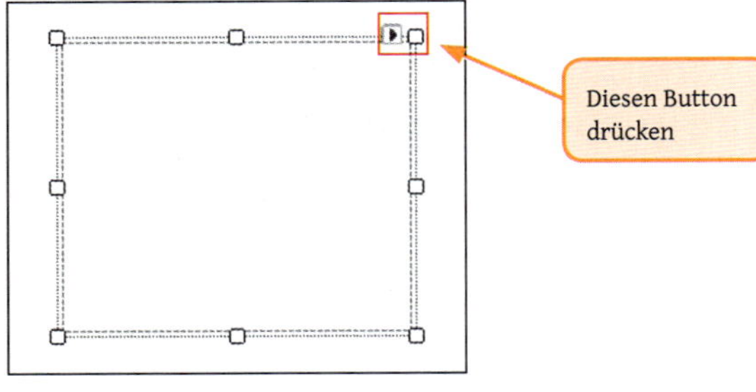

Abb. 8.15: Button für die PictureBox

Der PictureBox weisen wir ein Bild zu, indem wir auf den markieren Button klicken (Abb. 8.15).

Danach klicken wir auf „Bild auswählen“ und erhalten das in Abb. 8.16 dargestellte Fenster. Hier wählen wir nun über „Lokale Ressource“ → „Importieren“ unser Bild aus einem Verzeichnis auf dem Computer aus.

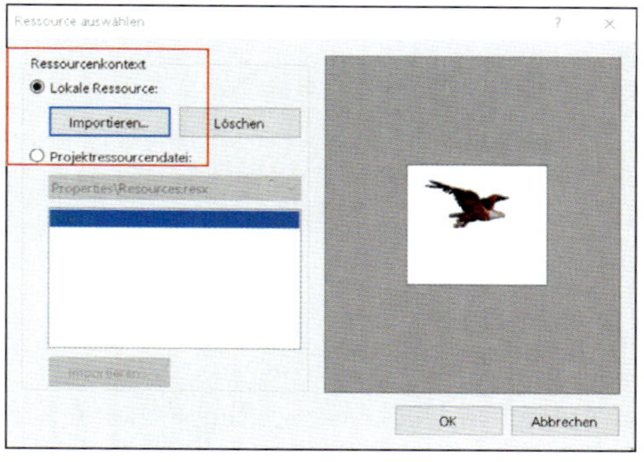

Abb. 8.16: Datei in die PictureBox importieren

Als Größenmodus wird „StretchImage" gewählt, der das Bild an die Größe der PictureBox anpasst.

Als zweite neue Komponente benötigen wir einen Timer, den wir ebenfalls in der ToolBox finden. Auch wenn wir ihn direkt auf das Formular legen, landet er in einem Fenster unterhalb des Formulars und muss dort markiert werden, damit die Eigenschaften bearbeitet werden können. Der Timer hat nur ein Ereignis, und zwar „Tick". Dieses wird in regelmäßigen Intervallen ausgelöst. Die Frequenz kann in der Eigenschaft „Interval" festgelegt werden. Die Zahl stellt die Frequenz des Timers in Millisekunden dar, z. B. wird bei 1 000 jede Sekunde das Ereignis „Tick" ausgelöst. Durch einen Doppelklick auf dieses Ereignis wird die Methode

```
private void timer_Tick(object sender, EventArgs e) {...}
```

erzeugt, in der wir nun implementieren können, was beim Auslösen des Timers geschieht. In unserem Fall wollen wir den Adler von links nach rechts bewegen. Dies erreicht man dadurch, dass die PictureBox auf der X-Achse verschoben wird. Dazu wird bei jedem Timertick der Wert der Eigenschaft „Left" der PictureBox um 5 Pixel erhöht. Außerdem wird noch für jeden Button eine Click-Methode benötigt. Durch die Methodenaufrufe

```
timer.Start();
timer.Stop();
```

kann der Timer gestartet bzw. angehalten werden.

```
using System;
using System.Windows.Forms;
namespace Adler {
    public partial class frmMain : Form {
        public frmMain() {
            InitializeComponent();
        }

        private void btnStart_Click(object sender, EventArgs e) {
            timer.Start();
        }

        private void btnStop_Click(object sender, EventArgs e) {
            timer.Stop();
        }
```

```
        private void timer_Tick(object sender, EventArgs e) {
            pbBild.Left = pbBild.Left + 5;
        }

        private void btnBeenden_Click(object sender, EventArgs e) {
            Close();
        }
    }
}
```

Wenn nach dem Start des Programms der Start-Button gedrückt wird, „fliegt“ der Adler von links nach rechts.

8.6 Menü und MessageBox

In diesem Abschnitt beschäftigen wir uns damit, wie man ein Menü erstellen kann und wie MessageBoxen angezeigt werden.

Auftrag

Ein Programm soll erstellt werden, das ein Menü mit verschiedenen Untermenüpunkten besitzt und bei der Auswahl eines Menüpunkts eine entsprechende MessageBox anzeigt.

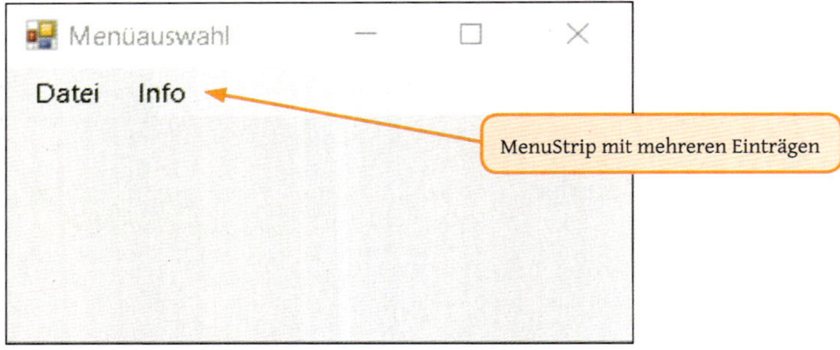

Abb. 8.17: Menü mit Unterpunkten

Zur Erstellung eines Menüs wählt man in der Toolbox das Steuerelement „MenuStrip“ aus und zieht es auf das Formular. Alle Menüpunkte können nun direkt dort eingegeben werden, ohne dass das Eigenschaftsfenster verwendet werden muss.

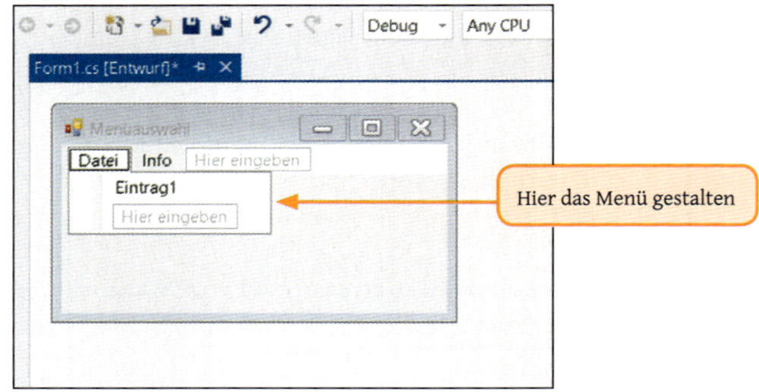

Abb. 8.18: Gestaltung des Menüs im MenuStrip

Die einzelnen Menüpunkte können nun markiert und die

Eigenschaften gesetzt werden. Außerdem werden wir gleich für jeden Menüeintrag eine Click-Methode erzeugen.

Eigenschaft: frmMain	Wert
Name	frmMain
Text	Menüauswahl

Eigenschaft: miEintrag1	Wert
Name	miEintrag1
Text	Eintrag 1

Eigenschaft: miDatei	Wert
Name	miDatei
Text	Datei

Eigenschaft: miEintrag2	Wert
Name	miEintrag2
Text	Eintrag 2

Eigenschaft: miInfo	Wert
Name	miInfo
Text	Info

Eigenschaft: miBeenden	Wert
Name	miBeenden
Text	Beenden

In den jeweiligen Click-Methoden wird immer eine MessageBox angezeigt. Eine MessageBox ist ein kleines Informationsfenster, das verschieden gestaltet werden kann. Eine MessageBox wird mit der Methode MessageBox.Show() aufgerufen, die mehrfach überladen ist. Unter anderem können der Methode ein Text und eine Überschrift (caption) übergeben werden. Des Weiteren kann vorgegeben werden, welche Buttons auf der MessageBox angezeigt werden, und ob zusätzlich noch ein Icon angezeigt wird. Die Möglichkeiten sind in der nachfolgenden Tabelle aufgeführt.

MessageBoxButtons	MessageBoxIcon
MessageBoxButtons.AbortRetryignore	MessageBoxIcon.Asterisk
MessageBoxButtons.OK	MessageBoxIcon.Error
MessageBoxButtons.OKCancel	MessageBoxIcon.Exclamation
MessageBoxButtons.RetryCancel	MessageBoxIcon.Hand
MessageBoxButtons.YesNo	MessageBoxIcon.Information
MessageBoxButtons.YesNoCancel	MessageBoxIcon.None
	MessageBoxIcon.Question
	MessageBoxIcon.Stop
	MessageBoxIcon.Warning

Beispiel

MessageBox.Show("Ausgabetext",
"Überschrift",
MessageBoxButtons.OK,
MessageBoxIcon.Information);

Abb. 8.19: Beispiel für eine MessageBox

Der Quellcode für das Programm ist relativ unspektakulär. Es wird immer nur eine MessageBox erzeugt, außer im Menüpunkt „Beenden". Dort wird nach dem Anzeigen der MessageBox das Programm gleichzeitig beendet.

```
using System;
using System.Windows.Forms;
namespace Menue {
    public partial class frmMain : Form {
        public frmMain() {
            InitializeComponent();
        }

        private void miBeenden_Click(object sender, EventArgs e) {
            MessageBox.Show("Die Anwendung wird geschlossen",
            "Hinweis", MessageBoxButtons.OK,
            MessageBoxIcon.Information);
            Close();
        }

        private void miEintrag1_Click(object sender, EventArgs e) {
            MessageBox.Show("Eintrag 1 wurde ausgewählt", "Hinweis",
            MessageBoxButtons.OK, MessageBoxIcon.Information);
        }

        private void miEintrag2_Click(object sender, EventArgs e) {
            MessageBox.Show("Eintrag 2 wurde ausgewählt", "Hinweis",
            MessageBoxButtons.OK, MessageBoxIcon.Information);
        }

        private void miInfo_Click(object sender, EventArgs e) {
            MessageBox.Show("Menüpunkt Info wurde ausgewählt",
            "Hinweis", MessageBoxButtons.OK,
            MessageBoxIcon.Information);
        }
    }
}
```

8.7 TrackBar

In diesem Abschnitt beschäftigen wie uns mit dem Steuerelement TrackBar, auch als Schieberegler bekannt.

Auftrag

Ein Programm soll erstellt werden, bei dem mithilfe von drei Schiebereglern die Farbwerte Rot, Grün und Blau im Bereich von 0 bis 255 geändert werden können. Der aktuelle Farbwert der jeweiligen Farbe und ein Mix aus allen drei Farben sollen beim Bewegen der Schieberegler angepasst werden.

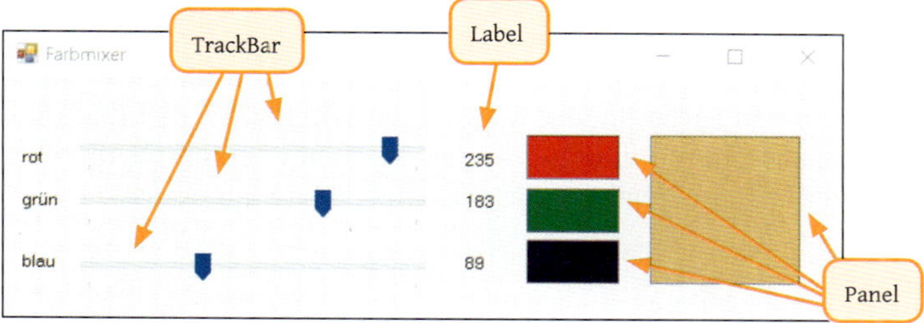

Abb. 8.20: Programm „Schieberegler"

Zur Erstellung der Oberfläche werden u. a TrackBars verwendet. Hier setzen wir den Maximum-Wert auf 255. Dies entspricht dem maximalen Wert, den Rot, Grün oder Blau annehmen können. Da am Anfang alle Schieberegler auf 0 stehen, wird die Hintergrundfarbe aller Panels auf Schwarz gesetzt.

Eigenschaft: frmMain	Wert
Name	frmMain
Text	Farbmixer

Eigenschaft: tbRot	Wert
Name	tbRot
Maximum	255
TickFrequency	0

Eigenschaft: tbGruen	Wert
Name	tbGruen
Maximum	255
TickFrequency	0

Eigenschaft: tbBlau	Wert
Name	tbBlau
Maximum	255
TickFrequency	0

Eigenschaft: lblRot	Wert
Name	lblRot
Text	0

Eigenschaft: lblGruen	Wert
Name	lblGruen
Text	0

Eigenschaft: lblBlau	Wert
Name	lblBlau
Text	0

Eigenschaft: pnlRot	Wert
Name	pnlRot
BorderStyle	FixedSingle
BackColor	Black

Eigenschaft: pnlBlau	Wert
Name	pnlBlau
BorderStyle	FixedSingle
BackColor	Black

Eigenschaft: pnlGruen	Wert
Name	pnlGruen
BorderStyle	FixedSingle
BackColor	Black

Eigenschaft: pnlMix	Wert
Name	pnlMix
BorderStyle	FixedSingle
BackColor	Black

In unserer Klasse verwalten wir jeweils eine Variable für die aktuellen Werte Rot, Grün und Blau. Für jede TrackBar wird im Ereignisfenster eine Methode Scroll erzeugt, welche immer dann aufgerufen wird, wenn der Regler bewegt wird. In diesen Methoden setzen wir nun den aktuellen Farbwert der jeweiligen Farbe, indem wir den aktuellen Wert der TrackBar auslesen. Dieser hat einen Wert zwischen 0 und 255. In der Methode SetzeFarben() wird dann die Hintergrundfarbe der einzelnen Panels an die aktuellen Werte angepasst.

```
using System;
using System.Drawing;
using System.Windows.Forms;
namespace Farbmixer {
    public partial class frmMain : Form {
        private int rot = 0;
        private int gruen = 0;
        private int blau = 0;

        public frmMain() {
            InitializeComponent();
        }

        private void SetzeFarben() {
            pnlRot.BackColor = Color.FromArgb(rot, 0, 0);
            pnlGruen.BackColor = Color.FromArgb(0, gruen, 0);
            pnlBlau.BackColor = Color.FromArgb(0, 0, blau);
            pnlMix.BackColor = Color.FromArgb(rot, gruen, blau);
        }

        private void tbRot_Scroll(object sender, EventArgs e) {
            rot = tbRot.Value;
            lblRot.Text = Convert.ToString(rot);
            SetzeFarben();
        }

        private void tbGruen_Scroll(object sender, EventArgs e) {
            gruen = tbGruen.Value;
            lblGruen.Text = Convert.ToString(gruen);
            SetzeFarben();
        }
```

```
        private void tbBlau_Scroll(object sender, EventArgs e) {
            blau = tbBlau.Value;
            lblBlau.Text = Convert.ToString(blau);
            SetzeFarben();
        }
    }
}
```

8.8 Grafikausgabe

Bis jetzt haben wir uns mit verschiedenen Oberflächenelementen beschäftigt. In diesem Abschnitt wollen wir auf dem Formular etwas zeichnen. Dazu wird GDI+ verwendet. Die GDI+-Bibliothek umfasst eine Reihe von Namespaces, in denen die Typen definiert sind, die die grafischen Routinen für verschiedene Einsatzzwecke bereitstellen. Einige dieser Typen haben wir in den vorangegangenen Kapiteln schon eingesetzt: „Color", „Pen" oder „Brush" seien hier stellvertretend angeführt. Dazu musste der Namespace „System.Drawing" ins Programm eingebunden werden. Dieser Namespace enthält die Grundelemente der Grafikprogrammierung. Eine Klasse dieses Namespaces ist u. a. Graphics. Mit ihrer Hilfe können Linien, Rechtecke und andere Formen auf Steuerelementen gezeichnet werden. Von der Klasse Graphics können keine Objekte gebildet werden. Um auf einem bestimmten Steuerelement zu zeichnen, muss man sich die Referenz auf dessen Graphics-Objekt besorgen. Dazu wird in der Regel die Methode CreateGraphics des entsprechenden Steuerelements verwendet.

Beispiele

Graphics graphics = frmMain.CreateGraphics();
Graphics zeichenflaeche = pnlZeichenflaeche.CreateGraphics();
Graphics g = pictureBox1.CreateGraphics();

Danach kann man mithilfe von verschiedenen Methoden auf dem Element in einem Koordinatensystem zeichnen. Das Standardkoordinatensystem ist wie folgt aufgebaut:

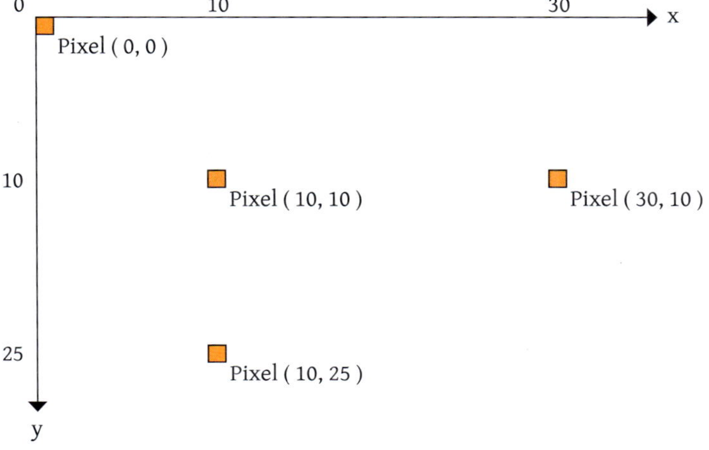

Abb. 8.21: Standardkoordinatensystem

Der Koordinatenursprung befindet sich in der linken oberen Ecke. Die positive x-Achse verläuft nach rechts und die positive y-Achse nach unten. Damit unterscheidet sich dieses Koordinatensystem von einem mathematischen, bei dem die positive y-Achse nach oben verläuft. Die Angabe der Koordinaten erfolgt in der Regel in Pixeln.

Wie erwähnt, stellt die Klasse Graphics verschiedene Methoden zum Zeichnen zur Verfügung, die meistens mehrfach überladen sind. In der Tabelle sind einige wichtige Methoden aufgeführt, die in den folgenden Abschnitten anhand von Beispielen näher erläutert werden.

Methode	Beschreibung
DrawEllipse	Zeichnet eine Ellipse in einem umschließenden Rechteck.
DrawLine	Zeichnet eine Linie zwischen zwei Punkten.
DrawLines	Zeichnet mehrere Linien auf Basis eines Point-Arrays.
DrawPolygon	Zeichnet die Kontur eines Polygons.
DrawRectangle	Zeichnet ein Rechteck anhand der Eckpunkte.
DrawString	Zeichnet eine Zeichenfolge an einer bestimmten Position.
FillEllipse	Zeichnet eine farbgefüllte Ellipse in einem umschließenden Rechteck.
FillPolygon	Zeichnet die farbgefüllte Kontur eines Polygons.
FillRectangle	Zeichnet ein farblich ausgefülltes Rechteck anhand der Eckpunkte.

8.8.1 Linien zeichnen und Text ausgeben

In diesem Abschnitt werden wir unsere erste Grafikausgabe erstellen, indem wir einzelne Linien zeichnen und Text als Grafik ausgeben.

Auftrag

Abb. 8.22: Kreis aus Linien in einem Formular

Ein Programm soll erstellt werden, das auf einem Formular einen Kreis von Linien zeichnet und einen Text ausgibt.

Nachdem wir das Formular erstellt und folgende Werte zugewiesen haben, erstellen wir eine Zeichenfläche.

Eigenschaft: frmMain	Wert
Name	frmMain
Text	Linien

Dazu wird unser Formular im Konstruktor als Zeichenfläche definiert, indem wir uns vom Formular die Referenz auf seine Graphics-Instanz holen.

```
g = this.CreateGraphics();
```

Über das Graphics-Objekt g hat man nun Zugriff auf Methoden, um etwas auf der Zeichenfläche darzustellen. Für unsere Aufgabe benötigen wir erst einmal nur eine Methode zum Zeichnen von Linien und eine Methode, um Text auf der Zeichenfläche auszugeben. Zum Zeichnen der Linie verwenden wir die Methode DrawLine() und zur Ausgabe von Text die Methode DrawString(). Beide Methoden sind mehrfach überladen. Wir schauen uns nur jeweils die Methode an, die wir später im Programm verwenden werden.

```
void DrawLine(Pen pen, int x1, int y1, int x2, int y2)
```

Parameter	Beschreibung
pen	Stift, der Farbe, Breite und Stil der Linie bestimmt
x1	X-Koordinate des Anfangspunkts der Linie
y1	Y-Koordinate des Anfangspunkts der Linie
x2	X-Koordinate des Endpunkts der Linie
y2	Y-Koordinate des Endpunkts der Linie

Beim Stift werden wir nur die Farbe setzen und verwenden dafür die Klasse Pens, welche Stifte für alle Standardfarben zur Verfügung stellt.

Beispiele

g.DrawLine(Pens.Red, 10, 10, 20, 20);
g.DrawLine(Pens.Green, 100, 12, 25, 41);

Für die Textausgabe wird folgende Methode verwendet:

```
void DrawString(string s, Font font, Brush brush, float x, float y);
```

Parameter	Beschreibung
s	Zu zeichnende Zeichenfolge
font	Legt Schriftart und Größe fest
brush	Legt den Pinsel fest, mit dem gezeichnet wird
x	X-Koordinate des Anfangspunkts der Zeichenfolge
y	Y-Koordinate des Anfangspunkts der Zeichenfolge

Als Schriftart wird Arial in der Größe 10 verwendet. Dazu erzeugen wir uns ein neues Font-Objekt:

```
new Font("Arial", 10)
```

Beim Pinsel verwenden wir die Klasse Brushes, die Pinsel für alle Standardfarben zur Verfügung stellt.

Zur Umsetzung der Aufgabe implementieren wir drei eigene Methoden. Die erste zeichnet mithilfe einer Schleife einen Kreis von Linien. Um die einzelnen Koordinaten zu berechnen, sind Sinus- bzw. Cosinus-Funktionen vonnöten. Diese finden wir in der Math-Klasse von C#. Als Übergabeparameter erwarten beide einen Winkel im Bogenmaß. Da wir aber in der Schleife mit Grad arbeiten, müssen die Werte ins Bogenmaß umgewandelt werden. Dazu dient die Funktion

```
private double ConvertDegreesToRadians(double degrees) {…}
```

Die dritte Funktion schreibt einen Text auf die Zeichenfläche. Sie wird in der Paint-Methode vom Formular aufgerufen. Die Paint-Methode zeichnet das entsprechende Oberflächenelement neu und wird immer implizit aufgerufen, wenn das Fenster neu zu zeichnen ist oder das Neuzeichnen durch Repaint() ausgelöst wird. Um die Paint-Methode nutzen zu können, müssen wir im Ergebnisfenster des Formulars unter dem Ereignis „Paint“ die Methode

```
private void frmMain_Paint(object sender, PaintEventArgs e) {…}
```

durch einen Doppelklick generieren. Hier werden dann unsere Zeichnen-Methoden aufgerufen. Der komplette Quelltext sieht wie folgt aus:

```
using System;
using System.Drawing;
using System.Windows.Forms;
namespace Linien {
    public partial class frmMain : Form {

        private Graphics g = null;

        public frmMain() {
            InitializeComponent();
            g = this.CreateGraphics();
        }

        private void ZeichneLinien() {
            int laenge = 50;
            int x2 = 0; int y2 = 0;
            for (int i = 0; i < 360; i += 15) {
                y2 = 100 - (int)(Math.Sin(ConvertDegreesToRadians(i))
                    * laenge);
                x2 = 150 - (int)(Math.Cos(ConvertDegreesToRadians(i))
                    * laenge);
```

```
                g.DrawLine(Pens.Black, 150, 100, x2, y2);
            }
        }

        private double ConvertDegreesToRadians(double degrees) {
                return (Math.PI / 180) * degrees;
        }

        private void SchreibeText() {
            g.DrawString("Die erste Zeichnung", new Font("Arial", 10),
                        Brushes.Coral, 100, 170);
        }

        private void frmMain_Paint(object sender, PaintEventArgs e) {
            ZeichneLinien();
            SchreibeText();
        }
    }
}
```

8.8.2 Rechtecke, Dreiecke und Ellipsen

In diesem Abschnitt werden wir weitere grundlegende Grafikfunktionen kennenlernen. Es werden ausgefüllte und nicht ausgefüllte Rechtecke, Quadrate, Ellipsen, Kreise und Dreiecke gezeichnet.

Auftrag

Ein Programm soll erstellt werden, bei dem mithilfe von RadioButtons das ausgewählte Grafikobjekt auf dem Formular gezeichnet wird.

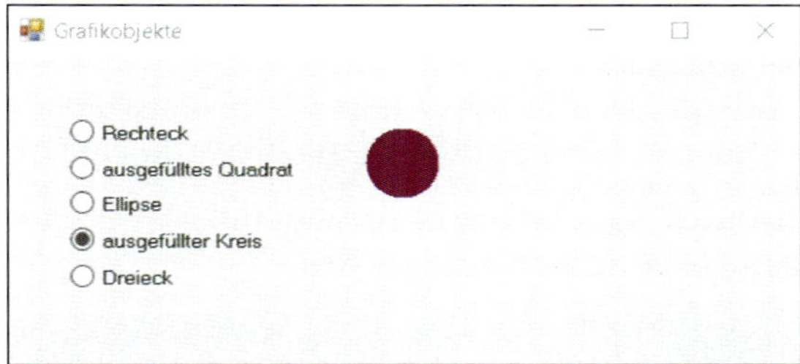

Abb. 8.23: Programm „Grafikobjekte“

Bevor mit dem Zeichnen begonnen wird, erstellen wir die Oberfläche mit folgenden Komponenten:

Eigenschaft: frmMain	Wert
Name	frmMain
Text	Taschenrechner

Eigenschaft: rbRechteck	Wert
Name	rbRechteck
Text	Rechteck
Checked	True

Eigenschaft: rbQuadrat	Wert
Name	rbQuadrat
Text	ausgefülltes Quadrat

Eigenschaft: rbEllipse	Wert
Name	rbEllipse
Text	Ellipse

Eigenschaft: rbKreis	Wert
Name	rbKreis
Text	ausgefüllter Kreis

Eigenschaft: rbDreieck	Wert
Name	rbDreieck
Text	Dreieck

Nachdem wir wieder die Zeichenfläche g erstellt haben, können wir das Zeichnen der verschiedenen Grafikobjekte in Angriff nehmen. Grundsätzlich werden ausgefüllte und nicht ausgefüllte Grafikobjekte unterschieden. Methoden zum Zeichnen von nicht ausgefüllten Grafikobjekten beginnen mit „Draw", Methoden zum Zeichnen von ausgefüllten Grafikobjekten mit „Fill".

Beispiele

DrawRectangle(...)
FillRectangle(...)

Jetzt sehen wir uns die Methoden der Klasse Graphics, die wir zur Lösung der Aufgabe benötigen, näher an.

1 **Zeichnen eines Rechtecks bzw. eines Quadrats**

```
void DrawRectangle(Pen pen, int x, int y, int width, int height);
void FillRectangle(Brush brush, int x, int y, int width, int height);
```

Beide Methoden unterscheiden sich dadurch, dass bei der nicht ausgefüllten Variante ein Pen und bei der ausgefüllten Variante ein Brush übergeben wird.

Parameter	Beschreibung
pen bzw. brush	Stift bzw. Pinsel, mit dem u. a. die Farbe des Grafikobjekts festgelegt wird
x	x-Koordinate des linken oberen Punkts
y	y-Koordinate des linken oberen Punkts
width	Breite des Rechtecks in Pixeln
height	Höhe des Rechtecks in Pixeln

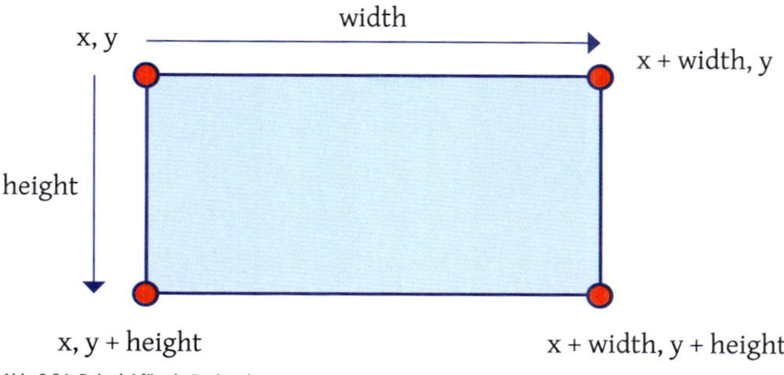

Abb. 8.24: Beispiel für ein Rechteck

Bei Quadraten sind die Werte für die Breite und die Höhe gleich groß.

Beispiele

```
g.DrawRectangle(Pens.Black, 0, 0, 100, 100);
g.FillRectangle(Brushes.Blue, 20, 81, 50, 150);
```

2 **Zeichnen einer Ellipse bzw. eines Kreises**

```
void DrawEllipse(Pen pen, int x, int y, int width, int height);
void FillEllipse(Brush brush, int x, int y, int width, int height);
```

Die Ellipse wird innerhalb des angegebenen Rechtecks gezeichnet. Auch hier unterscheiden sich beide Methoden dadurch, dass bei der nicht ausgefüllten Variante ein Pen und bei der ausgefüllten Variante ein Brush übergeben wird.

Parameter	Beschreibung
pen bzw. brush	Stift bzw. Pinsel, mit dem u. a. die Farbe des Grafikobjekts festgelegt wird
x	x-Koordinate des linken oberen Punkts
y	y-Koordinate des linken oberen Punkts
width	Breite des Rechtecks in Pixeln
height	Höhe des Rechtecks in Pixeln

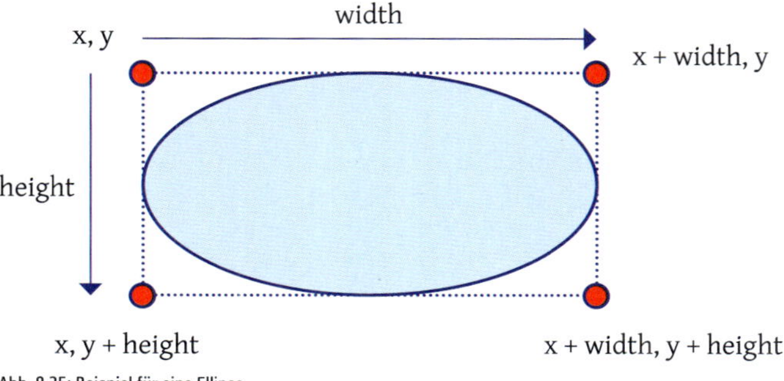

Abb. 8.25: Beispiel für eine Ellipse

Bei Kreisen sind die Werte für die Breite und die Höhe gleich groß.

Beispiele

```
g.DrawEllipse(Pens.Green, 0, 0, 100, 100);
g.FillEllipse(Brushes.Yellow, 20, 81, 50, 150);
```

3 Zeichnen eines Dreiecks

Für das Zeichnen eines Dreiecks steht keine direkte Methode zur Verfügung. Hier kann die Methode

```
void DrawLines(Pen pen, Point[] points);
```

verwendet werden. Ihr wird eine Liste mit Punkten übergeben, die durch Linien miteinander verbunden werden.

Parameter	Beschreibung
pen	Stift, mit dem u. a. die Farbe des Grafikobjekts festgelegt wird
points	Array mit den Punkten, die verbunden werden sollen

Hiermit können wir uns nun ein Dreieck konstruieren, indem wir ein Array mit vier Punkten erzeugen. Dabei sind der Anfangs- und der Endpunkt gleich.

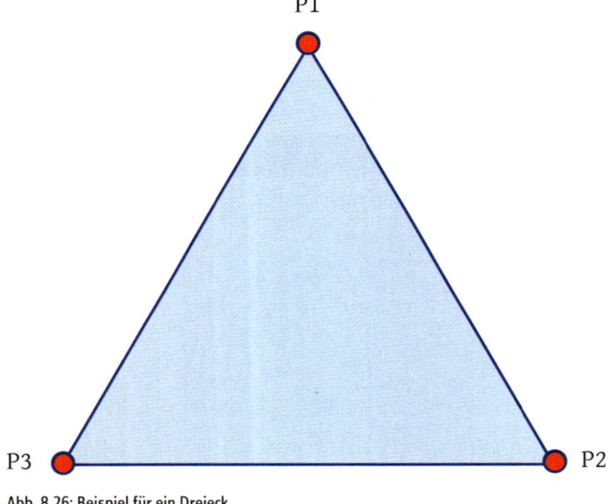

Abb. 8.26: Beispiel für ein Dreieck

```
Point[] points = { new Point(P1.x,P1.y), new Point(P2.x,P2.y),
        new Point(P3.x,P3.y), new Point(P1.x,P1.y) };

g.DrawLines(Pens.Orange, points);
```

Nun können wir auf Ereignisse reagieren und das entsprechende Objekt zeichnen. Allerdings würden neue Grafikobjekte über alte gezeichnet werden. Wenn das neue Grafikobjekt dabei die bisherige Zeichnung nicht vollständig überdeckt, sieht das Ergebnis unschön aus. Um diesen Effekt zu verhindern, werden wir vor dem Zeichnen des neuen Objekts das alte „löschen". Dazu überdecken wir das alte Objekt mit einem ausgefüllten Rechteck, das die Hintergrundfarbe des Formulars hat.

```
g.FillRectangle(new SolidBrush(this.BackColor), 220, 30, 150, 100);
```

Hier können wir keinen vordefinierten Brush verwenden, sondern müssen uns ein neues Objekt mit der Hintergrundfarbe des Formulars erzeugen. Das fertige Programm sieht dann wie folgt aus:

```
using System;
using System.Drawing;
using System.Windows.Forms;
namespace Grafikobjekte {
    public partial class frmMain : Form {

        private Graphics g = null;

        public frmMain() {
            InitializeComponent();
            g = this.CreateGraphics();
        }

        private void ZeichneObjekt() {
            g.FillRectangle(new SolidBrush(this.BackColor), 220, 30,
                            150, 100);
            if (rbRechteck.Checked) {
                g.DrawRectangle(Pens.Red, 250, 50, 70, 50);
            }
            if (rbQuadrat.Checked) {
                g.FillRectangle(Brushes.Blue, 250, 50, 50, 50);
            }
            if (rbEllipse.Checked) {
                g.DrawEllipse(Pens.Green, 250, 50, 70, 50);
            }
            if (rbKreis.Checked) {
                g.FillEllipse(Brushes.Purple, 250, 50, 50, 50);
            }
            if (rbDreieck.Checked) {
                Point[] points = { new Point(275,50),
                                   new Point(300,100),
                                   new Point(250,100),
                                   new Point(275,50) };
                g.DrawLines(Pens.SaddleBrown, points);
            }
        }
```

```
        private void rbRechteck_Click(object sender, EventArgs e) {
            ZeichneObjekt();
        }

        private void rbQuadrat_Click(object sender, EventArgs e) {
            ZeichneObjekt();
        }

        private void rbEllipse_Click(object sender, EventArgs e) {
            ZeichneObjekt();
        }

        private void rbKreis_Click(object sender, EventArgs e) {
            ZeichneObjekt();
        }

        private void rbDreieck_Click(object sender, EventArgs e) {
            ZeichneObjekt();
        }

        private void frmMain_Paint(object sender, PaintEventArgs e) {
            ZeichneObjekt();
        }
    }
}
```

8.9 Aufgaben

Entwickeln Sie für alle Aufgaben eine Windows-Forms-Anwendung. Die Bilder sind nur Gestaltungsvorschläge und können individuell angepasst werden.

1 Durch Betätigen des Berechnen-Buttons soll der Durchschnittswert der vier Umsätze berechnet werden.

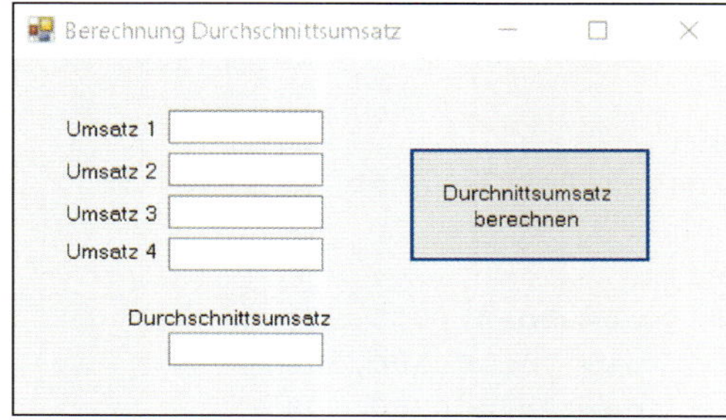

2 In einer ComboBox stehen verschiedene Farben zur Auswahl. Bei Auswahl einer Farbe wird die Hintergrundfarbe des Formulars entsprechend angepasst.

3 Entwerfen Sie eine Schaltung eines Grundstromkreises in einem Grafikprogramm und speichern Sie die Schaltung als Bild ab. Binden Sie dieses Bild nun ins Formular ein. Je nachdem, welche beiden Werte gegeben sind, soll entweder der Widerstand, die Spannung oder die Stromstärke berechnet werden.

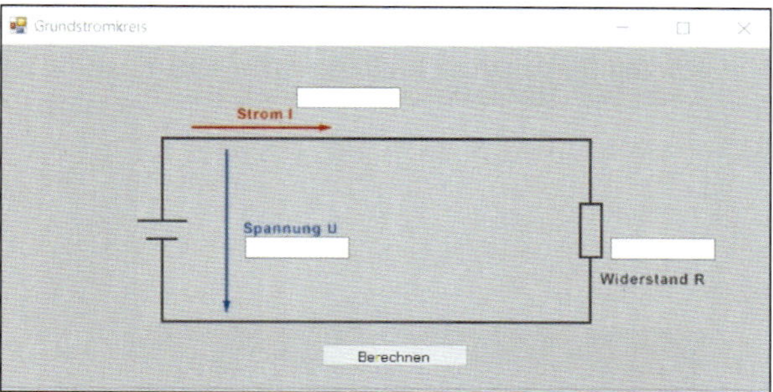

Erweitern Sie die Aufgabe so, dass Sie eine Reihen- oder Parallelschaltung als Bild einbinden und die Werte berechnet werden können.

4 Entwerfen Sie ein Formular mit vier GroupBoxen, welche jeweils drei RadioButtons enthalten (siehe Bilder). Beim Drücken des Buttons soll eine entsprechend gestaltete MessageBox erscheinen.

5 Geben Sie jeweils den Tag, den Monat und das Jahr ein. Nach dem Drücken des Buttons soll eine MessageBox ausgegeben werden, die anzeigt, ob das Datum korrekt ist oder nicht.

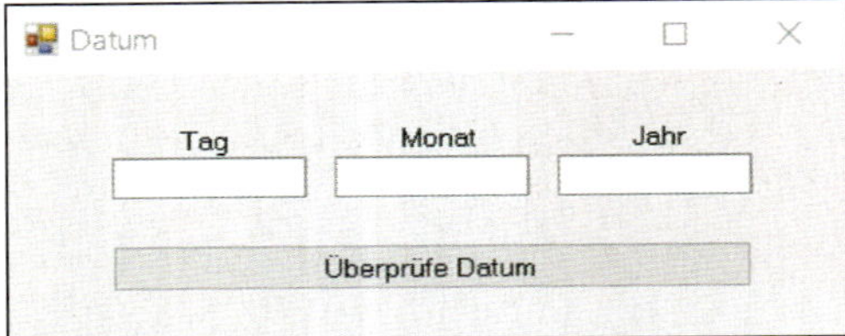

Erweitern Sie das Programm so, dass bei einem falschen Datum auch der oder die Fehler angezeigt werden.

6 Entwerfen Sie eine digitale Schaltung mithilfe eines Grafikprogramms und speichern Sie die Schaltung als Bild ab. Setzen Sie vor jeden Eingang eine CheckBox und hinter jeden Ausgang ein Panel. Bei einem Signal soll das Panel die Farbe Grün haben, ansonsten Rot. Durch das Anklicken der CheckBoxen sollen sich die Ausgangssignale an die aktuellen Eingangssignale anpassen.

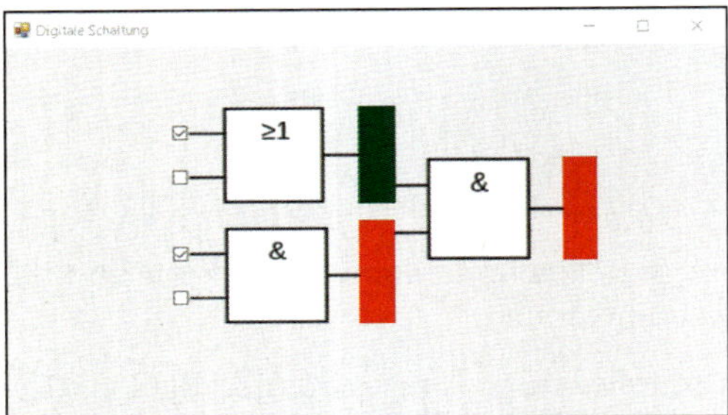

7 Entwickeln Sie einen Taschenrechner nach folgender Vorlage:

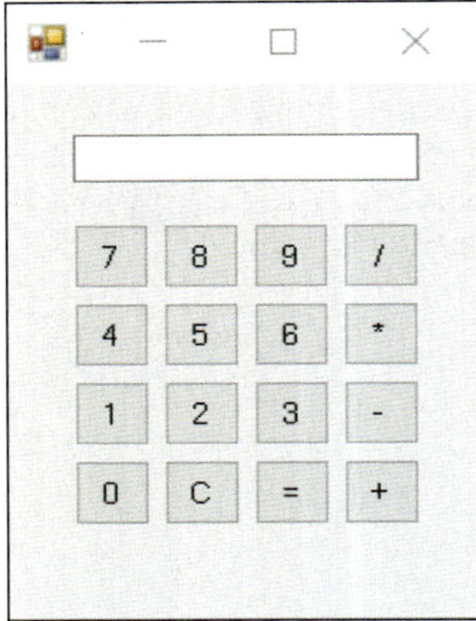

8 Schreiben Sie ein Programm, das 100 Punkte an zufälligen Stellen in einer zufälligen Farbe ausgibt.

9 Zeichnen Sie mithilfe der Grafikfunktionen folgendes Bild auf dem Formular:

10 Zeichnen Sie mithilfe der Grafikfunktionen folgendes Diagramm und die entsprechenden Kurven auf das Formular. Beschriften Sie die Achsen vollständig.

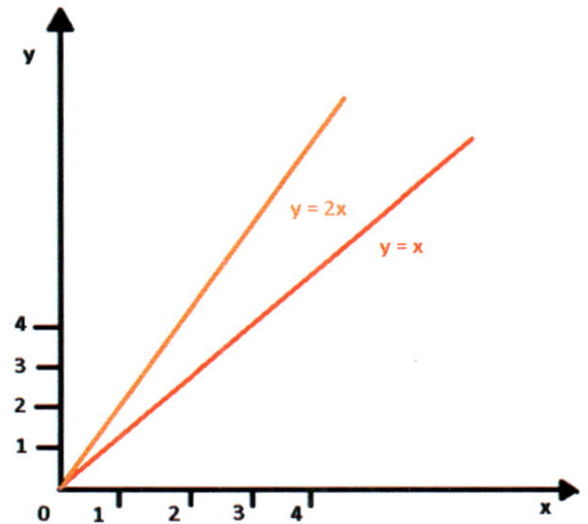

Erweitern Sie das Programm, indem zusätzlich noch die Kurve der Funktion $y = x^2$ berechnet und eingezeichnet wird.

9 Exception-Handling

Es ist nicht zu vermeiden, dass beim Programmieren Fehler entstehen. Logische Fehler lassen sich durch Testen des Programms finden und im Anschluss beseitigen. Schwieriger wird es mit Fehlern, die nicht vorhersagbar sind (z. B. falsche Benutzereingaben).C# bietet die elegante Methode der Exceptions, um mit Fehlern flexibel umzugehen.

Werden z. B. in der Programmiersprache C Routinen aufgerufen, dann haben Sie als Programmierer keine andere Möglichkeit, als über den Rückgabetyp (auch Ergebnistyp genannt) ein Fehlschlagen anzugeben. Dieser Fehlercode ist häufig -1 wogegen NULL oder 0 Korrektheit anzeigt. Die Abfrage dieser Werte ist nicht mehr zeitgemäß und wird oftmals unterlassen, zumal man meistens davon ausgeht, dass ein Fehler in dieser Situation gar nicht auftreten kann – und diese Annahme kann ein grober Fehler sein. Zudem wird der Programmfluss durch Abfragen der Returncodes unangenehm unterbrochen, da auch der Rückgabetyp, wenn er nicht gerade einen Fehler anzeigt, weiterverwendet wird. Der Rückgabetyp ist also im weitesten Sinne überladen, da er zwei Zustände anzeigt. Das Konzept der Exceptions ermöglicht wesentlich mehr als einen Rückgabetyp, da Objekte erzeugt werden, die das Fehlverhalten genau beschreiben.

Im folgenden Kapitel wird gezeigt, wie Exceptions erzeugt, abgefangen und in Klassen eingebettet werden können.

9.1 Fehlerbehandlung mit try – catch – finally

Durch Exceptions wird der Programmfluss nicht durch Abfrage der Fehlercodes unterbrochen, sondern ein besonders ausgezeichneter Block übernimmt beim Aufkommen eines Fehlers die Kontrolle. Ein überwachter Block wird durch das Schlüsselwort try eingeleitet und durch catch beendet. Hinter catch folgt der Programmblock, der dann wichtig wird, wenn der Fehler „gefangen" wird. Somit umgibt dieser try-/catch-Block einen Bereich, in dem Fehler abgefangen und behandelt werden.

Syntax:
Exception Handling

```
try
{
      Anweisung1;
      Anweisung2;
      …
}
```

```
catch( Exception  )
{
      // Behandlung der Exception
}
finally
{
      // dieser Block wird immer durchlaufen, egal ob
      // eine Exception auftritt oder nicht. Er ist aber
      // optional
}
```

Beispiel

```
try {
   double x = Convert.ToDouble(Console.ReadLine());
} catch ( Exception ex ) {
   Console.WriteLine(ex.Message);
} finally {
   Console.ReadKey();
}
```

Auftrag

In einem Windows-Forms-Programm sollen in zwei Textfelder Zahlen eingegeben, addiert und ausgegeben werden. Fehleingaben sollen abgefangen werden.

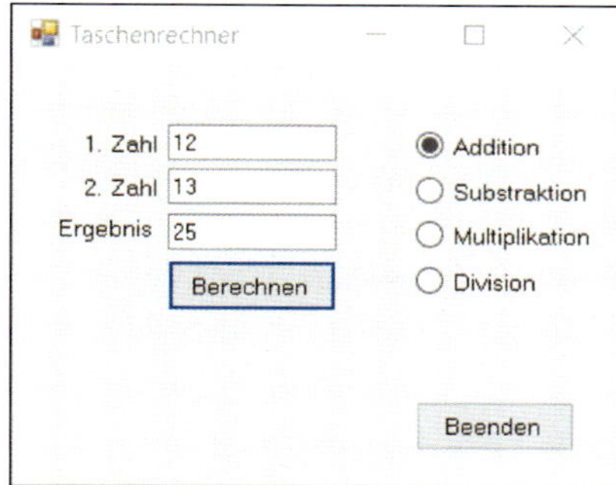

Abb. 9.1: Beispiel Taschenrechner

Diese Art von Aufgabe ist schon aus früheren Kapiteln bekannt. Nur sind wir bisher stillschweigend davon ausgegangen, dass der Benutzer alle Daten korrekt eingibt. Wurde ein Text anstatt einer Zahl eingeben, ist das Programm beim Berechnen abgestürzt, da ein Text nicht in eine Gleitkommazahl umgewandelt werden kann. Dies wollen wir nun ändern und eine Fehlermeldung ausgeben. Ausgangslage ist wieder der Taschenrechner aus dem letzten Kapitel.

Hier passen wir nun den Quellcode ein wenig an, indem wir die Berechnung in einen try-/catch-Block kapseln. Der Rest des Quellcodes ist im vorherigen Kapitel zu finden.

try-Block

catch-Block

```
private void btnBerechnen_Click(object sender, EventArgs e) {
  try {
        double zahl1 = Convert.ToDouble(txtZahl1.Text);
        double zahl2 = Convert.ToDouble(txtZahl2.Text);
        double ergebnis = 0.0;

        if (rbAddition.Checked) {
            ergebnis = zahl1 + zahl2;
        }
        if (rbSubtraktion.Checked) {
            ergebnis = zahl1 - zahl2;
        }
        if (rbMultiplikation.Checked) {
            ergebnis = zahl1 * zahl2;
        }
        if (rbDivision.Checked) {
            ergebnis = zahl1 / zahl2;
        }

        txtErgebnis.Text = Convert.ToString(ergebnis);
    } catch (Exception ex) {
        MessageBox.Show(ex.Message, "Warnung",
        MessageBoxButtons.OK);
    }
}
```

Tritt ein Fehler auf, wird dieser im try-Block abgefangen und im catch-Block bearbeitet. In diesem Fall wird eine MessageBox mit dem Fehler, der aufgetreten ist, angezeigt. Danach werden die nächsten Anweisungen ausgeführt. Ein try-Block kann mehrere catch-Klauseln enthalten, um verschiedene Fehlertypen aufzufangen.

```
private void btnBerechnen_Click(object sender, EventArgs e) {
   try {
        double zahl1 = Convert.ToDouble(txtZahl1.Text);
        double zahl2 = Convert.ToDouble(txtZahl2.Text);
        double ergebnis = 0.0;

        if (rbAddition.Checked) {
            ergebnis = zahl1 + zahl2;
        }
        if (rbSubtraktion.Checked) {
            ergebnis = zahl1 - zahl2;
        }
        if (rbMultiplikation.Checked) {
            ergebnis = zahl1 * zahl2;
        }
        if (rbDivision.Checked) {
            ergebnis = zahl1 / zahl2;
        }
```

mehrere catch-Blöcke

```
            txtErgebnis.Text = Convert.ToString(ergebnis);
        } catch (NotFiniteNumberException ex) {
            MessageBox.Show(ex.Message, "Warnung",
                            MessageBoxButtons.OK);
        } catch (DivideByZeroException ex) {
            MessageBox.Show(ex.Message, "Warnung",
                            MessageBoxButtons.OK);
        } catch (Exception ex) {
            MessageBox.Show(ex.Message, "Warnung",
                            MessageBoxButtons.OK);
        }

    }
```

Tritt ein Fehler auf, wird die Abarbeitung der Programmzeilen sofort unterbrochen und das Laufzeitsystem steuert die erste catch-Klausel an. Wenn die erste nicht auf den Fehler passt, werden der Reihe nach alle catch-Anweisungen bearbeitet, bis die erste Übereinstimmung greift. Im Quellcode sollte daher nicht die letzte catch-Anweisung zuerst stehen, da diese auf jeden Fehler passt.

Eine Übersicht über vordefinierte Exceptions in C# ist in der folgenden Tabelle zu finden.

Exception Klasse	Grund für die Exception
SystemException	Basisklasse für andere Klassen; prüft auf Laufzeitfehler
AccessException	Zugriff auf Elemente eines Typs wurden verweigert z. B. auf Methoden oder Felder
ArgumentException	Übergabeparameter ungültig
ArgumentNullException	Übergabeparameter ist Null
ArgumentOutOfRangeException	Übergabeparameter liegt außerhalb des Bereichs
ArithmeticException	Arithmetik-, Umwandlungs- oder Konvertierungsfehler
ArrayTypeMismatchException	Versuch, ein Element des falschen Typs in einem Array zu speichern
BadImageFormatException	Image hat das falsche Format
CoreException	Basisklasse für Laufzeitfehler
DevideByZeroException	Division durch 0
FormatException	Format eines Arguments ist ungültig
IndexOutofRangeException	Array-Index liegt außerhalb des gültigen Bereichs
InvalidCastException	Wird bei einer ungültigen Umwandlung oder expliziten Konvertierung ausgelöst
InvalidOperationException	Eine Methode wurde zu einer ungültigen Zeit ausgelöst.
MissingmemberException	Ungültige Version einer DLL
NotFiniteException	Zahl ist ungültig
NotSupportedException	Aufgerufene Methode wird nicht unterstützt
NullReferenceException	Versuch, einen Verweis auf ein NULL-Objekt zu dereferenzieren
OutofmemoryException	Nicht genug Speicherplatz
StackOverFlowException	Stacküberlauf

Da bei einer Exception sofort in den catch-Block gesprungen wird, werden in der Regel einige Anweisungen im try-Block nicht mehr abgearbeitet. Wenn bestimmte Anweisungen aber unbedingt ausgeführt werden müssen, können diese in einem finally-Block direkt nach den catch-Blöcken implementiert werden. Der finally-Block wird immer ausgeführt, egal ob eine Exception ausgelöst wurde oder nicht. Nachfolgend ein kleines Beispiel, diesmal als Konsolenanwendung:

```
using System;
namespace FinallyBeispiel {
    class Program {
        static void Main(string[] args) {
            try {
                Console.Title = "Finally Beispiel";
                Console.WriteLine("Geben sie eine ganze Zahl ein");
                int eingabe = Convert.ToInt32(Console.ReadLine());
                Console.WriteLine("Sie haben korrekt folgende ganze
                                  Zahl eingegeben: "
                                       + eingabe);
            } catch (Exception ex) {
                Console.WriteLine("Die Eingabe war nicht korrekt : "
                                     + ex.Message);
            } finally {
                Console.WriteLine();
                Console.WriteLine("Der finally-Block wird immer
                                  ausgeführt!");
                Console.WriteLine();
                Console.WriteLine("Drücken Sie eine beliebige Taste
                                  ...");
                Console.ReadKey();
            }
        }
    }
}
```

Die Ausgabe bei einer falschen Eingabe sieht folgendermaßen aus:

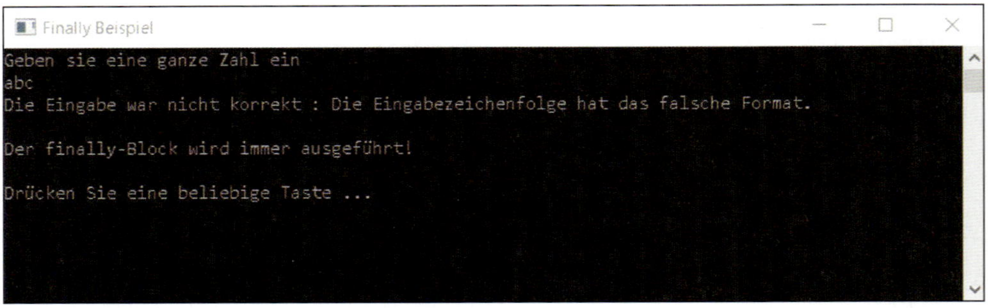

```
Finally Beispiel
Geben sie eine ganze Zahl ein
abc
Die Eingabe war nicht korrekt : Die Eingabezeichenfolge hat das falsche Format.

Der finally-Block wird immer ausgeführt!

Drücken Sie eine beliebige Taste ...
```

Abb. 9.2: Ausgabe bei falscher Eingabe

9.2 Exceptions werfen

Bisher wurden Exceptions lediglich aufgefangen, aber noch nicht selbst erzeugt. Routinen, die durch Exceptions ein Misslingen einer Operation anzeigen, finden sich im Laufzeitsystem oder in den Standardroutinen zu Genüge. Muss aber eine Funktion selbst eine Exception auslösen, kann ein Exception-Objekt erzeugt werden. In C# gibt es dafür das Schlüsselwort throw.

Syntax:
Exception werfen

```
throw new Exceptionklasse(…);
```

Beispiele

throw new Exception();
throw new Exception("Es ist folgender Fehler aufgetreten …");

Auftrag

In ein Konsolenprogramm soll ein Text eingeben werden. Wenn der Text aus mehr als 15 Zeichen besteht, soll eine Exception ausgelöst werden.

```
using System;
namespace ThrowBeispiel {
    class Program {
        static void Main(string[] args) {
            try {
                Console.Title = "Throw Beispiel";
                Console.WriteLine("Geben sie einen Text mit max.
                                  15 Zeichen ein:");
                string text = Console.ReadLine();
                if (text.Length > 15) {
                    throw new Exception("Der Text hat mehr als 15
                                        Zeichen");
                }
                Console.WriteLine("Die Eingabe ist ok: " + text);
            } catch (Exception ex) {
                Console.WriteLine("Die Eingabe war nicht korrekt : "
                                  + ex.Message);
```

Werfen einer Exception

```
            } finally {
                Console.WriteLine();
                Console.WriteLine("Drücken Sie eine beliebige Taste
                          ...");
                Console.ReadKey();
            }
        }
    }
}
```

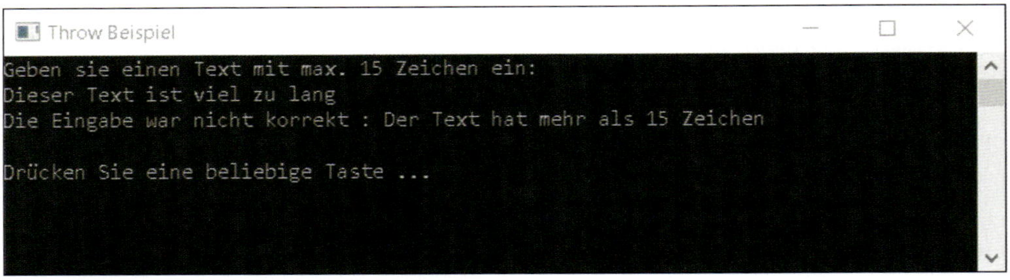

```
Throw Beispiel
Geben sie einen Text mit max. 15 Zeichen ein:
Dieser Text ist viel zu lang
Die Eingabe war nicht korrekt : Der Text hat mehr als 15 Zeichen

Drücken Sie eine beliebige Taste ...
```

Abb. 9.3: Ausgabe bei Text, der mehr als 15 Zeichen enthält

9.3 Neue Exception-Klassen definieren

Möchte man auf Fehler noch besser reagieren, sollte man eigene Exception-Klassen definieren. Dazu muss man seine Exception-Klasse immer von der Klasse ApplicationException ableiten, welche im Namensraum „System" zu finden ist. Im nachfolgenden Beispiel erstellen wir eine neue Exception-Klasse, die zum Einsatz kommt, wenn ein Grenzwert überschritten wurde.

```
using System;
namespace EigeneExceptionklasse {
    class GrenzwertException : ApplicationException {
        public GrenzwertException() : base() {
        }

        public GrenzwertException(string message): base(message) {
        }
    }
}
```

Diese Klasse wird nun im Hauptprogramm verwendet.

```
using System;
namespace EigeneExceptionklasse {
    class Program {
        static void Main(string[] args) {
            try {
                Console.Title = "Eigene Exception Beispiel";
                Console.WriteLine("Geben sie eine ganze Zahl ein");
                int eingabe = Convert.ToInt32(Console.ReadLine());
                if (eingabe > 20) {
                    throw new GrenzwertException("Der Grenzwert
                                20 wurde überschritten");
                }
                Console.WriteLine("Sie haben korrekt folgende ganze
                                Zahl eingegeben: " + eingabe);
            } catch (GrenzwertException ex) {
                Console.WriteLine("Die Eingabe war nicht korrekt : "
                                + ex.Message);
            } catch (Exception ex) {
                Console.WriteLine("Die Eingabe war nicht korrekt : "
                                  + ex.Message);
            } finally {
                Console.WriteLine("Drücken Sie eine beliebige Taste
                                ...");
                Console.ReadKey();
            }
        }
    }
}
```

Werfen einer Grenzwert-Exception

Abfangen einer Grenzwertexception

9.4 Aufgaben

1 Erweitern Sie das Programm zum Überprüfen der Datumsangabe (Kapitel 8.9, Aufgabe 5) so, dass alle fehlerhaften Eingaben abgefangen und angezeigt werden.

2 Schreiben Sie ein Programm, welches eine IndexOutOfRangeException erzeugt und abfängt.

10 Arbeiten mit Strings (Textverarbeitung)

Der wohl am häufigsten verwendete Datentyp ist string. Eigentlich ist ein String eine Klasse, die sich nach außen hin aber wie ein Wertetyp verhält. Diese Klasse enthält eine nicht veränderbare Kette von Unicode-Zeichen. Jedes einzelne Zeichen dieser Zeichenkette wird durch den Datentyp char repräsentiert und hat eine Größe von zwei Byte. Da es sich um eine Klasse handelt, stehen auch Methoden zur Verfügung, um mit dieser Zeichenkette zu arbeiten. Einige davon werden wir in diesem Abschnitt kennenlernen.

10.1 Initialisierung und Zugriff auf einzelne Zeichen

Die Initialisierung eines Strings erfolgt wie die Initialisierung eines Wertetyps durch einfache Zuweisung eines Werts. Dies ist schon aus den vorangegangenen Kapiteln des Buchs bekannt. Dabei wird ein String-Literal immer in doppelten Anführungszeichen angegeben.

Beispiele

```
string name = "Lehmann";
string s = "Hallo";
```

Da es sich beim String aber auch um eine Klasse handelt, kann man zum Initialisieren auch den Konstruktor benutzen.

Beispiele

```
string name = new String("Lehmann");
string s = new String("Hallo");
```

Obwohl es sich beim C#-String nicht um ein Array aus char-Zeichen handelt, sondern um einen eigenen Datentyp, kann auf die einzelnen Zeichen durch Angabe des Index zugegriffen werden. Diese werden dann als Wert vom Datentyp char zurückgegeben. Allerdings kann der Wert des Zeichens nur gelesen, aber nicht verändert werden. Dies muss durch entsprechende Methoden geschehen.

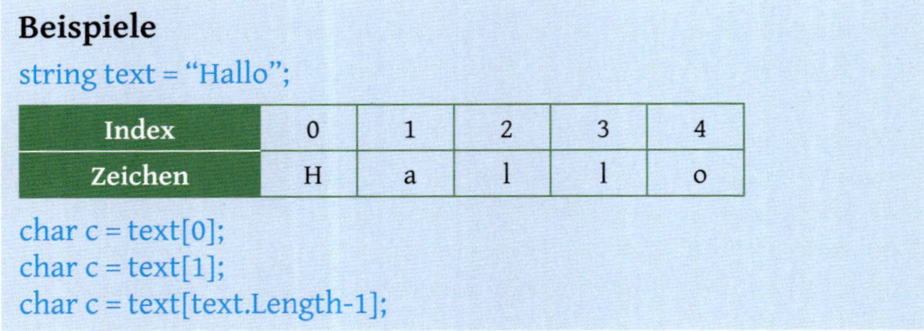

Beispiele

```
string text = "Hallo";
```

Index	0	1	2	3	4
Zeichen	H	a	l	l	o

```
char c = text[0];
char c = text[1];
char c = text[text.Length-1];
```

Der Index der Zeichenkette beginnt bei 0 und das letzte Zeichen hat den Index [Anzahl der Zeichen des Strings -1]. Die Anzahl der Zeichen eines Strings kann durch Length ermittelt werden. Damit beschäftigen wir uns im nachfolgenden Abschnitt.

10.2 Länge eines Strings ermitteln (Length)

Mit Length kann die Anzahl der Zeichen eines Strings ermittelt werden. Leerzeichen werden dabei mitgezählt. Im Beispiel hat die Variable „anzahl" am Ende den Wert 10.

Beispiel

```
string s = "Hallo Welt";
int anzahl = s.Length;
```

Auftrag

Ein Programm soll erstellt werden, in das ein Text eingegeben werden kann und das danach die Anzahl der Zeichen des Textes ausgibt.

Die eigentliche Ermittlung der Zeichenanzahl erfolgt in der Methode btnAusfuehren_Click(). Dabei ist zu beachten, dass alle Ausgaben in einer TextBox als Text zu erfolgen haben, auch wenn es sich um Zahlen handelt. Deswegen muss noch das Ergebnis von Length in einen String konvertiert werden.

Länge eines Strings
Text: Hallo
Länge: 5
Zeige Länge

Abb. 10.1: Ausgabe „Zeige Länge"

Eigenschaft: frmMain	Wert
Name	frmMain
Text	Länge eines Strings

Eigenschaft: btnAusfuehren	Wert
Name	btnAusfuehren
Text	Zeige Länge

Eigenschaft: txtText	Wert
Name	txtText

Eigenschaft: txtLaenge	Wert
Name	txtLaenge

Eigenschaft:	Wert
label1: Text	Text
label2: Text	Länge

```
using System;
using System.Windows.Forms;
namespace StringsLaengeErmitteln {
    public partial class frmMain : Form {
        public frmMain() {
            InitializeComponent();
        }
```

```
        private void btnAusfuehren_Click(object sender, EventArgs e) {
            string text = txtText.Text;
            txtLaenge.Text = Convert.ToString(text.Length);
        }
    }
}
```

10.3 Zeichen einfügen (Insert)

Möchte man Zeichen in einen String einfügen, verwendet man den Befehl

```
string Insert(int startIndex, string value)
```

Parameter	Beschreibung
`startIndex`	Position, an der die Zeichen eingefügt werden sollen
`value`	Zeichen, die eingefügt werden sollen

Dabei werden an der Position von „startIndex“ die Zeichen, die in „value“ stehen, eingefügt. Der neue zusammengesetzte String wird dann von der Methode zurückgegeben. Dabei sollte der Wert für „startIndex“ unbedingt zwischen 0 und der Länge des Strings liegen. Ansonsten kommt es zu einem Fehler. Wird als „startIndex“ die Länge des Strings gewählt, werden die neuen Zeichen hinten angehängt. Dafür wird dieser Befehl in der Regel aber nicht verwendet, da das Anhängen eleganter mit dem +-Operator geschehen kann.

Beispiele

string s = "Hallo";
string s1 = "Welt";
string neu = s.Insert(6,s1); oder
string neu = s + s1;

Auftrag

Ein Programm soll erstellt werden, in das ein Text, ein einzufügender Text und eine Position eingegeben werden können. Beim Drücken des Buttons sollen die Zeichen an der entsprechenden Position in den Text eingefügt und der neue Text soll ausgegeben werden.

Die Lösung für die Aufgabe ist wieder in der Methode btnAusfuehren_Click() implementiert. Erst werden die drei TextBoxen ausgelesen und ggf. konvertiert und danach wird der neue Text durch Einfügen erzeugt.

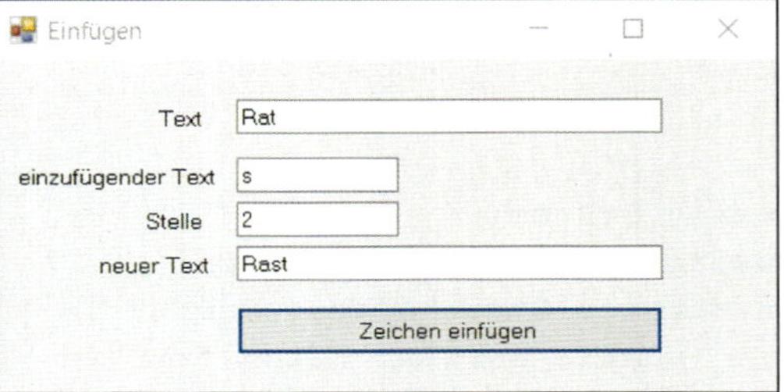

Abb. 10.2: Ausgabe „Zeichen einfügen“

Eigenschaft: frmMain	Wert
Name	frmMain
Text	Einfügen

Eigenschaft: btnAusfuehren	Wert
Name	btnAusfuehren
Text	Zeichen einfügen

Eigenschaft: txtText	Wert
Name	txtText

Eigenschaft: txtText2	Wert
Name	txtText2

Eigenschaft: txtStelle	Wert
Name	txtStelle

Eigenschaft: txtTextNeu	Wert
Name	txtTextNeu

Eigenschaft:	Wert
label1: Text	Text
label2: Text	einzufügender Text
label3: Text	Stelle
label4: Text	Neuer Text

```
using System;
using System.Windows.Forms;
namespace StringsZeichenEinfügen {
    public partial class frmMain : Form {
        public frmMain() {
            InitializeComponent();
        }

        private void btnAusfuehren_Click(object sender, EventArgs e) {
            string text = txtText.Text;
            string text2 = txtText2.Text;
            int pos = Convert.ToInt32(txtStelle.Text);
            text = text.Insert(pos, text2);
            txtTextNeu.Text = text;
        }
    }
}
```

10.4 Zeichen löschen (Remove)

Möchte man Zeichen in einem String löschen, verwendet man den Befehl

```
string Remove(int startIndex, string count)
```

Parameter	Beschreibung
`startIndex`	Position, ab der die Zeichen gelöscht werden sollen
`count`	Anzahl der zu löschenden Zeichen

Dabei werden ab „startIndex“ so viele Zeichen gelöscht, wie in „count“ angegeben sind. Der neue String wird dann von der Methode zurückgegeben. Dabei sollte der Wert für „start-Index“ unbedingt größer gleich 0 und kleiner als die Länge des Strings sein. Ansonsten kommt es zu einem Fehler. Weiterhin dürfen „startIndex“ und „count“ zusammen nicht größer als die Länge des Strings sein. Im Beispiel werden die beiden „ll“ in „Hallo“ gelöscht.

Beispiele

```
string s = "Hallo";
string neu = s.Remove(2,2);
```

Auftrag

Ein Programm soll erstellt werden, in das ein Text, eine Position und eine Anzahl eingegeben werden können. Beim Ausführen soll dann aus dem Text an der angegebenen Position die entsprechende Anzahl von Zeichen entfernt werden.

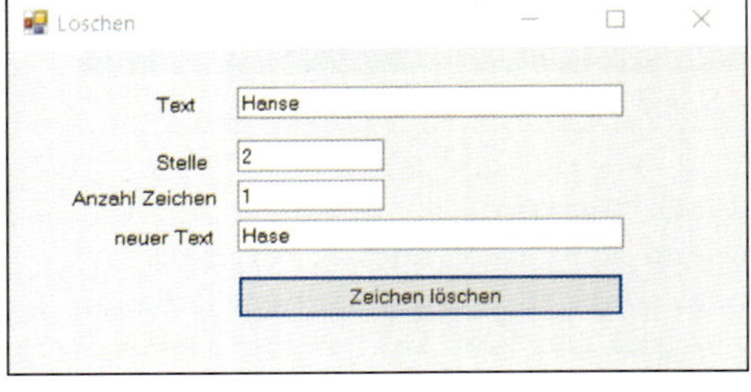

Abb. 10.3: Ausgabe „Zeichen löschen“

Die Lösung für die Aufgabe ist erneut in der Methode btnAusfuehren_Click() implementiert. Erst werden die drei TextBoxen ausgelesen und ggf. konvertiert und danach wird der neue Text durch Löschen der Zeichen erzeugt.

Eigenschaft: frmMain	Wert
Name	frmMain
Text	Löschen

Eigenschaft: btnAusfuehren	Wert
Name	btnAusfuehren
Text	Zeichen löschen

Eigenschaft: txtText	Wert
Name	txtText

Eigenschaft: txtStelle	Wert
Name	txtStelle

Eigenschaft: txtAnzahl	Wert
Name	txtAnzahl

Eigenschaft: txtTextNeu	Wert
Name	txtTextNeu

Eigenschaft:	Wert
label1: Text	Text
label2: Text	Stelle
label3: Text	Anzahl Zeichen
label4: Text	Neuer Text

```
using System;
using System.Windows.Forms;
namespace StringsZeichenLöschen {
    public partial class frmMain : Form {
```

```
        public frmMain() {
            InitializeComponent();
        }

        private void btnAusfuehren_Click(object sender, EventArgs e) {
            string text = txtText.Text;
            int pos = Convert.ToInt32(txtStelle.Text);
            int anzahl = Convert.ToInt32(txtAnzahl.Text);
            text = text.Remove(pos, anzahl);
            txtTextNeu.Text = text;
        }
    }
}
```

10.5 Zeichen kopieren (Substring)

Nicht immer möchte man Zeichen in einem String löschen, sondern nur Teile des Strings in einen anderen kopieren. Dies erfolgt mit der Methode

```
string Substring(int startIndex, string length)
```

Parameter	Beschreibung
`startIndex`	Position, ab der die Zeichen gelöscht werden sollen
`length`	Anzahl der zu kopierenden Zeichen

Hier wird ab „startIndex" eine in „length" gegebene Anzahl von Zeichen kopiert und als neuer String zurückgegeben. Dabei sollte der Wert für „startIndex" auch wieder größer gleich 0 und kleiner als die Länge des Strings sein. Weiterhin dürfen „startIndex" und „length" zusammen nicht größer als die Länge des Strings sein. Ansonsten kommt es zu einem Fehler. Im Beispiel werden die drei ersten Zeichen von „Hallo" kopiert.

Beispiele

string s = "Hallo";
string neu = s.Substring(0,3);

Auftrag

Es soll ein Programm erstellt werden, in welches ein Text, eine Position und eine Anzahl eingegeben werden können. Beim Ausführen soll dann aus dem Text an der angegebenen Position die entsprechende Anzahl von Zeichen kopiert und ausgegeben werden.

Die Lösung für die Aufgabe ist wieder in der Methode btnAusfuehren_Click(...) implementiert.

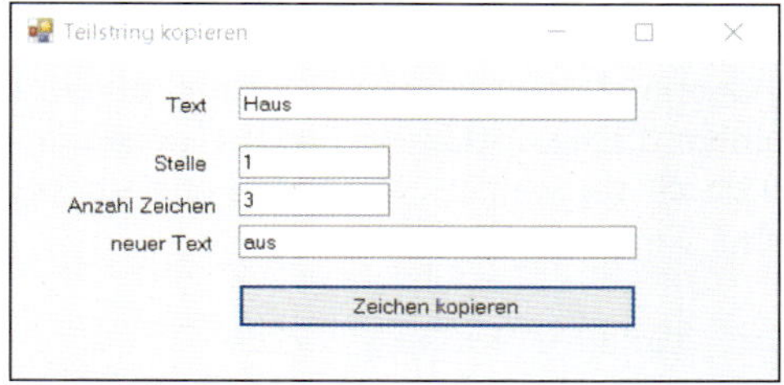

Abb. 10.4: Ausgabe „Zeichen kopieren"

Erst werden die drei TextBoxen ausgelesen und ggf. konvertiert und danach der neue Text durch kopieren der Zeichen erzeugt. Diesmal werden die Zeichen gleich der Ausgabetextbox zugewiesen.

Eigenschaft: frmMain	Wert
Name	frmMain
Text	Teilstring kopieren

Eigenschaft: btnAusfuehren	Wert
Name	btnAusfuehren
Text	Zeichen kopieren

Eigenschaft: txtText	Wert
Name	txtText

Eigenschaft: txtStelle	Wert
Name	txtStelle

Eigenschaft: txtAnzahl	Wert
Name	txtAnzahl

Eigenschaft: txtTextNeu	Wert
Name	txtTextNeu

Eigenschaft:	Wert
label1: Text	Text
label2: Text	Stelle
label3: Text	Anzahl Zeichen
label4: Text	Neuer Text

```
using System;
using System.Windows.Forms;
namespace StringZeichenKopieren {
    public partial class frmMain : Form {
        public frmMain() {
            InitializeComponent();
        }

        private void btnAusfuehren_Click(object sender, EventArgs e) {
            string text = txtText.Text;
            int pos = Convert.ToInt32(txtStelle.Text);
            int anzahl = Convert.ToInt32(txtAnzahl.Text);
            txtTextNeu.Text = text.Substring(pos, anzahl);
        }
    }
}
```

10.6 Position von Zeichen ermitteln (IndexOf)

Manchmal möchte man ermitteln, ob ein bestimmtes Zeichen oder eine Zeichenfolge in einem String vorhanden ist und wenn ja, an welcher Position. Dafür wird die Methode IndexOf verwendet. Diese Methode ist mehrfach überladen. Hier wird nur exemplarisch eine Variante vorgestellt:

```
int IndexOf(string value)
```

Parameter	Beschreibung
`Value`	Zeichen oder Zeichenkette, nach dem/der gesucht werden soll

Die Methode sucht nach dem ersten Vorkommen eines Zeichens oder einer Zeichenkette in einem String und gibt dessen Position zurück. Wird das Zeichen bzw. die Zeichenkette nicht gefunden, wird eine -1 zurückgegeben. Im Beispiel wird nach dem ersten Vorkommen eines „l" in „Hallo" gesucht und dessen Position ermittelt, in diesem Fall Position 2.

Beispiele

```
string s = "Hallo";
int pos = s.IndexOf("l");
```

Auftrag

Ein Programm soll erstellt werden, in das ein Text und ein Zeichen eingegeben werden kann und das danach das erste Vorkommen dieses Zeichens im Text ermittelt und dessen Position anzeigt.

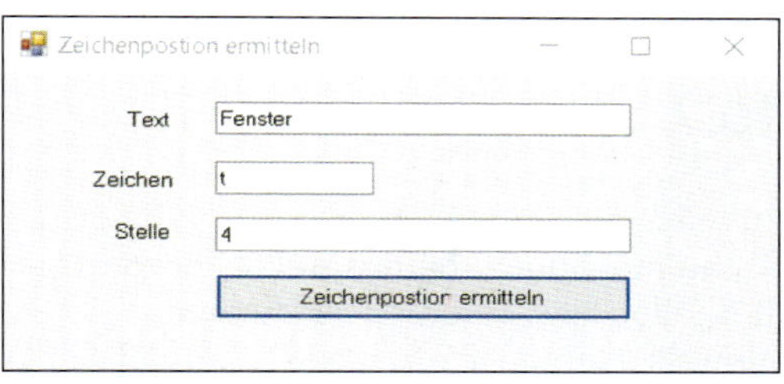

Abb. 10.5: Ausgabe „Zeichenposition ermitteln"

Die Lösung für die Aufgabe ist wieder in der Methode btnAusfuehren_Click() implementiert. Erst werden die beiden TextBoxen ausgelesen. Danach wird nach dem Zeichen im Text gesucht und dessen Position der Ausgabe-TextBox zugewiesen. Ist das Zeichen im Text nicht vorhanden, wird eine -1 ausgegeben.

Eigenschaft: frmMain	Wert
Name	frmMain
Text	Zeichenposition ermitteln

Eigenschaft: btnAusfuehren	Wert
Name	btnAusfuehren
Text	Zeichenposition ermitteln

Eigenschaft: txtZeichen	Wert
Name	txtZeichen

Eigenschaft: txtStelle	Wert
Name	txtStelle

Eigenschaft:	Wert
label1: Text	Text
label2: Text	Zeichen
label3: Text	Stelle

```
using System;
using System.Windows.Forms;
namespace StringZeichenPosition {
    public partial class frmMain : Form {
        public frmMain() {
            InitializeComponent();
        }

        private void btnAusfuehren_Click(object sender, EventArgs e) {
            string text = txtText.Text;
            string zeichen = txtZeichen.Text;
            int pos = text.IndexOf(zeichen);
            txtPostion.Text = Convert.ToString(pos);
        }
    }
}
```

10.7 Aufgaben

Erstellen Sie für jede Aufgabe ein Windows-Forms-Programm und gestalten Sie die Oberfläche individuell. Benutzen Sie für die Lösung der Aufgaben die im Buch vorgestellten Methoden bzw. deren Überladungen.
Hinweis: Für einige Aufgaben ist es vielleicht notwendig, etwas mehr Text in eine TextBox einzugeben. Um dies komfortabel zu ermöglichen, setzen Sie die Eigenschaft „Multilinie“ der entsprechenden TextBox auf den Wert „True“. Nun können mehrere Textzeilen eingegeben werden.

1 Ein Programm soll entwickelt werden, in das ein Wort und eine Position eingegeben werden können. Ausgabe soll dann das entsprechende Zeichen sein, das an der Position in dem Wort steht.

> **Beispiel**
> Eingabe: Wort – Hallo
> Position – 0
> Ausgabe: H

2 Ein Programm soll entwickelt werden, in das der Mitarbeitername und die Abteilung eingegeben werden. Daraus wird das Mitarbeiterkürzel entwickelt, welches sich aus den ersten drei Buchstaben des Namens und den ersten zwei Buchstaben der Abteilung zusammensetzt.

> **Beispiel**
> Eingabe: Mitarbeitername – Schmidt
> Abteilung – Rechnungswesen
> Ausgabe: SchRe

3 Ein Programm soll entwickelt werden, in das fünf Wörter eingegeben werden können. Danach soll das oder die Wörter mit den meisten Buchstaben ausgegeben werden.

Beispiel

Eingabe: 1. Wort – Auto
2. Wort – Sommer
3. Wort – All
4. Wort – Winter
5. Wort – Tasse

Ausgabe: Sommer, Winter

4 Ein Programm soll entwickelt werden, in das eine IPv4-Adresse eingegeben werden kann. Es soll dann das dritte Oktett der Ipv4-Adresse ermittelt und ausgegeben werden. Hinweis: Jedes Oktett kann aus einer, zwei oder drei Zahlen bestehen. Dies ist vorher nicht bekannt. Aber alle Oktette werden durch einen Punkt voneinander getrennt.

Beispiel

Eingabe: IPv4-Adresse – 192.178.44.12
Ausgabe: 44

5 Ein Programm soll entwickelt werden, in welches das Datum im Format TT.MM.JJJJ eingegeben wird. Das Datum soll in das Format JJJJ-MM-TT umgewandelt und ausgegeben werden. Als Zusatz kann diese Aufgabe so erweitert werden, dass der Monat als Wort statt als Zahl ausgegeben wird.

Beispiel

Eingabe: 02.11.2017
Ausgabe: 2017-11-02 oder 2017-November-11

6 Ein Programm soll entwickelt werden, in das ein Wort eingegeben wird, welches dann rückwärts geschrieben ausgegeben wird.

Beispiel

Eingabe: hund
Ausgabe: dnuh
oder
Eingabe: lagerregal
Ausgabe: lagerregal

7 Ein Programm soll entwickelt werden, in das ein Wort und ein Buchstabe eingegeben werden. Nun soll ermittelt werden, wie oft der Buchstabe in dem Wort vorkommt.

> **Beispiel**
> Eingabe: Wort – Schiff
> Buchstabe – f
> Ausgabe: 2

8 Ein Programm soll entwickelt werden, in das Text eingeben werden kann und das ausgibt, welche Zeichen in welcher Anzahl in dem Text vorkommen.

> **Beispiel**
> Eingabe: Das ist ein Beispieltext.
> Ausgabe: a – 1, d – 1, s – 3, i – 4, t – 3, e – 4,
> n – 1, b – 1, p – 1, l – 1, x – 1, . – 1,
> Leerzeichen – 3

9 Ein Programm soll entwickelt werden, bei dem ein Klartext mithilfe des Cäsar-Chiffres verschlüsselt wird. Außerdem soll es möglich sein, einen verschlüsselten Text wieder zu entschlüsseln.
Cäsar-Chiffre: Die Verschlüsselung ergibt sich, indem man die Buchstaben des Alphabets um eine bestimmte Anzahl nach rechts verschiebt. Wird über das letzte Zeichen hinaus verschoben, wird wieder vorne angefangen. Die Anzahl bildet dann den Schlüssel.

> **Beispiel**
> Eingabe: Klartext – Hallo
> Schlüssel – 2
> Ausgabe: Verschlüsselter Text – Jcnnq

10 Ein Programm soll entwickelt werden, in welches eine einfache Rechenaufgabe (nur Addition und Subtraktion) als String eingegeben werden kann. Die Ausgabe ist das Ergebnis der Rechenaufgabe.

> **Beispiel**
> Eingabe: 2 + 3 – 14 + 22 – 6
> Ausgabe: 7

Bei Bedarf kann die Aufgabe um Multiplikation und Division erweitert werden. Hierbei sind aber die mathematischen Regeln zu beachten.

11 Erstellen von WPF-Programmen

Seit .NET 3.0 kann man sich bei der Entwicklung von .NET-Desktop-Anwendungen zwischen der „alten“ Windows Forms-Bibliothek und der neuen Windows Presentation Foundation (WPF) entscheiden. Die Windows Presentation Foundation ist eine weitere Klassenbibliothek zur Entwicklung von grafischen Benutzeroberflächen und kann als leistungsfähiger Nachfolger von Windows Forms gesehen werden. Mit Windows Presentation Foundation kann man Desktop-Anwendungen für Windows erstellen, die visuell herausragende Benutzeroberflächen haben und sich damit erheblich von Windows-Anwendungen unterscheiden. Trotzdem wird Windows Forms in absehbarer Zeit nicht aus .NET entfernt werden, sodass alle Windows-Forms-Anwendungen in Zukunft auch noch lauffähig sein werden.

WPF unterliegt gegenüber Windows Forms einem ganz anderen Konzept. Zum Beispiel werden die Oberflächenelemete nicht mehr mithilfe der Windows API gezeichnet, sondern WPF hat seine eigenen Zeichenroutinen. Der Kern von WPF ist ein auflösungsunabhängiges und vektorbasiertes Renderingmodul, das die Leistungsfähigkeit moderner Grafikhardware nutzt. Dieser Kern wird durch einen umfassenden Satz von Anwendungsentwicklungsfeatures erweitert, wozu Extensible Application Markup Language (XAML), Steuerelemente, Datenbindung, Layout, 2D- und 3D-Grafik, Animationen, Stile, Vorlagen, Dokumente, Medien, Text und Typographie zählen. Unterstützt werden verschiedene Arten von GUIs:

- Klassische Desktop-Fenster („Windows“)
- 3D-Grafiken (DirectX)
- Dokumente (Postscript und PDF)
- Browser-basierte Anwendungen (Macromedia Flash)
- Videos

Damit lässt sich WPF für mehr Anwendungsarten einsetzen als Windows Forms. Aber WPF bietet nicht nur mehr Anwendungsarten, sondern viel reichhaltigere Visualisierungsmöglichkeiten. Dazu gehören Farbübergänge, Verformungen, Bildveränderungen wie Schatten- und Spiegeleffekte, Überblendeffekte und Animationen. So kann WPF jedes Fenster in jedem beliebigen Winkel kippen oder rotieren. Elemente lassen sich beliebig kombinieren, z. B. kann ein Kontrollkästchen Teil eines Auswahlfelds sein oder ein Video Hintergrund für ein Eingabefeld. Da die Anzeige in WPF vektorbasiert ist, wird immer eine gute Darstellung erreicht, unabhängig von der Größe des Anzeigegeräts. Im November 2006 wurde die erste Version im Rahmen von .NET 3.0 veröffentlicht und trug die Versionsnummer 3.0. Die aktuelle und auch in diesem Buch verwendete Version ist die Version 4.7. In diesem Kapitel werden wir uns auf die Entwicklung von Desktop-Anwendungen mithife von WPF konzentrieren.

11.1 Das erste WPF-Programm

Auftrag

Ein Programm in C# soll entwickelt werden, das „Hello World" auf einer WPF-Oberfläche anzeigt.

Wieder beginnen wir mit einer klassischen „Hello World"-Anwendung, nur diesmal als WPF-Programm. Folgende Schritte sind notwendig, um eine WPT-Anwendung zu erstellen:

1. **Visual Studio starten**
   Gestartet wird Visual Studio durch einen Doppelklick auf das Programmsymbol.

2. **Projekt anlegen**
   Durch den nachfolgenden Menübefehl wird ein neues Projekt erzeugt:
   Datei | Neu | Projekt
   Folgendes Fenster ist dann zu sehen:

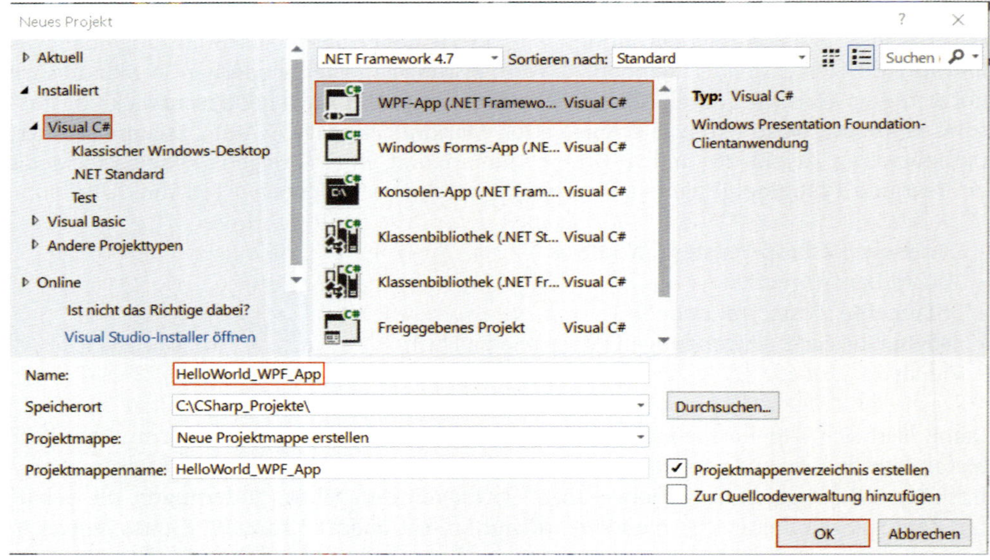

Abb. 11.1: Neues WPF-Projekt anlegen unter Visual Studio

In diesem Fenster muss nun wieder die Programmiersprache C# und die Art der Anwendung ausgewählt werden. Jetzt wird eine WPF-App ausgewählt. Es wird wieder ein Name für das Projekt eingegeben und ein Speicherort ausgewählt. Anschließend sind die Eingaben mit OK zu bestätigen.

3 Oberfläche erstellen

Nach dem Bestätigen mit OK wird ein neues Projekt angelegt und in der Entwicklungsumgebung angezeigt. Es ist nun folgendes Windows-Fenster zu sehen:

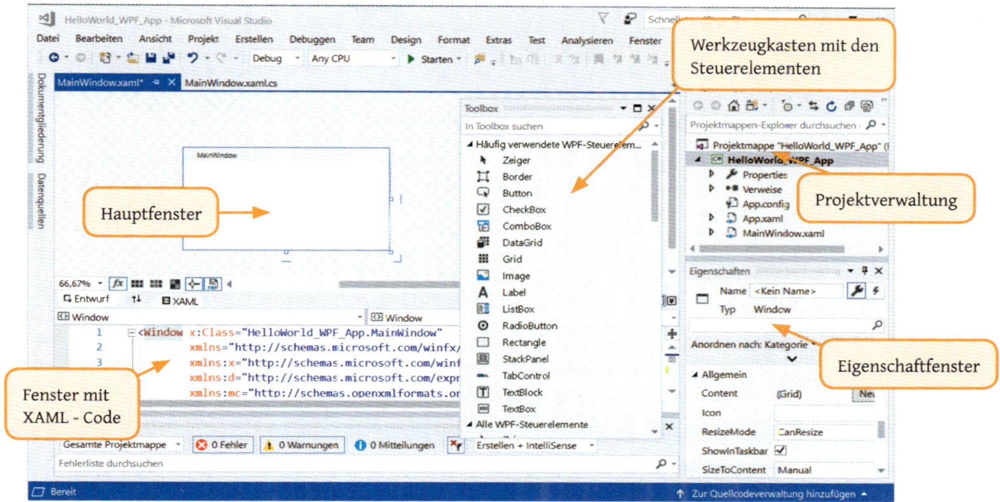

Abb. 11.2: Neu erstellte WPF-Oberfläche

Hier sind folgende Elemente zu sehen:

- **MainWindow:** Hier kann die Windows-Oberfläche gestaltet werden.
- **Toolbox:** Sie enthält verschiedene Oberflächenelemente wie Buttons, Textboxen etc. Diese können dann auf dem MainWindow angeordnet und gestaltet werden.
- **Projektverwaltung:** Hier wird das Projekt verwaltet.
- **Eigenschaftsfenster:** Hier können die Werte für die Eigenschaften der einzelnen Steuerelemente gesetzt werden.
- **XAML-Fenster:** Hier wird der XAML-Code der Anwendung angezeigt und verwaltet.

Um nun unser erstes WPF-Programm fertigzustellen, wird im Eigenschaftsfenster bei der Eigenschaft „Title“ der Eintrag „MainWindow“ durch „Hello_World WPF-Anwendung“ ersetzt. Danach wird aus der Toolbox ein Label ausgesucht und auf das Fenster gezogen. Zum Schluss wird bei der Eigenschaft „Content“ des Labels „Hello World“ eingetragen. Damit wäre unser Programm fertig und kann gestartet werden. Quellcode müssen wir erst einmal nicht schreiben.

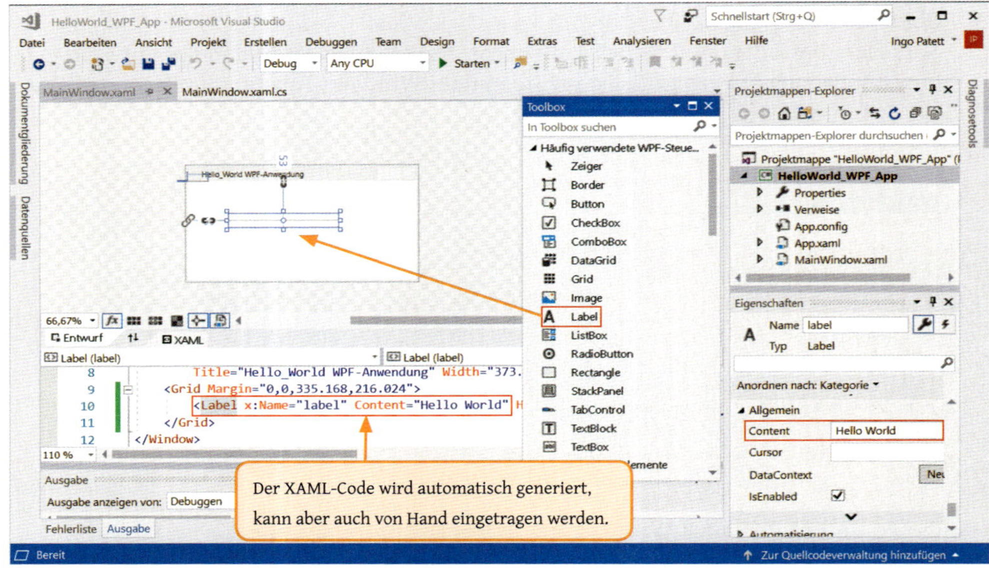

Abb. 11.3: Label von der Toolbox auf das Formular ziehen

4 **Programm starten**
Durch den nachfolgenden Menübefehl wird das Programm dann gestartet:
Debuggen | Starten ohne Debugging
Alternativ kann auch Strg + F5 betätigt werden. Das Programm wird nun ausgeführt und folgendes Fenster erscheint:

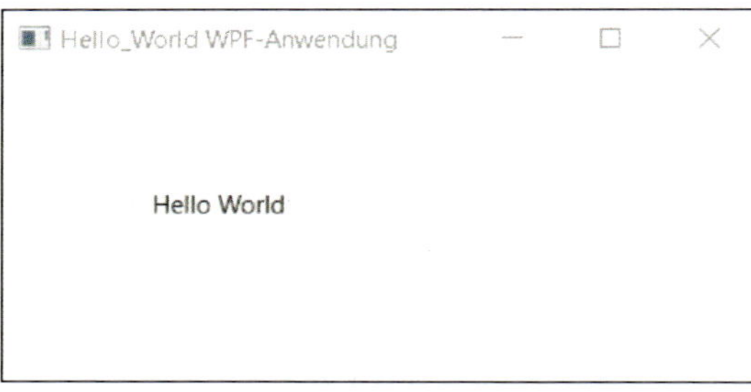

Abb. 11.4: „Hello World" als WPF-Programm

Dieses Windows-Fenster ist natürlich noch nicht sehr spektakulär. Am Oberflächendesign kann man noch sehr viel arbeiten und es besitzt auch nur eine gewisse Grundfunktionalität, die alle Windows-Fenster haben. Es kann in der Größe verändert und durch den Schließen-Button rechts oben geschlossen werden. Aber dafür, dass nicht eine Zeile programmiert werden musste, ist es schon sehr beachtlich.

11.2 Grundgerüst einer WPF-Anwendung, XAML und Buttons

In diesem Abschnitt wollen wir uns als erstes Steuerelement den Button ansehen und gleichzeitig den Aufbau einer WPF-Anwendung besprechen. In diesem Zusammenhang werden auch die grafischen Möglichkeiten von WPF in Grundzügen beleuchtet.

Auftrag

Erstellen Sie ein WPF-Projekt und gestalten Sie die Oberfläche wie in Bild 11.5 dargestellt. Beim Klick auf den Button soll die Anwendung geschlossen werden. Dazu ist das entsprechende Ereignis zu implementieren.

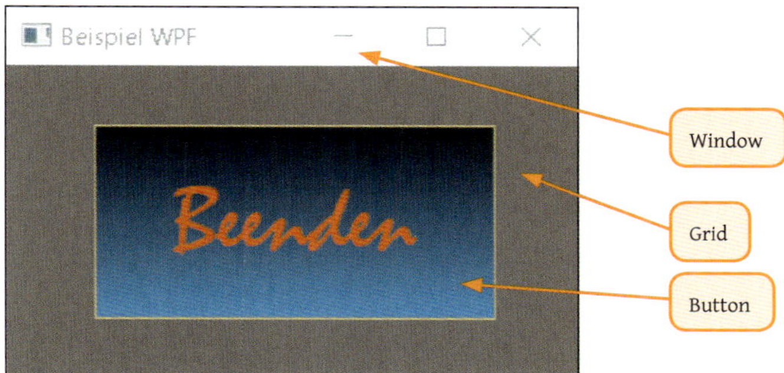

Abb. 11.5: WPF-Projekt mit Button „Beenden"

Zunächst wird ein WPF-Projekt angelegt, erzeugt und gespeichert. Danach erscheint wieder das Hauptfenster, auf dem die Steuerelemete platziert werden können. Zuvor werden aber einige Eigenschaften im Eigenschaftsfenster festgelegt.

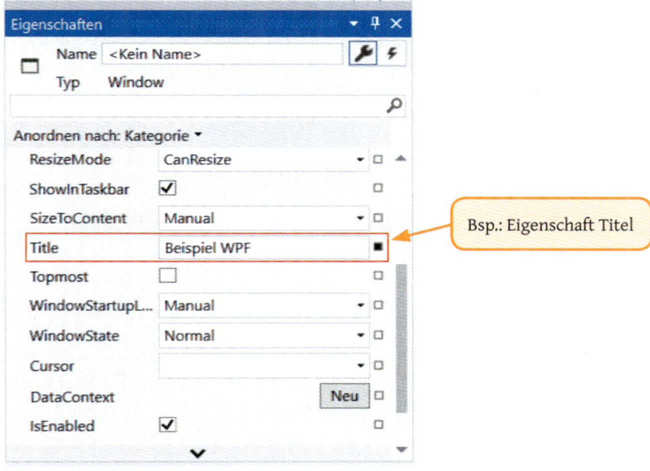

Abb. 11.6: Eigenschaften im Eigenschaftsfenster festlegen

Es werden nun noch die Eigenschaften „Name" in „frmMain", „Width" und „Height" laut der unten stehenden Tabelle geändert. Alle Eigenschaften, die nicht aufgeführt sind, behalten ihre Standardwerte und müssen nicht geändert werden.

Steuerelement	Eigenschaft
Window	Name: frmMain Title: Beispiel WPF Height: 200 Width: 300

Als Nächstes wird ein Grid aus der Toolbox „Oberfläche" gezogen und die Farbe des Hintergrunds im Eigenschaftsfenster auf den Wert „#FF6B5E5B" gesetzt. Dazu wird zunächst der Menüpunkt „Pinsel mit Volltonfarbe" ausgewählt und dann der Farbwert gesetzt.

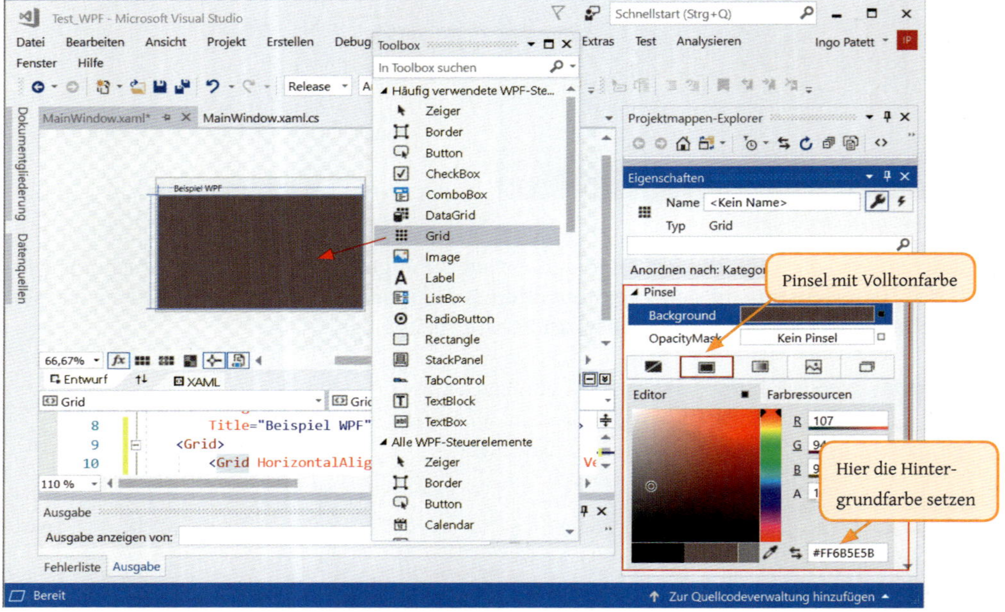

Abb. 11.7: Pinsel und Farbe auswählen

Generell gehört ein Grid zu den sogenannten Panel-Elementen in WPF. Panel-Elemente sind Komponten, die andere Elemente aufnehmen und deren Rendern steuern. Sie bestimmen z. B. deren Größe und Position auf dem Window. WPF bietet eine Reihe von vordefinierten Panel-Elementen. Die folgende Tabelle enthält eine Übersicht (Auszug):

Element	Beschreibung
Canvas	Definiert einen Bereich, in dem weitere Elemente mithilfe von Koordinaten positioniert werden können. Wird u. a. dazu verwendet, um 2D- oder 3D-Grafiken darzustellen.
DockPanel	Definiert einen Bereich, in dem weitere Elemente entweder horizontal oder vertikal zueinander angeordnet werden können.
Grid	Definiert einen flexiblen Rasterbereich, der aus Spalten und Zeilen besteht. Weitere Elemente können hierauf durch die Margin-Eigenschaft genau positioniert werden.

Element	Beschreibung
UniformGrid	Definiert einen Bereich, in dem weitere Elemente in einem Raster von gleich großen Zellen angeordnet werden.
WrapPanel	Definiert einen Bereich, in dem weitere Elemente nacheinander von links nach rechts angeordnet werden. Am rechten Rand wird automatisch umbrochen und in der nächsten Zeile die Anordnung fortgesetzt.

Da wir unseren Button genau positionieren wollen, verwenden wir ein Grid-Element. Nun wird der Button aus der ToolBox auf dem Grid plaziert und dessen Eigenschaften werden gesetzt. Damit wird automatisch ein Objekt der Klasse Button erzeugt und initialisiert.

Steuerelement	Eigenschaft
Button	Name: btnBeenden Content: Beenden Height: 100 Width: 200 FontFamily: Mistral FontSize: 48 BorderBrush: #FFE7C977 Foreground: #FFED4E1A Background: LinearGradientBrush Color: Black Color: #FF54BED0 Click: btnBeenden_Click

Zum Einstellen der Hintergrundfarbe des Buttons wird diesmal der Menüpunkt „Farbverlaufspinsel" ausgewählt. Hier können nun die Farben wie angegeben für den Farbverlauf festgelegt werden. Als Letztes wird im Ereignisfenster der Ereignishandler „Click" ausgewählt und durch Doppelklick die entsprechende Methode erzeugt.

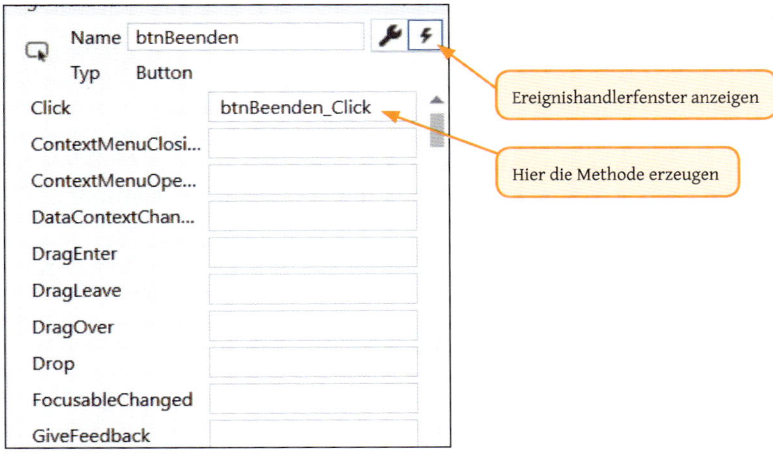

Abb. 11.8: Ereignishandler wählen und Methode erzeugen

Jetzt wird noch im Quelltext in die btnBeenden_Click-Methode der Befehl Close() zum Beenden der Anwendung eingetragen, danach kann das Programm gestartet werden.

```
using System.Windows;
namespace Wpf_Beispiel {
    /// <summary>
    /// Interaktionslogik für MainWindow.xaml
    /// </summary>
    public partial class MainWindow : Window {
        public MainWindow() {
            InitializeComponent();
        }

        private void btnBeenden_Click(object sender, RoutedEventArgs e) {
            Close();
        }
    }
}
```

Den Befehl zum Beenden der Anwendung hier eintragen.

Zum Erstellen der Oberfläche wurde bisher der WPF-Designer verwendet. Dort haben wir auch die Werte für die Eigenschaften und die Ereignisse gesetzt. Diese Daten wurden dann automatisch in XAML-Code übersetzt und abgespeichert. Diesen XAML-Code sieht man im XAML-Anzeigefenster. Für unsere Anwendung wurde folgender XAML-Code erzeugt:

```
<Window x:Name="frmMain" x:Class="Wpf_Beispiel.MainWindow"
       xmlns="http://schemas.microsoft.com/winfx/2006/
              xaml/presentation"
       xmlns:x="http://schemas.microsoft.com/winfx/2006/xaml"
       xmlns:d="http://schemas.microsoft.com/expression/blend/2008"
       xmlns:mc="http://schemas.openxmlformats.org/markup-compatibi-
                 lity/2006"
       xmlns:local="clr-namespace:Wpf_Beispiel"
       mc:Ignorable="d"
       Title="Beispiel WPF" Height="200" Width="300">
    <Grid Background="#FF6B5E5B">
       <Button x:Name="btnBeenden" Content="Button"
                      HorizontalAlignment="Left"
               Margin="43.856,30,0,0" VerticalAlignment="Top"
                      Width="200"
               Height="100" FontFamily="Mistral" FontSize="48"
               BorderBrush="#FFE7C977" Foreground="#FFED4E1A"
                           Grid.ColumnSpan="2"
               Grid.Column="1" Click="button_Click">
           <Button.Background>
               <LinearGradientBrush EndPoint="0.5,1" StartPoint=
                                                "0.5,0">
```

Hauptfenster

Grid, dem Hauptfenster zugeordnet

Button, dem Grid zugeordnet

```
                    <GradientStop Color="Black" Offset="0"/>
                    <GradientStop Color="#FF54BED0" Offset="1"/>
                </LinearGradientBrush>
            </Button.Background>
        </Button>
    </Grid>
</Window>
```

Hier erkennt man ganz deutlich die einzelnen Elemete mit ihren Eigenschaften und welches Element in welches eingebettet ist. Wenn man nicht den WPF-Designer verwenden möchte, kann man auch hier die Elemente mit ihren Eigenschaften und Werten von Hand eintragen. Diese werden dann wiederum automatisch im WPF-Designer eingetragen.

Generell kann man sagen, dass XAML dazu verwendet wird, um die Elemente des GUI zu beschreiben. Man trennt damit die Beschreibung der Darstellung vom Verhalten der Anwendung (CodeBehind). Diese Trennung von Darstellung und Verhalten bietet folgende Vorteile:

- Entwicklungs- und Wartungskosten werden verringert, weil darstellungsspezifisches Markup nicht unmittelbar mit verhaltensspezifischem Code gekoppelt ist.
- Die Entwicklung ist effizienter, da Designer die Darstellung einer Anwendung implementieren können, während Entwickler gleichzeitig das Verhalten der Anwendung implementieren.
- Länderspezifische Anpassungen für WPF-Anwendungen werden stark vereinfacht.

XAML ist eine auf XML basierende Markupsprache, die mit dem .NET-Framework 3.0 eingeführt wurde. Sie besitzt ihre eigenen Tags und wird üblicherweise dazu verwendet, Fenster, Dialogfelder, Seiten und Benutzersteuerelemente zu erstellen und diese mit Steuerelementen, Formen und Grafiken zu füllen. Zur Laufzeit werden die im Markup definierten Elemente und Attribute von WPF in Instanzen von WPF-Klassen konvertiert. Beispielsweise wird das Window-Element in eine Instanz der Windows-Klasse konvertiert, deren Eigenschaft „Titel" dem angegebenen Wert entspricht. Da XAML auf XML basiert, wird die damit erstellte Benutzeroberfläche in einer Hierarchie geschachtelter Elemente zusammengestellt, die als Elementstruktur bezeichnet wird. Die Elementstruktur stellt eine logische und intuitive Art und Weise zum Erstellen und Verwalten von Benutzeroberflächen bereit. Die Elementstruktur in unserem Beispiel lautet:

```
<Window ...>
 <Grid...>
  <Button...>
       <Button.Background>
             <LinearGradientBrush...>
             </LinearGradientBrush>
       </Button.Background>
  </Button>
 </Grid>
</Window>
```

Hier ist auch erkennbar, dass jedes Element im XAML-Code ein öffnendes und ein schließendes Tag hat. Dazwischen werden alle Eigenschaften beschrieben.

Beispiele

```
<Window x:Class="WpfApp3.MainWindow"
   Title="MainWindow" Height="350" Width="525">
</Window>

<Grid>
   ...
</Grid>

<LinearGradientBrush EndPoint="0.5,1" StartPoint="0.5,0">
            <GradientStop Color="Black" Offset="0"/>
            <GradientStop Color="#FF54BED0" Offset="1"/>
</LinearGradientBrush>
```

Weiterhin werden im XAML-Code auch die Methoden aufgeführt, in denen der CodeBehind implemiert ist, welchen Elementen diese zugeordnet sind und bei welchen Ereignissen sie aufgerufen werden. So ist in unserem Beispiel beim Button im XAML-Code folgender Eintrag zu finden (hier wird einmal das Ereignis und einmal die dazugehörige Methode beschrieben):

```
Click="button_Click"
```

Der komplette XAML-Code ist im Projekt in Dateien mit der Endung „.xaml" gespeichert.

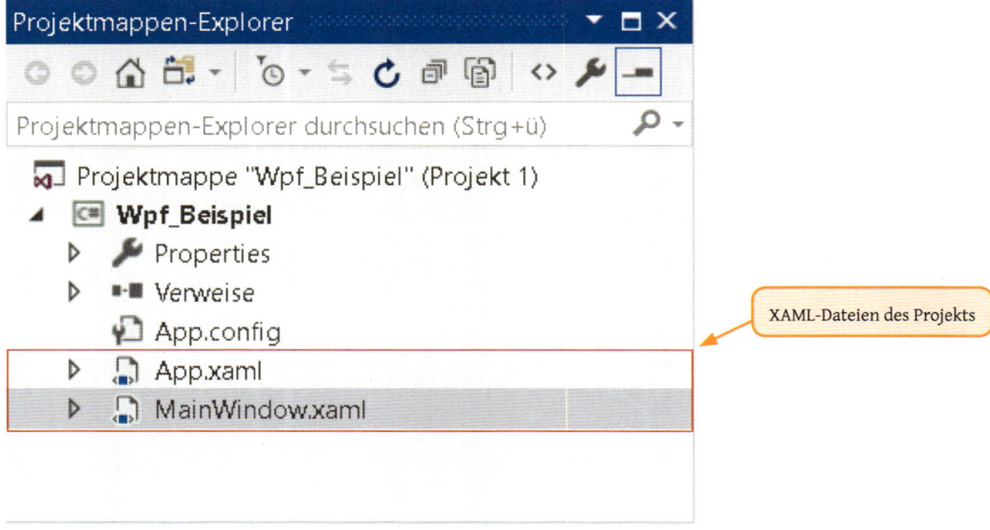

Abb. 11.9: XAML-Dateien im Projekt

11.3 TextBox, Label und RadioButton

Auftrag

Erstellen Sie einen einfachen Taschenrechner, mit dem man zwei Zahlen addieren, subtrahieren, multiplizieren und dividieren kann. Die Oberflächengestaltung soll wie folgt aussehen:

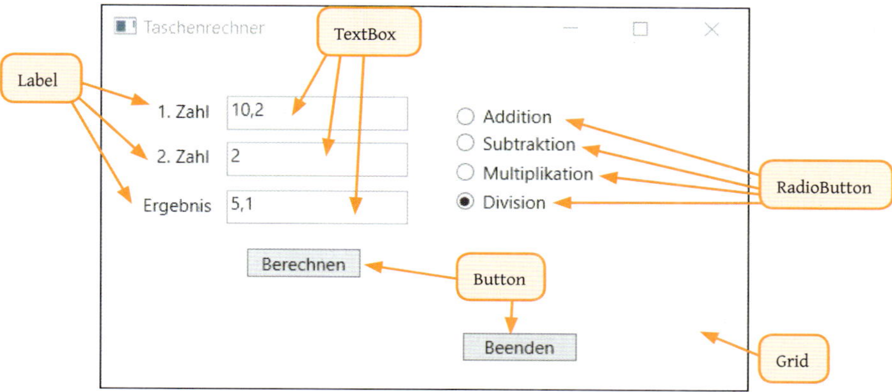

Abb. 11.10: Oberfläche des Taschenrechners

Zunächst erstellen wir unsere Oberfläche. Dazu wird wieder zuerst ein Grid auf dem Hauptfenster erzeugt und danach die entsprechenden Steuerelemente aus der Toolbox auf diesem angeordnet. Weisen Sie dann allen Elementen die Werte zu, die in der Tabelle angegeben sind. Das Grid hat diesmal keine Hintergrundfarbe. Diese können Sie individuell setzten.

Steuerelement	Eigenschaft
Window	Name: frmMain Titel: Taschenrechner
Label	Name: label1 Content: 1. Zahl
Label	Name: label2 Content: 2. Zahl
Label	Name: label3 Content: Ergebnis
TextBox	Name: txtZahl1 Content: 0
TextBox	Name: txtZahl2 Content: 0
TextBox	Name: txtErgebnis Content: 0

Steuerelement	Eigenschaft
RadioButton	Name: rbAddition Content: Addition IsChecked: True
RadioButton	Name: rbSubtraktion Content: Subtraktion
RadioButton	Name: rbMultiplikation Content: Multiplikation
RadioButton	Name: rbDivision Content: Division
Button	Name: btnBerechnen Content: Berechnen Click: btnBerechnen_Click
Button	Name: btnBeenden Content: Beenden Click: btnBeenden_Click

Erzeugen Sie nun im Ereignishandlerfenster die Click-Methoden der beiden Buttons. Der komplette XAML-Code für die Oberfläche sieht wie folgt aus. Hier können nach Belieben noch Anpassungen vorgenommen werden.

```
<Window x:Name="frmMain" x:Class="Taschenrechner_WPF.MainWindow"
        xmlns="http://schemas.microsoft.com/winfx/2006/xaml/presen-
               tation"
        xmlns:x="http://schemas.microsoft.com/winfx/2006/xaml"
        xmlns:d="http://schemas.microsoft.com/expression/blend/2008"
        xmlns:mc="http://schemas.openxmlformats.org/markup-
                  compatibility/2006"
        xmlns:local="clr-namespace:Taschenrechner_WPF"
        mc:Ignorable="d"
        Title="Taschenrechner" Height="270.896" Width="441.288">
   <Grid Margin="0,0,-5.544,-2.08">
           <TextBox x:Name="txtZahl1" HorizontalAlignment="Left"
                            Height="23"
                    Margin="82,32,0,0" TextWrapping="Wrap"
                            Text="0"
                    VerticalAlignment="Top" Width="120"/>
           <TextBox x:Name="txtZahl2" HorizontalAlignment="Left"
                            Height="23"
                    Margin="82,63,0,0" TextWrapping="Wrap"
                            Text="0"
                    VerticalAlignment="Top" Width="120"/>
           <TextBox x:Name="txtErgebnis" HorizontalAlignment=
                            "Left" Height="23"
```

```
                Margin="82,96,0,0" TextWrapping="Wrap"
                       Text="0"
                VerticalAlignment="Top" Width="120"/>
        <Label x:Name="label" Content="1. Zahl"
                     HorizontalAlignment="Left"
                Margin="31,29,0,0" VerticalAlignment="Top"/>
        <Label x:Name="label_Copy" Content="2. Zahl"
                     HorizontalAlignment="Left"
                Margin="31,60,0,0" VerticalAlignment="Top"/>
        <Label x:Name="label_Copy1" Content="Ergebnis"
                HorizontalAlignment="Left" Margin="22,93,0,0"
                VerticalAlignment="Top"/>
        <RadioButton x:Name="rbAddition" Content="Addition"
                HorizontalAlignment="Left" Margin=
                              "233,38,-43.224,0"
                VerticalAlignment="Top" IsChecked="True"/>
        <RadioButton x:Name="rbSubtraktion"
                           Content="Subtraktion"
                HorizontalAlignment="Left" Margin=
                              "233,56,-59.352,0"
                VerticalAlignment="Top"/>
          <RadioButton x:Name="rbMultiplikation"
                           Content="Multiplikation"
                HorizontalAlignment="Left" Margin=
                              "233,76,-70.872,0"
                VerticalAlignment="Top" RenderTransform-
                            Origin="-0.146,0.368"/>
          <RadioButton x:Name="rbDivision" Content="Division"
                HorizontalAlignment="Left" Margin=
                              "233,96,-39.384,0"
                VerticalAlignment="Top"/>
          <Button x:Name="btnBerechnen" Content="Berechnen"
                HorizontalAlignment="Left" Margin=
                              "96,136,0,-2.84"
                VerticalAlignment="Top" Width="75" Click=
                            "btnBerechnen_Click"/>
          <Button x:Name="btnBeenden" Content="Beenden"
                HorizontalAlignment="Left" Margin=
                              "239,194,-59.712,-60.84"
                VerticalAlignment="Top" Width="75"
                            Click="btnBeenden_Click"
                RenderTransformOrigin="-1.519,-4.764"/>
    </Grid>
</Window>
```

Wenn Sie jetzt das Programm starten, kann man schon eine Auswahl bei den RadioButtons treffen und Zahlen in die Textfelder eintragen. Allerdings fehlt noch die Funktionalität, wenn die beiden Buttons gedrückt werden. Dazu müssen wir noch im Quelltext beide Click-Methoden „mit Leben füllen". Der Befehl Close() schließt die Anwendung und wird in die Methode des Beenden-Buttons eingetragen. Wenn man den Berechnen-Button drückt, wird abgefragt, welcher RadioButton gerade ausgewählt ist, und die Rechnung entsprechend durchgeführt. Im Gegensatz zum Windows-Forms-RadioButton heißt die Eigenschaft mit dem Makierungsstatus des WPF-RadioButtons „IsChecked" anstatt „Checked". Wenn keine oder falsche Werte (z. B. Buchstaben) in den TextBoxen stehen, wird bei der Umwandlung in einen Double-Wert eine Exception ausgelöst. Deshalb wird dieser Code-Abschnitt in einen try-Block eingeschlossen und die Exception im catch-Block abgefangen. Der Fehler wird dann mithilfe einer MessageBox angezeigt.

```
using System;
using System.Windows;
namespace Taschenrechner_WPF {
    /// <summary>
    /// Interaktionslogik für MainWindow.xaml
    /// </summary>
    public partial class MainWindow : Window {
        public MainWindow() {
            InitializeComponent();
        }

        private void btnBeenden_Click(object sender, RoutedEventArgs e) {
            Close();
        }

        private void btnBerechnen_Click(object sender, RoutedEventArgs e) {
            try {
                double zahl1 = Convert.ToDouble(txtZahl1.Text);
                double zahl2 = Convert.ToDouble(txtZahl2.Text);
                double ergebnis = 0;
                if (rbAddition.IsChecked == true) {
                    ergebnis = zahl1 + zahl2;
                }
                if (rbSubtraktion.IsChecked == true) {
                    ergebnis = zahl1 - zahl2;
                }
                if (rbMultiplikation.IsChecked == true) {
                    ergebnis = zahl1 * zahl2;
                }
                if (rbDivision.IsChecked == true) {
                    ergebnis = zahl1 / zahl2;
                }
                txtErgebnis.Text = ergebnis.ToString();
            } catch (Exception ex) {
```

```
                MessageBox.Show(ex.Message, "Fehler",
                                MessageBoxButton.OK,
                                MessageBoxImage.Error);
            }
        }
    }
}
```

11.4 ComboBox, CheckBox und Menü

In diesem Abschnitt werden wir uns die Verwendung von ComboBoxen, CheckBoxen und Menüs ansehen. Dabei wird auch auf Schriftart und Schriftgröße eingegangen.

Auftrag

Erstellen Sie ein WPF-Window mit folgenden Elementen und folgendem Aussehen:

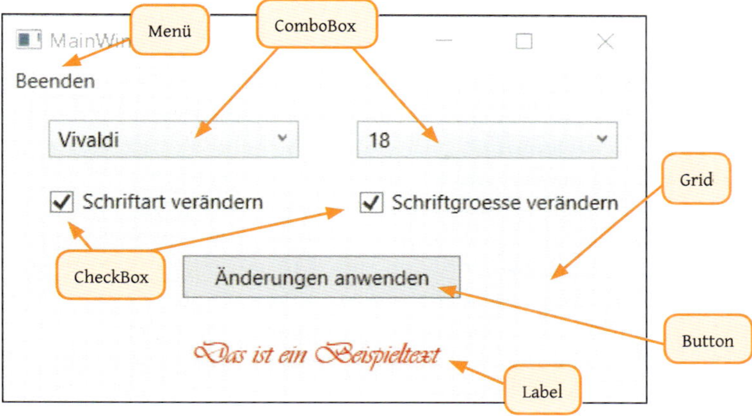

Abb. 11.11: WPF-Window mit verschiedenen Elementen

Den XAML-Code für das Beispiel finden Sie nachfolgend. Versuchen Sie, hieraus die Eigenschaften und deren Werte für die einzelnen Steuerelemente herauszulesen und diese im WPF-Designer zu setzen.

```
<Window x:Class="Wpf_Beispiel2.MainWindow"
        xmlns="http://schemas.microsoft.com/winfx/2006/xaml/presen-
              tation"
        xmlns:x="http://schemas.microsoft.com/winfx/2006/xaml"
        xmlns:d="http://schemas.microsoft.com/expression/blend/2008"
        xmlns:mc="http://schemas.openxmlformats.org/markup-compati-
                 bility/2006"
        xmlns:local="clr-namespace:Wpf_Beispiel2"
        mc:Ignorable="d"
        Title="MainWindow" Height="239.168" Width="387.535">
```

```
    <Grid Background="{DynamicResource {x:Static SystemColors.Cont-
                rolBrushKey}}"
          Margin="0,0,0.168,0" Height="211" VerticalAlignment="Top">
        <Menu x:Name="menu" HorizontalAlignment="Left" Height="28"
              VerticalAlignment="Top" Width="144">
            <MenuItem x:Name="miBeenden" Header="Beenden"
                      Click="miBeenden_Click"/>
        </Menu>
        <ComboBox x:Name="cmbSchriftart" HorizontalAlignment="Left"
                      Margin="26,33,0,0"
             VerticalAlignment="Top" Width="145" SelectedIndex="0">
            <ComboBoxItem Content="Arial"/>
            <ComboBoxItem Content="Vivaldi"/>
        </ComboBox>
        <ComboBox x:Name="cmbSchriftgroesse" HorizontalAlignment=
                      "Left"
            Margin="205,33,0,0" VerticalAlignment="Top" Width="151"
                   SelectedIndex="0">
            <ComboBoxItem Content="12"/>
            <ComboBoxItem Content="18"/>
        </ComboBox>
        <CheckBox x:Name="cbSchriftart" Content="Schriftart
                       verändern"
             HorizontalAlignment="Left" Margin="26,74,0,0"
                           VerticalAlignment="Top"/>
        <CheckBox x:Name="cbSchriftgroesse" Content="Schriftgroesse
                       verändern"
             HorizontalAlignment="Left" Margin="205,74,0,0"
                           VerticalAlignment="Top"/>
        <Button x:Name="btnAendern" Content="Änderungen anwenden"
             HorizontalAlignment="Left" Margin="104,113,0,0"
                           VerticalAlignment="Top"
             Width="161" Height="25" Click="btnAendern_Click"/>
        <Label x:Name="lblAusgabe" Content="Das ist ein Beispieltext"
             HorizontalAlignment="Left" Margin="104,155,0,0"
                           VerticalAlignment="Top"
             Foreground="#FFF00D0D"/>
    </Grid>
</Window>
```

Im CodeBehind-Teil der Anwendung stehen wieder zwei Methoden. Diesmal soll auf den Menüeintrag „Beenden“ mit dem Schließen der Anwendung reagiert werden. Dies ist in der Methode

```
miBeenden_Click(object sender, RoutedEventArgs e)
```

implementiert. Die zweite Methode unserer Anwendung ist

```
btnAendern_Click(object sender, RoutedEventArgs e)
```

des Buttons. Hier wird in Abhängigkeit von den Werten in den ComboBoxen und vom Status der CheckBoxen die Schriftart und Schriftgröße des Texts im Label angepasst. Die Schriftart wird in der Eigenschaft „FontFamily“ festegelegt und kann z. B. Werte wie „Arial“, „Calibri“, „Consolas“, „Segoe UI“ usw. enthalten. Im Bildbeispiel wird der Text im Label mit der FontFamily „Vivaldi“ in der Schriftgröße 18 dargestellt. Die Vordergrundfarbe ist schon vorher im Label festgelegt. Um mit der Klasse FontFamily arbeiten zu können, muss noch der Namespace „System.Windows.Media“ mithilfe von using dem Programm zur Verfügung gestellt werden.

```
using System;
using System.Windows;
using System.Windows.Media;
namespace Wpf_Beispiel2 {
    /// <summary>
    /// Interaktionslogik für MainWindow.xaml
    /// </summary>
    public partial class MainWindow : Window {
        public MainWindow() {
            InitializeComponent();
        }

        private void miBeenden_Click(object sender, RoutedEventArgs e) {
            Close();
        }

        private void btnAendern_Click(object sender, RoutedEventArgs e) {
            FontFamily fontFamily = lblAusgabe.FontFamily;
            double fontSize = lblAusgabe.FontSize;
            if (cbSchriftart.IsChecked == true) {
                fontFamily = new FontFamily(cmbSchriftart.Text);
            }
            if (cbSchriftgroesse.IsChecked == true) {
                fontSize = Convert.ToDouble(cmbSchriftgroesse.Text);
            }
            lblAusgabe.FontFamily = fontFamily;
            lblAusgabe.FontSize = fontSize;
        }
    }
}
```

11.5 Grafikausgabe: Linien zeichnen

In diesem Abschnitt wollen wir etwas auf dem Hauptfenster zeichnen. WPF bietet mehrere Möglichkeiten an, auf Grafiken und Renderingdienste zuzugreifen. Am benutzerfreundlichsten sind die sogenannten Shape-Objekte. Shape-Objekte sind Oberflächenelemente und müssen somit auch innerhalb von Panel-Elementen angewendet werden. Ideal für komplexe Zeichnungen ist das Canvas, welches wir auch für unsere Beispiele benutzen werden. Trotzdem können Shape-Objekte auch auf den meisten anderen Elementen verwendet werden. Zu den verfügbaren Shape-Objekten gehören Line, Path, Ellipse oder auch Rectangle. In unserem ersten Beispiel werden wir zunächst nur eine Linie verwenden.

Auftrag

Eine WPF-Anwendung soll erstellt werden, die auf einem Fenster einen Kreis von Linien zeichnet und ausgibt. Dabei soll die Farbe der Linien zufällig wechseln. Das fertige Programm könnte wie folgt aussehen:

Abb. 11.12: WPF-Anwendung: Kreis aus Linien

Zunächst erzeugen wir ein WPF-Projekt und ziehen diesmal ein Canvas anstatt eines Grids als Panel-Element auf die Oberfläche.

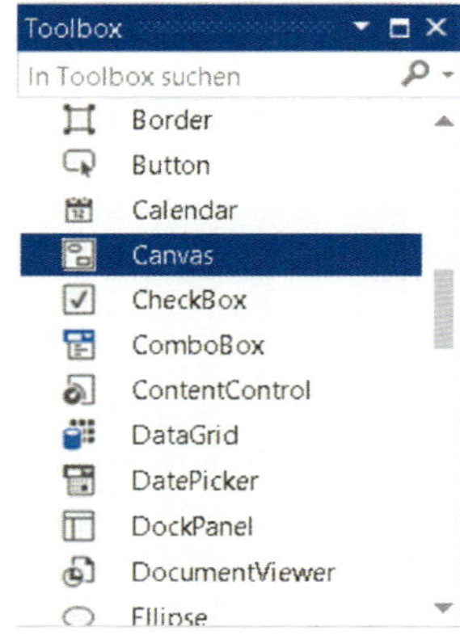

Abb. 11.13: Canvas auswählen

An den Eigenschaften der Elemente ändern wir diesmal nicht sehr viel. Das MainWindow bekommt den Namen „frmMain“ und als Hintergrundfarbe wählen wir die Systemfarbe für Controls SystemColors.ControlBrushKey. Ansonsten bleibt alles bei den Standardeinstellungen. Damit liegt zur Kontrolle folgender XAML-Code vor:

```
<Window x:Name="frmMain" x:Class="Wpf_Linien.MainWindow"
        xmlns="http://schemas.microsoft.com/winfx/2006/xaml/presen-
              tation"
        xmlns:x="http://schemas.microsoft.com/winfx/2006/xaml"
        xmlns:d="http://schemas.microsoft.com/expression/blend/2008"
        xmlns:mc="http://schemas.openxmlformats.org/markup-
                 compatibility/2006"
        xmlns:local="clr-namespace:Wpf_Linien"
        mc:Ignorable="d"
        Title="MainWindow" Height="225.584" Width="315.336"
          Background="{DynamicResource {x:Static SystemColors.
                      ControlBrushKey}}"
          BorderBrush="#FF30AED7">
    <Canvas x:Name="canvas" HorizontalAlignment="Left" Height="200"
            Margin="10,10,0,0" VerticalAlignment="Top" Width="300"/>
</Window>
```

Nun können wir uns ans Zeichnen machen. Dafür schreiben wir im CodeBehind eine eigene Methode `private void ZeichneLinien()`, welche wir im Konstruktor des MainWindows aufrufen. In dieser Methode wird mithilfe einer Schleife ein Kreis von Linien gezeichnet. Um die einzelnen Koordinaten zu berechnen, sind Sinus- bzw. Cosinus-Funktionen vonnöten. Diese finden wir in der Math-Klasse von C#. Als Übergabeparameter erwarten beide einen Winkel im Bogenmaß. Da wir aber in der Schleife mit Grad arbeiten, müssen die Werte noch in Bogenmaß umgewandelt werden. Dazu dient die Funktion `private double ConvertDegreesToRadians(double degrees) {…}`, die wir auch implementieren. Im Anschuss daran erzeugen wir eine zufällige Farbe, indem wir für die Farbwerte RGB jeweils einen Wert im Bereich von 0 bis 255 generieren lassen und damit einen neuen SoildColorBrush instanziieren. Nun kann die Linie gezeichnet werden. Dies geschieht auf indirekte Art und Weise. Man erzeugt ein neues Linien-Objekt und weist diesem die gewünschten Werte zu. In unserem Fall werden der Anfangs-, der Endpunkt und der Brush gesetzt.

```
Line line = new Line();
line.Stroke = brush;
line.X1 = 150;
line.Y1 = 100;
line.X2 = x2;
line.Y2 = y2;
canvas.Children.Add(line);
```


Danach weist man mit dem Befehl „Add“ das Objekt dem Canvas zu. Das Canvas kümmert sich dann um das eigentliche Zeichnen des entsprechenden Objekts. Nachfolgend ist noch einmal der komplette Code aufgeführt. Um Shape-Objekte verwenden zu können, muss noch der Namensraum „System.Windows.Shapes“ eingebunden werden.

```
using System;
using System.Windows;
using System.Windows.Media;
using System.Windows.Shapes;
namespace Wpf_Linien {
    /// <summary>
    /// Interaktionslogik für MainWindow.xaml
    /// </summary>
    public partial class MainWindow : Window {
        public MainWindow() {
            InitializeComponent();
            ZeichneLinien();
        }

        private void ZeichneLinien() {
            Random r = new Random();
            int laenge = 50;
            int x2 = 0; int y2 = 0;
            for (int i = 0; i < 360; i += 15) {
                y2 = 100 - (int)(Math.Sin(ConvertDegreesToRadians(i))
                                 * laenge);
                x2 = 150 - (int)(Math.Cos(ConvertDegreesToRadians(i))
                                 * laenge);
                Color color = Color.FromRgb((byte)r.Next(0, 256),
                                            (byte)r.Next(0, 256),
                                            (byte)r.Next(0, 256));
                SolidColorBrush brush = new SolidColorBrush(color);
                Line line = new Line();
                line.Stroke = brush;
                line.X1 = 150;
                line.Y1 = 100;
                line.X2 = x2;
                line.Y2 = y2;
                canvas.Children.Add(line);
            }
        }

        private double ConvertDegreesToRadians(double degrees) {
            return (Math.PI / 180) * degrees;
        }
    }
}
```

X- und Y-Werte des Endpunkts berechnen

Zufallsfarbe erzeugen

11.6 Grafikausgabe: Rechtecke und Kreise

In diesem Abschnitt werden wir weitere grundlegende Grafikfunktionen kennenlernen. Es werden ausgefüllte und nicht ausgefüllte Rechtecke und Ellipsen und deren Spezialformen Quadrat und Kreis gezeichnet.

Auftrag

Ein WPF-Programm soll erstellt werden, das auf der Oberfläche folgende Shape-Objekte zeichnet.

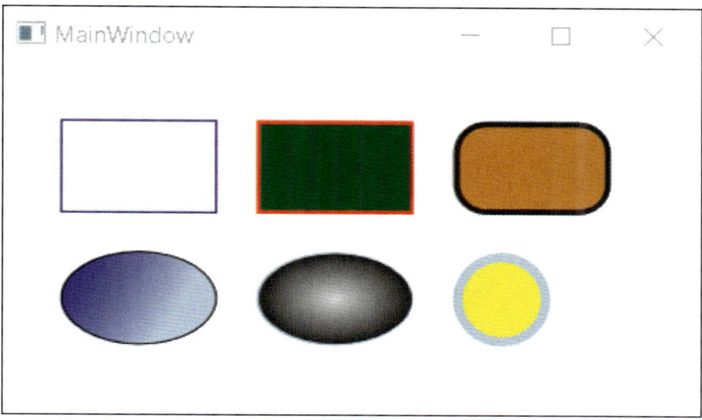

Abb. 11.14: WPF-Programm mit verschiedenen Shape-Objekten

Dazu wird zunächst wieder ein WPF-Projekt erstellt und auf dem MainWindow ein Canvas als Zeichenfläche angelegt. Hier ist der dazugehörige XAML-Code zu sehen:

```
<Window x:Class="Wpf_2D_Beispiel.MainWindow"
        xmlns="http://schemas.microsoft.com/winfx/2006/xaml/presen-
               tation"
        xmlns:x="http://schemas.microsoft.com/winfx/2006/xaml"
        xmlns:d="http://schemas.microsoft.com/expression/blend/2008"
        xmlns:mc="http://schemas.openxmlformats.org/markup-compati-
                  bility/2006"
        xmlns:local="clr-namespace:Wpf_2D_Beispiel"
        mc:Ignorable="d"
        Title="MainWindow" Height="350" Width="525">
    <Canvas x:Name="canvas" HorizontalAlignment="Left" Height="301"
        Margin="10,10,0,0" VerticalAlignment="Top" Width="499"/>
</Window>
```

Nun werden wir uns mit dem Erzeugen der einzelnen Shape-Objekte beschäftigen. Jedes der sechs Objekte wird in einer eigenen Methode angelegt und dem Canvas zugewiesen. Die Methoden selber werden dann in der zentralen Methode Zeichne2DObjekte()

zusammengefasst und diese im Konstruktor aufgerufen. Die Vorgehensweise ist bei allen sechs Objekten gleich. Zunächst wird eine Instanz einer Ellipse oder eines Rechtecks erzeugt, dann werden die entsprechenden Werte gesetzt.

Beispiele

```
Rectangle rectangle = new Rectangle();
Ellipse ellipse = new Ellipse();
```

Folgende Eigenschaften sind bei allen Objekten zu finden:

Eigenschaft	Beschreibung
Height	Höhe des Rechtecks oder der Ellipse in Pixel
Width	Breite des Rechtecks oder der Ellipse in Pixel
Stroke	Beschreibt, wie der Rahmen des Objekts gezeichnet wird. Hier wird ein entsprechender Pinsel zugewiesen.
StrokeThickness	Beschreibt die Stärke des Rahmens in Pixel
Fill	Beschreibt, wie das Innere des Objekts gezeichnet wird. Hier wird auch ein entsprechender Pinsel zugewiesen.

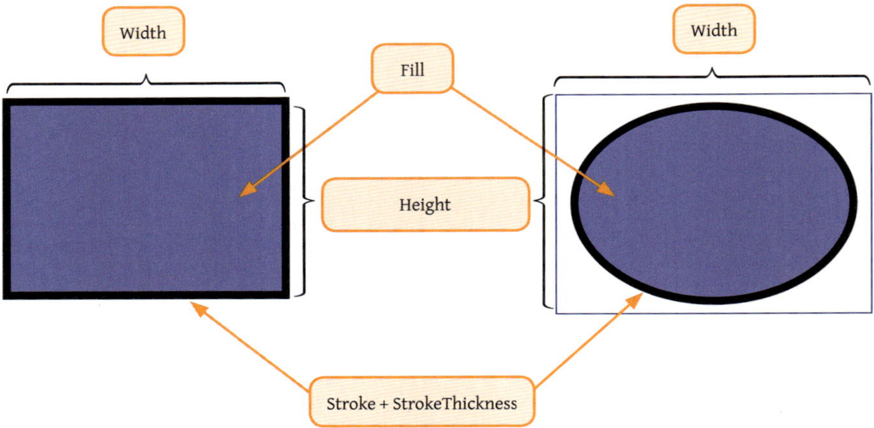

Abb. 11.15: Eigenschaften von Rechteck und Ellipse

Bei den Pinseln stehen uns mehrere Varianten zur Verfügung. Nachfolgend werden die drei im Beispielprogramm verwendeten Pinsel vorgestellt.

1 SolidColorBrush: Zeichnet einen Bereich in einer Volltonfarbe, z. B. `new SolidColorBrush(Colors.Blue);`

2 LinearGradientBrush: Zeichnet einen Bereich mit einem definierten linearen Farbverlauf in einem festgelegten Winkel, z. B. new LinearGradientBrush(Colors.Blue, Colors.LightBlue, 45);

3 RadialGradientBrush: Zeichnet einen Bereich mit einem definierten radialen Farbverlauf, der durch einen Kreis beschrieben wird, z. B. new RadialGradientBrush(Colors.DarkBlue, Colors.LightBlue);

Die Position der einzelnen Objekte wird durch die Methoden SetTop() und SetLeft() von der Canvas-Klasse festgelegt. Dabei werden der Methode das entsprechende Objekt und dessen Position auf der X- bzw. Y-Achse übergeben. Der komplette Quellcode für alle sechs Objekte und deren Ausgabe ist nachfolgend aufgelistet.

```
using System.Windows;
using System.Windows.Controls;
using System.Windows.Media;
using System.Windows.Shapes;
namespace Wpf_2D_Beispiel {
    /// <summary>
    /// Interaktionslogik für MainWindow.xaml
    /// </summary>
    public partial class MainWindow : Window {
        public MainWindow() {
            InitializeComponent();
            Zeichne2DObjekte();
        }

        private void Zeichne2DObjekte() {
            ZeichneRechteck1();
            ZeichneRechteck2();
            ZeichneRechteck3();
            ZeichneEllipse1();
            ZeichneEllipse2();
            ZeichneEllipse3();
        }
```

```
private void ZeichneRechteck1() {
    Rectangle r = new Rectangle();
    r.Height = 50;
    r.Width = 80;
    r.Stroke = Brushes.Blue;
    r.StrokeThickness = 1;
    canvas.Children.Add(r);
    Canvas.SetTop(r,20);
    Canvas.SetLeft(r,20);
}

private void ZeichneRechteck2() {
    Rectangle r = new Rectangle();
    r.Height = 50;
    r.Width = 80;
    r.Stroke = Brushes.Red;
    r.StrokeThickness = 2;
    r.Fill = new SolidColorBrush(Colors.Green);
    canvas.Children.Add(r);
    Canvas.SetTop(r,20);
    Canvas.SetLeft(r,120);
}

private void ZeichneRechteck3() {
    Rectangle r = new Rectangle();
    r.Height = 50;
    r.Width = 80;
    r.Stroke = Brushes.Black;
    r.StrokeThickness = 3;
    r.Fill = new SolidColorBrush(Colors.Chocolate);
    r.RadiusX = 15;
    r.RadiusY = 15;
    canvas.Children.Add(r);
    Canvas.SetTop(r, 20);
    Canvas.SetLeft(r, 220);
}

private void ZeichneEllipse1() {
    Ellipse e = new Ellipse();
    e.Height = 50;
    e.Width = 80;
    e.Stroke = Brushes.Black;
    e.Fill = new LinearGradientBrush(Colors.Blue,
                                     Colors.LightBlue, 45);
    canvas.Children.Add(e);
    Canvas.SetTop(e, 90);
    Canvas.SetLeft(e, 20);
}
```

```
        private void ZeichneEllipse2() {
            Ellipse e = new Ellipse();
            e.Height = 50;
            e.Width = 80;
            e.Stroke = Brushes.LightBlue;
            e.Fill = new RadialGradientBrush(Colors.LightGray,
                                             Colors.Black);
            canvas.Children.Add(e);
            Canvas.SetTop(e, 90);
            Canvas.SetLeft(e, 120);
        }

        private void ZeichneEllipse3() {
            Ellipse e = new Ellipse();
            e.Height = 50;
            e.Width = 50;
            e.Stroke = Brushes.LightBlue;
            e.Fill = new SolidColorBrush(Colors.Yellow);
            e.StrokeThickness = 5;
            canvas.Children.Add(e);
            Canvas.SetTop(e, 90);
            Canvas.SetLeft(e, 220);
        }
    }
}
```

11.7 Aufgaben

Entwicklen Sie für alle Aufgaben eine WPF-Anwendung. Entwerfen und gestalten Sie die Oberfläche selber, in dem Sie entsprechende Steuerelemente zur Lösung auswählen und diese konfigurieren. Achten Sie dabei auch auf eine benutzerfreundliche Gestaltung der Oberfläche.

1 Ein Programm soll geschrieben werden, in das der Preis eines Artikles, die Anzahl der Artikel und der gewährte Rabatt in Prozent eingeben werden können. Die Ausgabe soll der zu zahlende Preis sein.
Beispiel:
Artikelpreis: 1,50 Euro
Anzahl: 10 Stück
Rabatt: 10 %
Zu zahlender Preis: 13,50 Euro

2 Ein Programm soll geschrieben werden, in das eine Kreditsumme in Euro, ein Zinssatz in Prozent und eine Laufzeit in Monaten eingegeben oder anders eingestellt werden kann. Aus diesen Daten soll dann die monatliche Rückzahlungsrate (monatliche Annuität) berechnet und angezeigt werden.

Die Berechnungsfromel dafür lauet: $rate = Kreditsumme * \frac{\frac{Zinssatz}{1200} * \left(1+\frac{Zinssatz}{1200}\right)^{Laufzeit}}{\left(1+\frac{Zinssatz}{1200}\right)^{Laufzeit} - 1}$

Beispiel:
Kreditsumme: 1 000,00 Euro
Zinssatz: 5 %
Laufzeit: 12 Monate
monatliche Rate: 85,61 Euro

3 Ein Programm soll geschrieben werden, in dem eine TextBox durch das Verändern der Werte ihrer Eigenschaften im Aussehen verändert werden kann. Es sollen Werte für mindestens fünf Eigenschaften, wie z. B. Hintergrundfarbe, Schriftgröße usw., durch entsprechende Steuerelemente zur Auswahl zur Verfügung stehen. Jedes Mal, wenn ein Wert geändert wird, soll die TextBox in ihrer Darstellung angepasst werden.

4 In einem Programm soll eine zufällige Zahl zwischen 0 und 100 erzeugt werden. Der Benutzer soll die Zahl erraten. Dazu gibt er eine Zahl in das Programm ein und drückt einen Button. Wenn die Zahl richtig ist, kommt eine entsprechende Ausgabe. Ansonsten erfährt der Benutzer, ob seine Zahl zu groß oder zu klein war, und kann dann mit dem Raten fortfahren. Die Anzahl der Versuche wird gezählt.

5 Ein Programm soll geschrieben werden, in dem in einer TextBox 200 zufällige positive ganze Zahlen ausgeben werden. Es stehen weiterhin folgende RadioButtons zur Verfügung:
- gerade Zahlen
- ungerade Zahlen
- Vielfaches von 3
- Vielfaches von 5 oder 7
- Primzahl

Je nachdem, welcher RadioButton ausgewählt wurde, sollen aus den 200 Zahlen diejenigen ausgesucht werden, die der Auswahl entsprechen. Diese werden dann in einer weiteren TextBox ausgegeben.

6 Mithilfe einer ComboBox soll eine von mehreren geometrischen Figuren ausgewählt werden können. Je nachdem, welche Figur gewählt wurde, werden entsprechende Textfelder mit Beschriftung zur Verfügung gestellt, um die Daten einzugeben, die zum Berechnen des Volumens notwendig sind. Nach Betätigen eines Berechnen-Buttons wird das Volumen berechnet und angezeigt.
Beispiel:
Geometrische Figur: Quader
Länge: 10 cm
Breite: 10 cm
Höhe: 5 cm
Volumen: 500 cm^3

7 Ein Programm soll geschrieben werden, mit dem Personen und ihre Daten in einer ArrayList verwaltet werden. Entwickeln Sie eine Klasse Person mit den Eigenschaften „Name", „Vorname", „Straße", „PLZ", „Ort", „Tel", „Anzahl Kinder" und „verheiratet". Die Daten sollen in das Programm eingegeben werden können und durch einen Button zum Speichern in der ArrayList abgelegt werden. Durch einen Button zum Anzeigen werden alle Personen der ArrayList mit ihren Daten in einer TextBox ausgegeben.

Beispiel:
Name: Müller
Vorname: Klaus
PLZ: 12345
Ort: Müllershausen
Telefon: 0123-555555
Anzahl Kinder: 2
Verheiratet: ja

8 Zeichnen Sie folgendes Bild auf dem Formular.

9 Ein Programm soll geschrieben werden, bei dem ein geometrisches Objekt ausgewählt werden kann. Weiterhin sollen die Farbe, die Linienstärke, die Abmaße und weitere Eigenschaften festgelegt werden können. Mit dem Drücken eines Buttons soll dann dieses Objekt auf einem Canvas mit den eingestellten Werten gezeichnet werden.

10 Zeichnen Sie mithilfe weiterer Grafikfunktionen ein Koordinatensystem mit Beschriftung, in dem eine Sinus- und eine Cosinuskurve dargestellt werden. Beide Kurvern sollen sich farblich unterscheiden.

12 Dateiarbeit

Mithilfe des Computers kann man sehr große Datenmengen nach dem EVA-Prinzip bearbeiten. Dieser Bearbeitungszyklus beginnt beim Einlesen der Daten, beinhaltet das Verarbeiten und lässt die Ausgabe folgen. Früher wurden die Daten auf Lochkarten gestanzt. Später wurden andere Speichermedien eingesetzt, z. B. Magnetbänder. Heutzutage werden die Daten auf Festplatten, SSDs und anderen moderen Speicherträgern gespeichert. So unterschiedlich die Speichermedien auch sein mögen, sie haben eines gemeinsam: Die Daten werden in elektronischer Form in Dateien (engl. Files) bzw. Datenbanken gespeichert. Deswegen ist der Umgang mit Dateien und Datenbanken von fundamentaler Bedeutung. Das Thema Datenbanken werden wir im folgenden Kapitel 13 behandeln. In diesem Kapitel wird der grundlegende Umgang mit Dateien gezeigt. Dazu werden wir uns mit den Klassen des Namensraums „System.IO" beschäftigen. Mit deren Hilfe kann man Verzeichnisse und Dateien erstellen, verändern und löschen.

Um an die Information einer Datei zu gelangen, muss man den Inhalt auslesen können. Auch braucht man die Rechte, Dateien anzulegen, zu löschen, umzubenennen und sie in Verzeichnissen zu strukturieren. C# bietet hierfür eine Vielzahl von Zugriffsmöglichkeiten und eine große Rolle spielen hierbei Datenströme (engl. Streams). Die Basis aller Dateizugriffe bilden die sogenanten Streams. Dabei handelt es sich um Datenströme, in denen die einzelnen Daten unabhängig vom verwendeten Format als Bytes vorliegen. Durch Streams können Daten sehr elegant bewegt werden und ein Programm ohne Datenfluss ist nicht denkbar. Durch die Klasse FileStream ist solch ein Zugriff möglich. Dieser ist sehr flexibel, aber auch sehr komplex. In der nachfolgendenTabelle sind wichtige Klassen des Namensraums „System.IO" zu finden. Diese werden später ausführlicher behandelt.

Klasse	Beschreibung
File, FileInfo	Dienen der Ermittlung von Informationen und der Arbeit mit Dateien
Directory, DirectoryInfo	Dienen der Ermittlung von Informationen und der Arbeit mit Verzeichnissen
FileStream	Ermöglich den Zugriff auf Dateien auf unterster Ebene. Damit können einzelne Bytes gelesen bzw. geschrieben werden. Die Postion ist frei wählbar.
StreamReader	Hiermit können Textdateien sehr bequem gelesen werden. Der Zugriff ist aber rein sequenziell, d. h., es ist nicht möglich die Leseposition unmittelbar zu beeinflussen
StreamWriter	Hiermit können Textdateien sehr bequem geschrieben werden. Auch hier ist der Zugriff rein sequenziell, d. h., es ist nicht möglich die Schreibposition unmittelbar zu beeinflussen
BinaryReader	Dient zum Lesen von Byte-Werten von binären Dateien.
BinaryWriter	Dient zum Schreiben von Byte-Werten in binäre Dateien

12.1 Informationen über Verzeichnisse und Dateien ermitteln

Oftmals ist es wichtig Informationen über Verzeichnisse und Dateien zu ermitteln und zu verarbeiten. In diesem Abschnitt werden wir uns exemplarisch einige Informationen über Verzeichnisse und Dateien holen und anzeigen lassen.

Auftrag

Ein Windows-Forms-Programm soll entwickelt werden, mit dessen Hilfe Informationen über Verzeichnisse und Dateien ermittelt und angezeigt werden können.

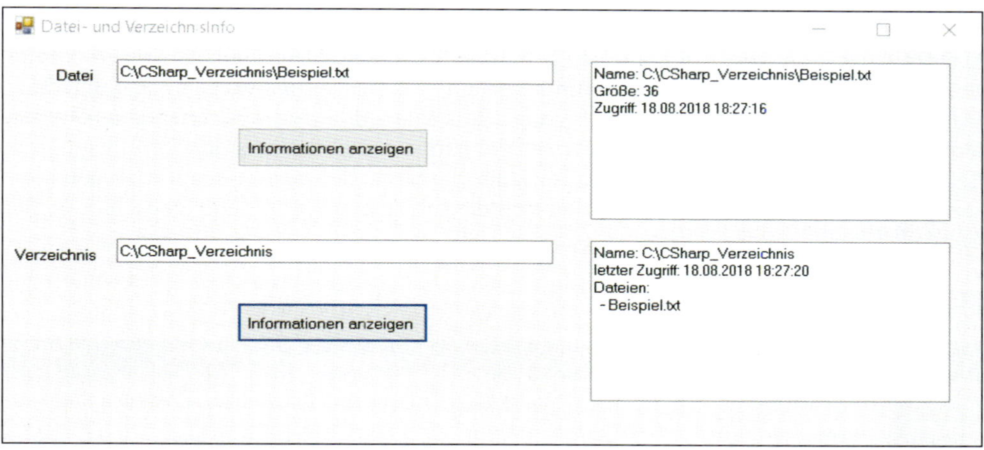

Abb. 12.1: Informationen über Dateien und Verzeichnisse ermitteln

Zunächst wird wieder die Windows-Forms-Oberfläche erstellt und für die einzelnen Steuerelemente werden folgende Eigenschaften gesetzt:

Eigenschaft: frmMain	Wert
Name	frmMain
Text	Datei- und VerzeichnisInfo

Eigenschaft: btnVerzeichnisInfo	Wert
Name	btnVerzeichnisInfo
Text	Informationen anzeigen

Eigenschaft: btnDateiInfo	Wert
Name	btnDateiInfo
Text	Informationen anzeigen

Eigenschaft: txtDatei	Wert
Name	txtDatei
Text	

Eigenschaft: txtVerzeichnis	Wert
Name	txtVerzeichnis
Text	

Eigenschaft: txtVerzeichnisInfo	Wert
Name	txtVerzeichnisInfo
Text	
Multiline	True

Eigenschaft: txtDateiInfo	Wert
Name	txtDateiInfo
Text	
Multiline	True

Nun werden die Klick-Ereignisse der beiden Buttons erstellt und darin der Quelletxt zum Ermitteln der jeweilgen Informationen geschrieben. Um Informationen über ein bekanntes Verzeichnis bzw. eine bekannte Datei zu ermitteln, stehen die Klassen File und FileInfo bzw. Directory und DirectoryInfo zur Verfügung. Diese Klassen leisten weitgehend das Gleiche, lediglich einmal als instanzierbare Klasse und einmal mithilfe von statischen Elementen. Bei den Klassen File und Directory werden statische Methoden verwendet und bei den Klassen FileInfo und DirectoryInfo befinden sich die Informationen in den Eigenschaften. Die folgende Übersicht zeigt wichtige Methoden und Eigenschaften dieser Klassen.

Klasse: File

Methode	Bescheibung
Create(string path)	Erstellt oder überschreibt eine Datei im angegebenen Pfad
Exists(string file)	Bestimmt, ob die angegebene Datei vorhanden ist
Delete(string file)	Löscht die angegebene Datei
OpenRead(string file)	Öffnet eine vorhandene Datei zum Lesen
OpenWrite(string file)	Öffnet eine vorhandene Datei oder erstellt eine neue Datei zum Schreiben
GetLastAccessTime(string file)	Gibt das Datum und die Uhrzeit des letzten Zugriffs auf die angegebene Datei bzw. das angegebene Verzeichnis zurück

Klasse: FileInfo

Eigenschaften	Bescheibung
FullName	Ruft den vollständigen Pfad des Verzeichnisses oder der Datei ab
Exists	Ruft einen Wert ab, der angibt, ob eine Datei vorhanden ist
Name	Ruft den Namen der Datei ab
Length	Ruft die Größe der aktuellen Datei in Byte ab.
LastAccessTime	Ruft den Zeitpunkt des letzten Zugriffs auf die aktuelle Datei oder das aktuelle Verzeichnis ab oder legt diesen fest
LastWriteTime	Ruft den Zeitpunkt des letzten Schreibzugriffs auf die aktuelle Datei oder das aktuelle Verzeichnis ab oder legt diesen fest.

Klasse: Directory

Methode	Bescheibung
CreateDirectory(string path)	Erstellt alle Verzeichnisse und Unterverzeichnisse im angegebenen Pfad, es sei denn, sie existieren bereits
Exists(string directory)	Bestimmt, ob der angegebene Pfad auf ein vorhandenes Verzeichnis auf einem Datenträger verweist
Delete(string path)	Löscht ein leeres Verzeichnis aus einem angegebenen Pfad
GetFiles(string directory)	Gibt die Namen aller Dateien (einschließlich des Pfads) im angegebenen Verzeichnis zurück
GetCurrentDirectory()	Ruft das aktuelle Arbeitsverzeichnis der Anwendung ab
GetLastAccessTime(string directory)	Gibt das Datum und die Uhrzeit des letzten Zugriffs auf die angegebene Datei bzw. das angegebene Verzeichnis zurück

Klasse: DirectoryInfo

Eigenschaften	Bescheibung
FullName	Ruft den vollständigen Pfad des Verzeichnisses ab
Exists	Ruft einen Wert ab, der angibt, ob das Verzeichnis vorhanden ist
Name	Ruft den Namen des Verzeichnisses ab
Parent	Ruft das übergeordnete Verzeichnis eines angegebenen Unterverzeichnisses ab
LastAccessTime	Ruft den Zeitpunkt des letzten Zugriffs auf die aktuelle Datei oder das aktuelle Verzeichnis ab oder legt diesen fest
LastWriteTime	Ruft den Zeitpunkt des letzten Schreibzugriffs auf die aktuelle Datei oder das aktuelle Verzeichnis ab oder legt diesen fest

Einige dieser Eigenschaften bzw. Methoden werden nun im Programm verwendet. Um sicherzustellstellen, dass die entsprechednen Klassen auch zur Verfügung stehen, wird der Namespace „System.IO" ins Programm eingebunden. Als erstes wird in beiden Klick-Routinen der Name der Datei bzw. des Verzeichnisses aus dem Textfeld ausgelesen und anschließend getestet, ob die Datei oder das Verzeichnis überhaupt existiert. Wenn dies der Fall ist, kann weitergearbeitet werden. Ansonsten erscheint eine entsprechende Meldung im Anzeigefenster. Die Datei- bzw. Verzeichnisinformationen werden in der entsprechenden TextBox angezeigt. Um eine neue Zeile in der Mulitlinie.TextBox zu beginnen, wird hier der Befehl

```
Environment.NewLine;
```

verwendet. Bei den Informationen über das Verzeichnis werden alle Dateien aufgelistet, die sich in diesem befinden. Dazu werden mithilfe der Methode GetFiles() alle Dateninformationen des Verzeichnisses ausgelesen und in einem Feld gespeichert. Dies wird dann im Anschluss mithilfe einer foreach-Schleife angezeigt.

```
using System;
using System.IO;
using System.Windows.Forms;
namespace DateiInfo {
    public partial class frmMain : Form {
        public frmMain() {
            InitializeComponent();
        }

        private void btnDateiInfo_Click(object sender, EventArgs e) {
            string fileName = txtDatei.Text;
            bool fileExists = File.Exists(fileName);
            if (fileExists) {
                FileInfo fileInfo = new FileInfo(fileName);
                txtDateiInfo.Clear();
                txtDateiInfo.Text += "Name: " + fileInfo.FullName;
                txtDateiInfo.Text += Environment.NewLine;
                txtDateiInfo.Text += "Größe: " + fileInfo.Length;
                txtDateiInfo.Text += Environment.NewLine;
                txtDateiInfo.Text += "Zugriff: " +
                                     fileInfo.LastAccessTime;
                txtDateiInfo.Text += Environment.NewLine;
            } else {
                txtDateiInfo.Text = "Datei wurde nicht gefunden!";
            }
        }

        private void btnVerzeichnisInfo_Click(object sender,
                                              EventArgs e) {
            string dirName = txtVerzeichnis.Text;
            bool dirExists = Directory.Exists(dirName);
            if (dirExists) {
                DirectoryInfo dirInfo = new DirectoryInfo(dirName);
                txtVerzeichnisInfo.Clear();
                txtVerzeichnisInfo.Text += "Name: " +
                                           dirInfo.FullName;
                txtVerzeichnisInfo.Text += Environment.NewLine;
                txtVerzeichnisInfo.Text += "letzter Zugriff: " +
                                           dirInfo.LastAccessTime;
                txtVerzeichnisInfo.Text += Environment.NewLine;
                txtVerzeichnisInfo.Text += "Dateien:    ";
                txtVerzeichnisInfo.Text += Environment.NewLine;

                FileInfo[] files = dirInfo.GetFiles();
                foreach(FileInfo file in files) {
                    txtVerzeichnisInfo.Text += "   - " + file.Name;
                    txtVerzeichnisInfo.Text += Environment.NewLine;
                }
```

Namespace „System.IO“ einbinden

Ausgabe aller Dateien des Verzeichnisses

```
                } else {
                    txtVerzeichnisInfo.Text = "Verzeichnis wurde nicht
                                                gefunden!";
                }
            }
        }
}
```

12.2 Lesen und Schreiben von Dateien mithilfe von FileStream (Consolen-Anwendung)

Mithilfe der Klasse FileStream können Informationen byteweise in Dateien geschrieben bzw. gelesen werden. Diese Art von Zugriff ist sehr flexibel, aber auch sehr komplex. Da wir später einfachere Möglichkeiten kennenlernen, um mit Dateien zu arbeiten, wird diese Klasse nur kurz anhand eines Beispiels vorgestellt.

```
using System;
using System.IO;
using System.Text;
namespace BeispielFileStream {
    class Program {
        static void Main(string[] args) {
            Console.Title = "Beispiel FileStream";
            string fileName = @"c:\CSharp_Verzeichnis\Test.txt";
            Console.WriteLine("Geben Sie einen Text ein:");
            string text = Console.ReadLine();
            SchreibeDatei(fileName, text);
            Console.WriteLine();
            Console.WriteLine("Der Text wurde in die Datei {0}
                               geschrieben", fileName);
            Console.WriteLine();
            Console.WriteLine("Die Datei {0} wird nun gelesen",
                               fileName);
            Console.WriteLine();
            LeseDatei(fileName);
            Console.WriteLine("Zum Beenden eine beliebige Taste
                               drücken ...");
            Console.ReadKey();
        }

        static void SchreibeDatei(string fileName, string text) {
            if (File.Exists(fileName)) {
                File.Delete(fileName);
            }
```

```
            using (FileStream fs = File.Create(fileName)) {
                byte[] info = new UTF8Encoding(true).GetBytes(text);
                fs.Write(info, 0, info.Length);
            }
        }

        static void LeseDatei(string fileName) {
            using (FileStream fs = File.OpenRead(fileName)) {
                byte[] b = new byte[128];
                UTF8Encoding temp = new UTF8Encoding(true);
                while (fs.Read(b, 0, b.Length) > 0) {
                    Console.WriteLine(temp.GetString(b));
                }
            }
        }
    }
}
```

Bei diesem Programm handelt es sich um ein Consolenprogramm, das einen durch den Benutzer eingegebenen Text in eine Datei schreibt und wieder lädt. Für das Speichern bzw. Laden der Daten wurde jeweils eine eigene Methode geschrieben. Teilweise kommen hier auch die Methoden der Klasse File zum Einsatz. Geöffnet wird die entsprechende Datei mit der using-Anweisung. Die using-Anweisung stellt sicher, dass Dispose aufgerufen wird, auch wenn eine Ausnahme ausgelöst wird. Man kann das gleiche Ergebnis erzielen, indem das Objekt in einen try-Block eingefügt und dann using in einem finally-Block aufgerufen wird:

```
using (FileStream fs = File.Create(fileName))
```

Die Informationen selbst werden durch die Metoden Read() bzw. Write() gelesen und geschrieben.
Die Methode Read() liest einen Byteblock aus dem Stream und schreibt die Daten in einen angegebenen Puffer. In diesem Fall wurde ein Array von 128 Bytes erstellt. Um die Bytefolge in eine Reihe von Unicode-Zeichen zu transformieren, wird die Klasse UTF8Encoding verwendet:

```
UTF8Encoding temp = new UTF8Encoding(true);
```

Die gleiche Klasse wird verwendet, um beim Schreiben die Unicodezeichen in eine Bytefolge zu transformieren und in einem Array von Bytes zu speichern.

```
byte[] info = new UTF8Encoding(true).GetBytes(text);
```

Dieses Array wird dann anschließend mit dem Befehl Write () in den Dateistream geschrieben. Wenn das Programm ausgeführt wird, erhält man folgende Ausgabe:

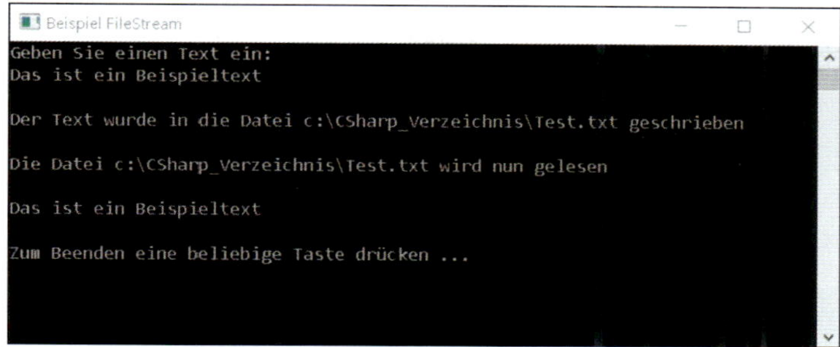

Abb. 12.2: Ausgabe von „Beispiel FileStream"

12.3 Lesen und Schreiben von Textdateien (Windows-Forms-Anwendung)

In diesem Abschnitt werden wir uns mit dem Lesen und Schreiben von reinen Textdateien beschäftigen. In C# stehen einige Klassen zur Verfügung, die diese Arbeit sehr vereinfachen.

Auftrag

Es soll ein Windows-Forms-Programm entwickelt werden, mit dessen Hilfe Textdateien gelesen und geschrieben werden können. Der Inhalt soll in einer TextBox angezeigt und verändert werden können.

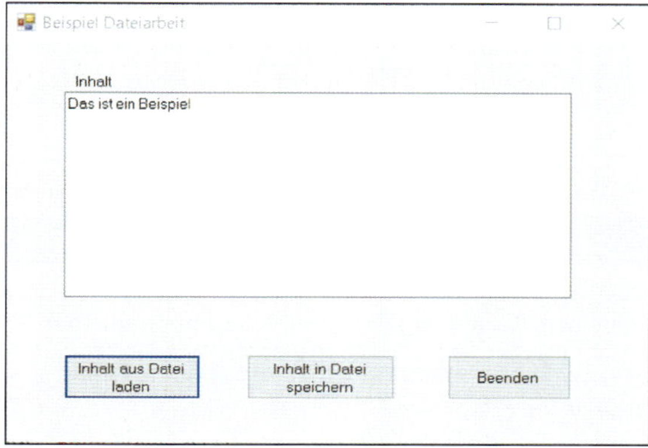

Abb. 12.3: Oberfläche des Textprogramms

Entwickeln Sie zuerst wieder eine Windows-Forms-Anwendung mit den entsprechenden Steuerelementen und setzen Sie die nachfolgenden Eigenschaften.

Eigenschaft: frmMain	Wert
Name	frmMain
Text	Beispiel Dateiarbeit

Eigenschaft: txtZeichen	Wert
Name	txtZeichen

Eigenschaft: btnLaden	Wert
Name	btnLaden
Text	Inhalt aus Datei laden

Eigenschaft: txtInhalt	Wert
Name	txtInhalt

Eigenschaft: btnSpeichern	Wert
Name	btnSpeichern
Text	Inhalt in Datei speichern

Eigenschaft: label1	Wert
Text	Inhalt

Jetzt muss noch die jeweilige Klick-Methode für alle Buttons erzeugt werden. Dazu wird wieder die Ereignisübersicht verwendet. Um mit Textdateien zu arbeiten, stehen die Klassen StreamReader und StreamWriter zur Verfügung. Wichtige Methoden sind in der nachfolgenden Übersicht zusammengestellt.

Methoden der Klasse StreamWriter

Methode	Bescheibung
Close()	Schließt das aktuelle StreamWriter-Objekt und den zugrunde liegenden Stream
WriteLine(information)	Mehrfach überladene Methode, welche die Information in die Textzeichenfolge oder den Stream schreibt, gefolgt von einem Zeichen für den Zeilenabschluss

Methoden der Klasse StreamReader

Methode	Bescheibung
Close()	Schließt das StreamReader-Objekt sowie den zugrunde liegenden Stream und gibt alle dem Reader zugeordneten Systemressourcen frei
ReadLine()	Liest eine Zeile von Zeichen aus dem aktuellen Stream und gibt die Daten als Zeichenfolge zurück
Peek()	Gibt das nächste verfügbare Zeichen zurück, ohne es zu verarbeiten

Beim Laden der Informationen einer Datei wird zunächst aus einem Filestream ein StreamReader-Objekt erzeugt und gleichzeitig die Datei zum Lesen geöffnet:

```
StreamReader sr = new StreamReader(fs);
```

In einer Schleife werden nun die Dateiinformationen zeilenweise ausgelesen und in der TextBox angezeigt. Die Schleife wird dabei solange durchlaufen, bis durch den Befehl Peek() kein Zeichen mehr in der Datei gefunden wird, also wenn das Dateiende erreicht ist. Am Ende muss die Datei wieder geschlossen werden. Dies geschieht mit dem Befehl Close() des StreamReaders.

Das Schreiben von Informationen in eine Datei verläuft ähnlich einfach. Diesmal wird aus dem FileStream ein StreamWriter-Objekt erzeugt und dabei die Datei gleichzeitig geöffnet. Zum Schreiben bedienen wir uns des Befehls WriteLine() des StreamWriters. Damit werden ganze Zeilen in die Datei geschrieben. Um den Inhalt der TextBox in einzelne Zeilen aufzusplitten, wird die Methode Split() aus der Klasse Regex verwendet. Diese teilt die Zeichenfolge der TextBox in einzelne Teilstrings auf und gibt ein entsprechendes Array zurück. Um diese Methode nutzen zu können, muss zuvor der Namespace „System.Text.RegularExpressions“ ins Programm eingebunden werden. Das so erzeugte Feld wird nun Element für Element durchlaufen und der Inhalt in die Datei geschrieben. Am Ende wird die Datei wieder geschlossen.

```
using System;
using System.IO;
using System.Windows.Forms;
using System.Text.RegularExpressions;
namespace DateiLesenSchreiben {
    public partial class frmMain : Form {
        public frmMain() {
            InitializeComponent();
        }

        private void btnBeenden_Click(object sender, EventArgs e) {
            Close();
        }

        private void btnLaden_Click(object sender, EventArgs e) {
            FileStream fs = new FileStream("C:\\CSharp_Verzeichnis\\
                                            Test.txt",
                                            FileMode.Open,
                                            FileAccess.Read);
            if (fs != null) {
                StreamReader sr = new StreamReader(fs);
                txtInhalt.Clear();
                while (sr.Peek() != -1) {
                    string zeile = sr.ReadLine();
                    txtInhalt.Text += zeile;
                    txtInhalt.Text += Environment.NewLine;
                }
                sr.Close();
            }

        }
```

```
        private void btnSpeichern_Click(object sender, EventArgs e) {
            FileStream fs = new FileStream("C:\\CSharp_Verzeichnis\\
                                           Test.txt",
                                           FileMode.Create,
                                           FileAccess.Write);
            if (fs != null) {
                StreamWriter sw = new StreamWriter(fs);
                string[] lines = Regex.Split(txtInhalt.Text, "\r\n");
                foreach (string zeile in lines) {
                    sw.WriteLine(zeile);
                }
                sw.Close();
            }

        }
    }
}
```

Auch wenn das Lesen und Schreiben von Textdateien relativ einfach anmutet, fehlen noch einige nützliche Dinge in dem Programm. Bis jetzt waren der Dateiname und dessen Verzeichnispfad im Programm fest vorgegeben. Dies ist nicht sehr benutzerfreundlich. Um die Benutzerfreundlichkeit zu verbessern, werden wir die Dialogfelder „OpenFileDialog" und „SaveFileDialog" verwenden. Hiermit erhält der Benutzer die Möglichkeit in den Verzeichnissen zu navigieren und Dateien auszuwählen, so wie man es aus moderen Programmen kennt.

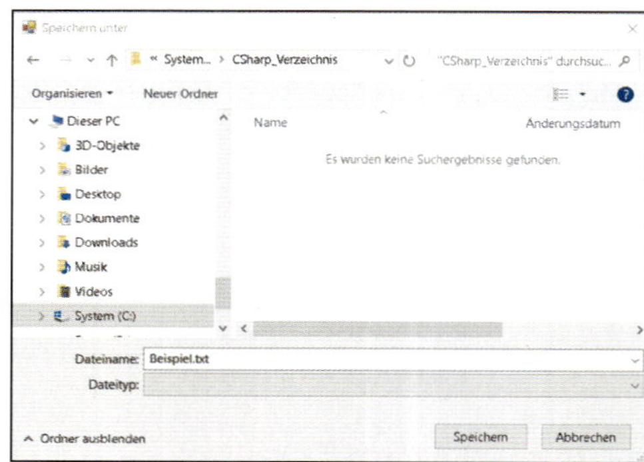

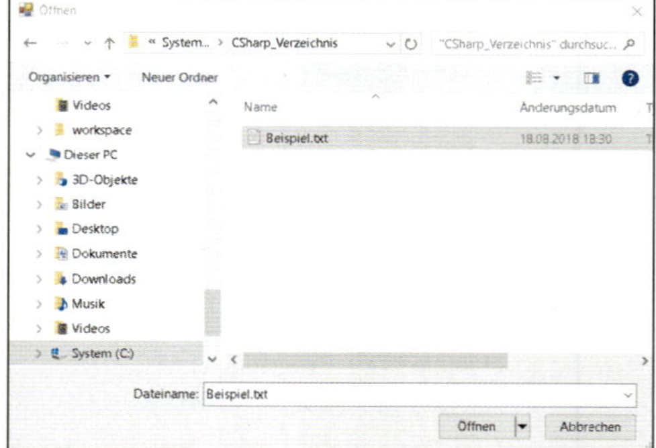

Abb. 12.4: OpenFileDialog und SaveFileDialog

Außerdem wollen wir das Schreiben und Lesen der Daten noch weiter vereinfachen. Dazu benutzen wir die Methoden ReadAllText() und WriteAllText() der Klasse File. Zunächst ziehen wir beide Dialogfelder auf das Formular. Diese werden dort nicht direkt angezeigt, sondern darunter.

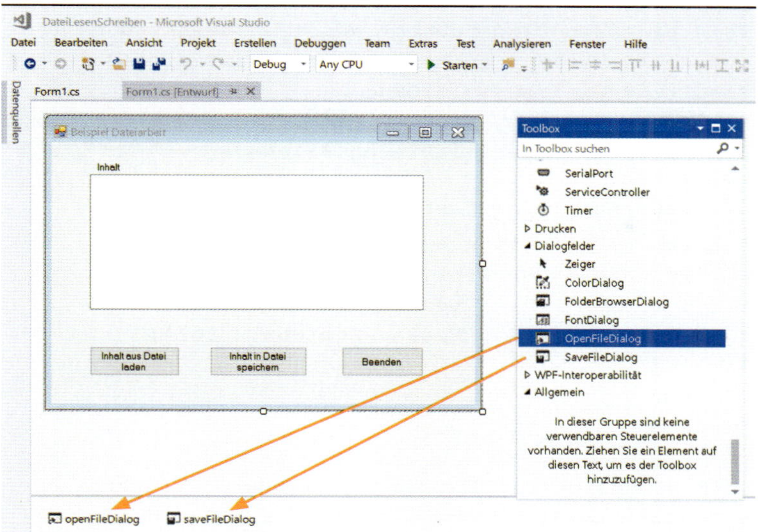

Abb. 12.5: OpenFileDialog und SaveFileDialog unterhalb des Formulars

Um beide Dialoge im Programm aufzurufen, wird der Befehl ShowDialog() verwendet:

```
DialogResult result = openFileDialog.ShowDialog();
```

Beim Schließen wird ein DialogResult zurückgegeben. Hiermit kann festgestellt werden, ob der Button „Öffnen“ bzw. „Speichern“ oder der „Abbrechen“-Button gedrückt wurde. Im ersten Fall wird aus dem Dialog der gewählte Dateiname ausgelesen und in diese Datei die Daten geschrieben bzw. die Daten aus dieser Datei ausgelesen. Das Ganze wird noch in einen try-Block gekapselt, um eventuelle Exceptions abzufangen. Der komplette Quellcode hierfür ist unten nochmals aufgelistet. Dabei muss der Quellcode für die Methoden btnLaden_Click() und btnSpeichern_Click() aus dem letzten Abschnitt komplett ersetzt werden.

```
using System;
using System.IO;
using System.Windows.Forms;
namespace DateiLesenSchreiben {
    public partial class frmMain : Form {
        public frmMain() {
            InitializeComponent();
        }

        private void btnBeenden_Click(object sender, EventArgs e) {
            Close();
        }
```

```
        private void btnLaden_Click(object sender, EventArgs e) {
            DialogResult result = openFileDialog.ShowDialog();
            if (result == DialogResult.OK)
            {
                string file = openFileDialog.FileName;
                try {
                    txtInhalt.Text = File.ReadAllText(file);
                } catch (IOException ex) {
                    MessageBox.Show(ex.Message, "Fehler",
                                    MessageBoxButtons.OK,
                                    MessageBoxIcon.Error);
                }
            }
        }

        private void btnSpeichern_Click(object sender, EventArgs e) {
            DialogResult result = saveFileDialog.ShowDialog();
            if (result == DialogResult.OK) {
                string file = saveFileDialog.FileName;
                try {
                    File.WriteAllText(file, txtInhalt.Text);
                } catch (IOException ex) {
                    MessageBox.Show(ex.Message, "Fehler",
                                    MessageBoxButtons.OK,
                                    MessageBoxIcon.Error);
                }
            }
        }
    }
}
```

Lesen des kompletten Datei-Inhalts und Anzeigen in der TextBox

Schreiben des kompletten Inhalts der TextBox in die Datei

12.4 Lesen und Schreiben von Textdateien (WPF-Anwendung)

In diesem Abschnitt werden wir nochmals ein Programm zum Lesen und Schreiben von Textdateien entwicklen, diesmal aber als WPF-Anwendung. Diese unterscheidet sich in einigen Teilen von der Windows-Forms-Anwendung.

Auftrag

Ein WPF-Programm soll entwickelt werden, mit dessen Hilfe Textdateien gelesen und geschrieben werden können. Der Inhalt soll in einer TextBox angezeigt und verändert werden können.

Abb. 12.6: WPF-Programm: Textdateien lesen und schreiben

Diesmal wird anstelle der Buttons ein Menü mit Einträgen zum Laden, Speichern und Beenden verwendet. Die einzelnen Steuerelemente mit ihren Eigenschaften finden sich im nachfolgenden Code.

```
<Window x:Name=“frmMain” x:Class=“Wpf_DateiBeispiel.MainWindow”
        xmlns=“http://schemas.microsoft.com/winfx/2006/xaml/
              presentation”
        xmlns:x=“http://schemas.microsoft.com/winfx/2006/xaml”
        xmlns:d=“http://schemas.microsoft.com/expression/blend/2008”
        xmlns:mc=“http://schemas.openxmlformats.org/markup-
                 compatibility/2006”
        xmlns:local=“clr-namespace:Wpf_DateiBeispiel”
        mc:Ignorable=“d”
        Title=“MainWindow” Height=“350” Width=“525”
              Background=“{DynamicResource
              {x:Static SystemColors.ControlBrushKey}}”>
    <Grid>
        <TextBox x:Name=“txtInhalt” HorizontalAlignment=“Left”
                 Height=“208” Margin=“49,71,0,0” TextWrapping=“Wrap”
                 VerticalAlignment=“Top” Width=“429”
                 AcceptsReturn=“True”/>
        <Menu x:Name=“menu” HorizontalAlignment=“Left” Height=“35”
              VerticalAlignment=“Top” Width=“222”>
            <MenuItem x:Name=“miLaden” Header=“Laden”
                      Click=“miLaden_Click”/>
            <MenuItem x:Name=“miSpeichern” Header=“Speichern”
                      Click=“miSpeichern_Click”/>
            <MenuItem x:Name=“miBeenden” Header=“Beenden”
                      Click=“miBeenden_Click”/>
        </Menu>
        <Label x:Name=“label” Content=“Inhalt”
               HorizontalAlignment=“Left”
               Margin=“49,45,0,0” VerticalAlignment=“Top”/>
    </Grid>
</Window>
```

Im Programm soll wieder mithilfe eines OpenFileDialogs bzw. eines SaveFiledialogs eine Datei zum Lesen und Schreiben ausgesucht werden. Dazu müssen erst einmal die richtigen Namespaces in das Programm eingebunden werden: in diesem Fall „System.Windows" und „System.Win32". Beide Dialoge stehen diesmal nicht in der ToolBox zur Verfügung und so müssen die Objekte im Quellcode angelegt werden. Unter WPF steht die Eigenschaft „DialogResult" nicht zur Verfügung. Ansonsten ist der Rest des Quellcodes zum Lesen und Schreiben der Datei gleich.

```
using System.IO;
using System.Windows;
using Microsoft.Win32;
namespace Wpf_DateiBeispiel {
    /// <summary>
    /// Interaktionslogik für MainWindow.xaml
    /// </summary>
    public partial class MainWindow : Window {
        private OpenFileDialog openFileDialog = null;
        private SaveFileDialog saveFileDialog = null;

        public MainWindow() {
            InitializeComponent();
            openFileDialog = new OpenFileDialog();
            saveFileDialog = new SaveFileDialog();
        }

        private void miLaden_Click(object sender, RoutedEventArgs e) {
            if (openFileDialog.ShowDialog() == true)
            {
                string file = openFileDialog.FileName;
                try {
                    txtInhalt.Text = File.ReadAllText(file);
                } catch (IOException ex) {
                    MessageBox.Show(ex.Message,"Fehler",
                                    MessageBoxButton.OK);
                }
            }
        }

        private void miSpeichern_Click(object sender,
                                       RoutedEventArgs e) {
            if (saveFileDialog.ShowDialog() == true) {
                    string file = saveFileDialog.FileName;
                    try {
                        File.WriteAllText(file, txtInhalt.Text);
                    } catch (IOException ex) {
                        MessageBox.Show(ex.Message, "Fehler",
                                        MessageBoxButton.OK);
                    }
            }
        }
```

Anlegen der Dialoge

```
        private void miBeenden_Click(object sender,
                                     RoutedEventArgs e) {
            Close();
        }
    }
}
```

12.5 Aufgaben

1 Erstellen Sie eine Windows-Forms-Anwendung, mit deren Hilfe HTML-Dateien erzeugt, gespeichert, geladen und ausgeführt werden können. Außerdem sollen einige Informationen über die aktuelle Datei angezeigt werden. Die Oberfläche kann frei gestaltet werden. Die nachfolgende Abblidung ist nur ein Vorschlag.

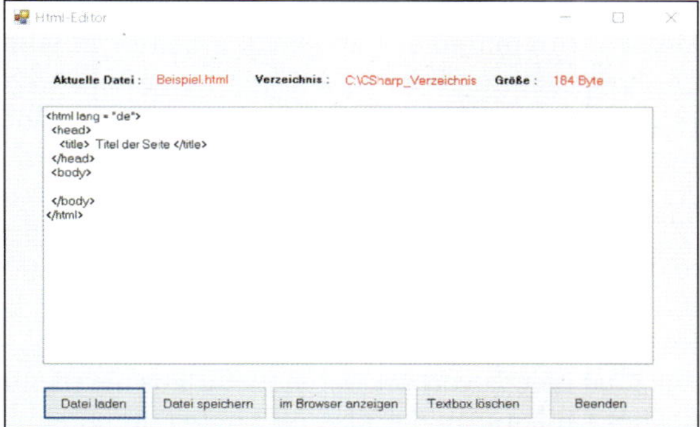

Erweitern Sie das Programm dadurch, dass noch weitere Informationen der Datei angezeigt werden. Außerdem können Sie versuchen einige oder alle HTML-Tags mithilfe des Programms farblich hervorzuheben.

2 Erstellen Sie eine WPF-Anwendung, in die Sie einen oder mehrere Suchbegriffe eingeben und eine Textdatei auswählen können. Danach soll das Programm ermitteln, wie oft die Suchbegriffe in der Textdatei vorhanden sind, und das Ergebnis anzeigen. Entwicklen Sie eine benutzerfreundliche Oberfläche.

Beispiel:

1. Suchbegriff: Wasser
2. Suchbegriff: Reise

Suchdatei: Beispiel.txt

Das Wort „Wasser“ kommt 12-mal in der Textdatei Beispiel.txt vor.
Das Wort „Reise“ kommt 0-mal in der Textdatei Beispiel.txt vor.

13 Arbeit mit Datenbanken

Wie im letzten Kapitel vorgestellt, kann man Daten, die man zu einem späteren Zeitpunkt wieder verwenden möchte, in einer oder mehreren Dateien speichern. Dies macht bis zu einem bestimmten Umfang der Datenmenge auch Sinn. Handelt es sich jedoch um größere Datenmengen, bei denen die Daten auch noch auf unterschiedliche Weise in Beziehung miteinander stehen, kommt man um den Einsatz einer Datenbank nicht herum. Dadurch muss man sich auch nicht mehr darum kümmern, wie die Daten abgespeichert werden. Dies übernimmt die Datenbank selbst. Die Kommunikation mit der Datenbank erfolgt über SQL (Structured Query Language). Mithilfe von SQL können z. B. der Aufbau und die Struktur von Tabellen geändert werden. Es ist natürlich auch möglich Daten abzufragen, hinzuzufügen, zu ändern oder zu löschen. Um mit einer Datenbank arbeiten zu können, muss eine Verbindung zwischen dem Programm und der Datenbank hergestellt werden. Dazu werden Klassen verwendet, welche in ADO.NET zu finden sind. Vor der Einführung von ADO.NET im Jahr 2002 hat Microsoft verschiedene Technologien für den Zugriff und das Speichern von Daten eingesetzt. Der direkte Vorgänger von ADO.NET war Microsoft ActiveX Data Objects (ADO), eine verbindungsorientierte Datenzugriffstechnologie, der allerdings Schlüsselfunktionen für große, verteilte Anwendungen fehlen. ADO.NET hat eine zweischichtige Klassenstruktur: Auf der einen Seite gibt es Klassen, deren Objekte direkt an die Datenquelle angebunden sind, und auf der anderen Seite Klassen, deren Objekte unverbunden sind, d. h., sie sind völlig unabhängig von der Datenquelle, aus der die Daten stammen. Zu den verbundenen Objekten zählen u. a. die Klassen Connection, Command und DataAdapter, zu den unverbundenen die Klassen DataSet und DataTable. Mithilfe von ADO.NET kann man nicht nur Datenbanken ansprechen, sondern jede beliebige Quelle die ODBC- oder OleDB-fähig ist. So ist es durchaus auch möglich mit Exceltabellen zu arbeiten. Im folgenden Kapitel werden wir uns ansehen, wie man eine Verbindung zu einer Datenbank aufbaut und Informationen aus dieser im Programm anzeigt und verarbeitet.

13.1 Erzeugen von Access Test-Datenbanken

Bevor wir uns die Arbeit mit Datenbanken genauer ansehen, müssen wir zwei Test-Datenbanken erstellen, die für die Beispiele in diesem Buch verwendet werden. Da viele Anwender das Office-Paket von Microsoft installiert haben, liegt mit Access schon eine Datenbank vor, die dazu verwendet wird. Mit Microsoft Access lässt sich mit wenigen Handgriffen eine Datenbank erstellen. Wird Access geöffnet, erscheint im Normalfall eine Auswahl von Datenbankmöglichkeiten. Hier wird der Punkt „Leere Datenbank" ausgewählt. In dem Fenster, das anschließend erscheint, geben Sie den Datenbanknamen ein und wählen ein Verzeichnis zum Speichern aus. In unserem Beispiel wird der Name „Personenverwaltung.mdb" benutzt.

Abb. 13.1: Anlegen einer neuen Datenbank

In dieser Datenbank erzeugen wir eine neue Tabelle „Person“ mit folgenden Attributen:

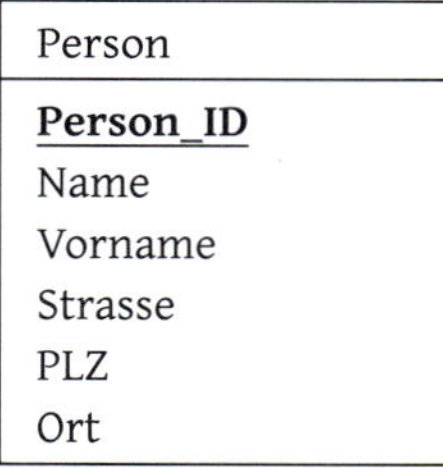

Person
<u>**Person_ID**</u>
Name
Vorname
Strasse
PLZ
Ort

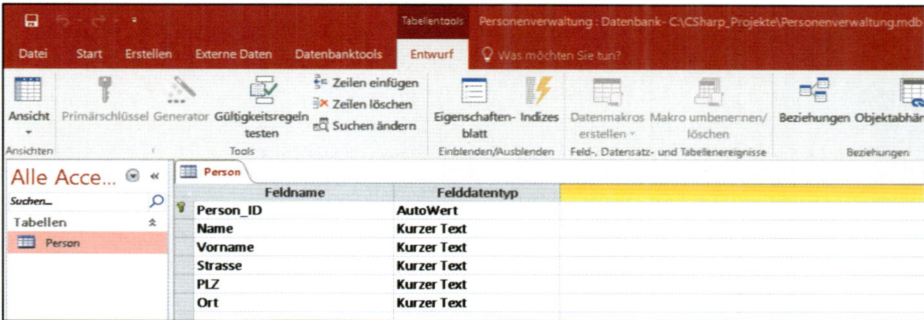

Abb. 13.2: Tabelle „Person“

Wenn die Tabelle erzeugt ist, wird die Datenbank gespeichert. Auf dieselbe Art erzeugen wir noch eine zweite Datenbank mit dem Namen „Filmverwaltung.mdb“, die ebenfalls nur eine Tabelle enthält.

Film
<u>**Film_ID**</u>
Titel
Erscheinungsjahr
Länge

Auch diese wird gespeichert. Zu Testzwecken können in die Tabellen der beiden Datenbanken einige Testdaten eingetragen werden. Nach einem erneuten Abspeichern der Daten wird Access geschlossen und von nun an auch nicht mehr benötigt.

13.2 Datenbankverbindung herstellen

Um eine Datenbankanbindung zu erstellen, ist als Erstes zu klären, aus welcher Datenquelle die Daten bezogen werden sollen. Hier kommt ein Datenprovider zum Einsatz. Ein Datenprovider ist eine Klassenbibliothek, die für den Zugriff auf einen bestimmten Datenspeichertyp geprägt ist. Jeder .NET-Datenprovider implementiert dabei die gleichen Klassen, beispielsweise Connection, Command oder DataAdapter. Der tatsächliche Name hängt vom gewählten Provider ab. Folgende Provider stehen zur Verfügung.

Provider	Beschreibung und Namensraum
Provider für SQL Server	Ermöglicht den Datenzugriff für Microsoft SQL Server Namespace: „System.Data.SqlClient“
Provider für OLE DB	Für Datenquellen, die mit OLE DB verfügbar gemacht werden Namespace: „System.Data.OleDb“
Provider für ODBC	Für Datenquellen, die mit ODBC verfügbar gemacht werden Namespace: „System.Data.Odbc“
Provider für Oracle	Für Oracle-Datenquellen; der .NET Framework-Datenanbieter für Oracle unterstützt Oracle-Clientsoftware der Version 8.1.7 und höher. Namespace: „System.Data.OracleClient“
EntityClient-Anbieter	Stellt Datenzugriff für Entity-Data-Model(EDM)-Anwendungen bereit Namespace: „System.Data.EntityClient“
Provider für SQL Server Compact 4.0	Ermöglicht den Datenzugriff für Microsoft SQL Server Compact 4.0 Namespace: „System.Data.SqlServerCe“

Das Grundprinzip einer Datenbankanbindung mithilfe eines Providers ist im nachfolgenden Schema dargestellt:

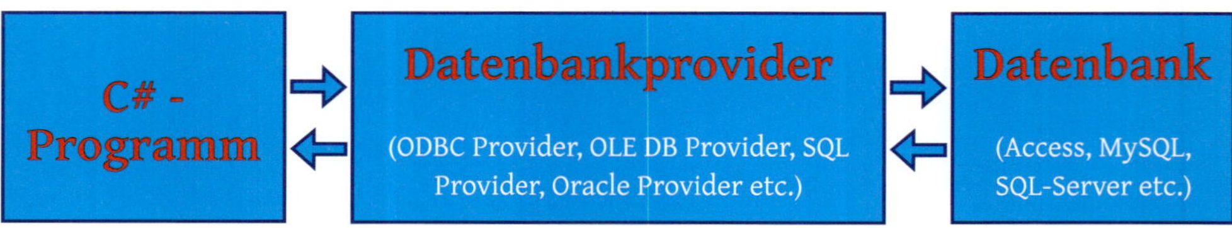

Abb. 13.3: Grundprinzip der Datenbankanbindung durch einen Provider

Da wir mit einer Access-Datenbank arbeiten, nutzen wir den Provider für OLE DB für unsere Beispiele. Das Prinzip ist aber auf alle anderen Provider übertragbar.

Auftrag

Ein Windows-Forms-Programm soll erstellt werden, das eine Verbindung zu einer Datenbank aufbaut, die Daten per SQL-Befehl abfragt und dann in einer TextBox anzeigt. Außerdem soll es möglich sein, Daten per SQL-Befehl einzufügen, zu ändern oder zu löschen.

Zuerst wird wieder eine Programmoberfläche entworfen. Diese könnte wie in Abb. 13.4 aussehen und enthält die unten aufgeführten Steuerelemente mit den entsprechenden Eigenschaften.

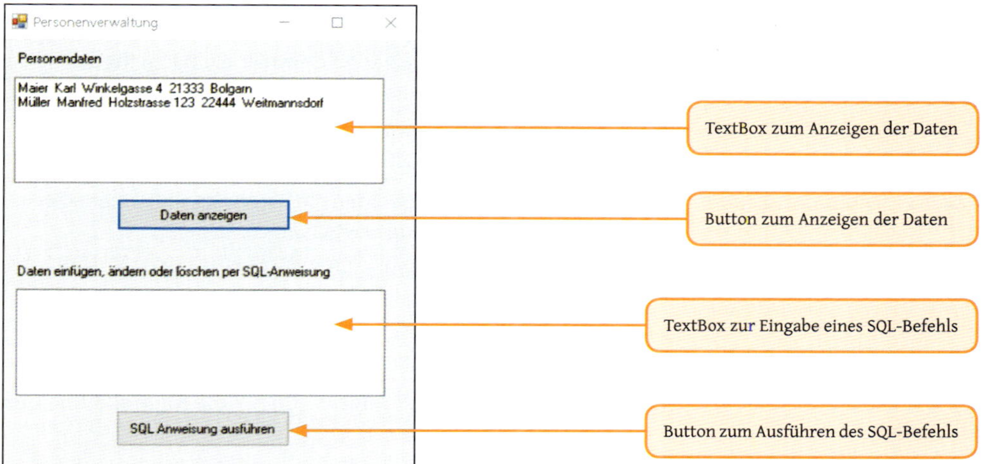

Abb. 13.4: Programmoberfläche zum Arbeiten mit der Datenbank

Steuerelement	Eigenschaft
Form	Name: frmMain Text: Personalverwaltung
TextBox	Name: txtAnzeige
TextBox	Name: txtSQLAnweisung
Button	Name: btnDatenAnzeigen Text: Daten anzeigen
Button	Name: btnAusfuehren Text: SQL-Anweisung ausführen
Label	Text: Personaldaten
Label	Text: Daten einfügen, ändern oder löschen per SQL-Anweisung

Danach wird die Testdatenbank „Personalverwaltung.mdb", wenn nicht bereits geschehen, mit Testdaten gefüllt. In unserem Fall sind es nur zwei Datensätze.

Person

Person_ID	Name	Vorname	Strasse	PLZ	Ort
1	Maier	Karl	Winkelgasse 4	21333	Bolgarn
2	Müller	Manfred	Holzstrasse 12:	22444	Weitmannsdor

Abb. 13.5: Testdatensätze für die Datenbank

Jetzt werden wir uns mit der Entwicklung des Programms beschäftigen. Zuerst legen wir vier Variablen an, die für die Arbeit mit der Datenbank benötigt werden. Die folgende Tabelle enthält eine Auflistung der Variablen und eine kurze Beschreibung von deren Einsatz.

Variable	Beschreibung
private OleDbConnection dBVerbindung = null;	Diese Variable enthält die Daten für die Datenbankverbindung.
private OleDbCommand sqlBefehl = null;	In diese Variable wird ein SQL-Befehl geschrieben, der später ausgeführt werden soll.
private OleDbDataReader dataReader = null;	Hier werden die Datensätze aus einer SQL-Abfrage zwischengespeichert.
bool dBOffen = false;	In der Boolean-Variablen wird festgehalten, ob die Datenbank gerade offen oder geschlossen ist.

Als Nächstes erzeugen wir im Ereignisfenster für das Ereignis „Click" die folgenden beiden Methoden:

```
private void btnDatenAnzeigen_Click(object sender, EventArgs e) {…}
private void btnAusfuehren_Click(object sender, EventArgs e) {…}
```

In diese wird nun folgender Code eingetragen, den wir im Anschluss näher betrachten werden:

```
using System;
using System.Data.OleDb;
using System.Windows.Forms;
namespace Personen_DB {
    public partial class frmMain : Form {
        private OleDbConnection dBVerbindung = null;
        private OleDbCommand sqlBefehl = null;
        private OleDbDataReader dataReader = null;
        bool dBOffen = false;

        public frmMain() {
            InitializeComponent();
        }

        private void btnDatenAnzeigen_Click(object sender, EventArgs e) {
            try {
                dBVerbindung = new OleDbConnection
                               ("Provider = Microsoft.Jet.OLEDB.4.0;
                                 Data Source = C:\\CSharp_Projekte\\
                                 Personenverwaltung.mdb");
                dBVerbindung.Open();
                dBOffen = true;
                sqlBefehl = dBVerbindung.CreateCommand();
                sqlBefehl.CommandText = "SELECT * FROM Person";
                dataReader = sqlBefehl.ExecuteReader();
```

```
            txtAnzeige.Clear();
            while (dataReader.Read()) {
                txtAnzeige.Text += dataReader.GetString(1) + "  ";
                txtAnzeige.Text += dataReader.GetString(2) + "  ";
                txtAnzeige.Text += dataReader.GetString(3) + "  ";
                txtAnzeige.Text += dataReader.GetString(4) + "  ";
                txtAnzeige.Text += dataReader.GetString(5) + "  ";
                txtAnzeige.Text += Environment.NewLine;
            }
        } catch (Exception ex) {
            MessageBox.Show(ex.Message);
        } finally {
            if (dBOffen) {
                dBVerbindung.Close();
            }
        }
    }

    private void btnAusfuehren_Click(object sender, EventArgs e) {
        try {
            dBVerbindung = new OleDbConnection
                        ("Provider = Microsoft.Jet.OLEDB.4.0;
                         Data Source = C:\\CSharp_Projekte\\
                         Personenverwaltung.mdb");
            dBVerbindung.Open();
            dBOffen = true;
            sqlBefehl = dBVerbindung.CreateCommand();
            sqlBefehl.CommandText = txtSQLAnweisung.Text;
            int anzahl = sqlBefehl.ExecuteNonQuery();
            MessageBox.Show("Es werden " + anzahl +
                        " Zeilen angepasst.");
        } catch (Exception ex) {
            MessageBox.Show(ex.Message);
        } finally {
            if (dBOffen) {
                dBVerbindung.Close();
            }
        }
    }
  }
}
```

Datenbank in jedem Fall schließen, wenn sie offen ist.

Datenbank in jedem Fall schließen, wenn sie offen ist.

Der grundsätzliche Ablauf bei der Arbeit mit Datenbanken besteht darin, eine Datenbank zu öffnen, eine oder mehrere Aktionen dort auszuführen und danach die Datenbank zu schießen. Da es dabei immer zu unvorhersehbaren Ausnahmen kommen kann, wird dieser Code jeweils immer in einem try-Block ausgeführt und auftretende Exceptions in einem catch-Block behandelt. In unserem Fall wird nur eine einfache Fehlermeldung mit der aufgetretenen Exception ausgegeben. Dazu kommt noch ein finally-Block, der in jedem Fall ausgeführt wird. In diesem wird die Datenbank geschlossen, falls sie noch offen sein sollte.

Im try-Block wird zunächst versucht eine Verbindung mit der Datenbank herzustellen und diese zu öffnen. Dieses geschieht mithilfe der Klasse OleDbConnection, von der wir ein neues Objekt erzeugen und dieses in der Variablen „dBVerbindung" speichern. Im Konstruktor dieser Klasse wird der Verbindungsstring übergeben. Dieser setzt sich zum einen aus dem Provider und zum anderem aus dem Pfad der zu öffnenden Datenbank zusammen.

```
new OleDbConnection("Provider = Microsoft.Jet.OLEDB.4.0; Data
                    Source = C:\\CSharp_Projekte\\Personen-
                    verwaltung.mdb");
```

Im Fall unserer Aufgabe wählen wir den Provider „Microsoft.Jet.OLEDB.4.0", da es sich um eine Access-Datenbank handelt, und als Datenbank wird „Personenverwaltung.mdb" ausgewählt. Die Datenbank wird nun geöffnet. Falls dieser Vorgang erfolgreich war, wird dieser Zustand in der Variablen „dbOffen" vermerkt.

Bis hier ist der Ablauf in beiden Klick-Routinen gleich, insofern hätte man diesen Vorgang auch in eine separate Methode auslagern können. Hier soll aber nur exemplarisch die Vorgehensweise dargestellt werden. Im Teil zum Anzeigen der Datenbankinformationen wird nun eine SQL-Abfrage ausgeführt und im Anschluss das Ergebnis in die TextBox geschrieben. Dazu dient die Zeile

```
sqlBefehl = dBVerbindung.CreateCommand();.
```

Hiermit wird ein OleDbCommand-Objekt erzeugt, in das die SQL-Anweisung geschrieben und in dem sie ausgeführt wird. In unserem Fall fragen wir alle Daten der Tabelle Person ab:

```
sqlBefehl.CommandText = "SELECT * FROM Person";
dataReader = sqlBefehl.ExecuteReader();
```

Nach der Ausführung des Befehls mithilfe der Methode ExecuteReader() erhalten wir ein Objekt der Klasse OleDbDataReader zurück, mit dessen Hilfe Datensatz für Datensatz gelesen werden kann. Das Lesen der Daten wird innerhalb einer Schleife ausgeführt, solange die Methode Read() einen Datensatz liefert. Die einzelnen Werte eines Datensatzes kann man durch die Methode GetString(*Spaltenindex*) ansprechen. Der Spaltenindex beginnt dabei mit dem Wert 0. Da wir aber den Primärschlüssel, sprich die Person_ID nicht mit ausgeben wollen, holen wir nur die Werte der Spalten 1 bis 5 und schreiben diese in die TextBox. Dabei bleibt die Ausgabe weistestgehend unformatiert. Die Ausgabe nach dem Drücken des Anzeigen-Buttons sieht dann für unsere Datensätze wie folgt aus:

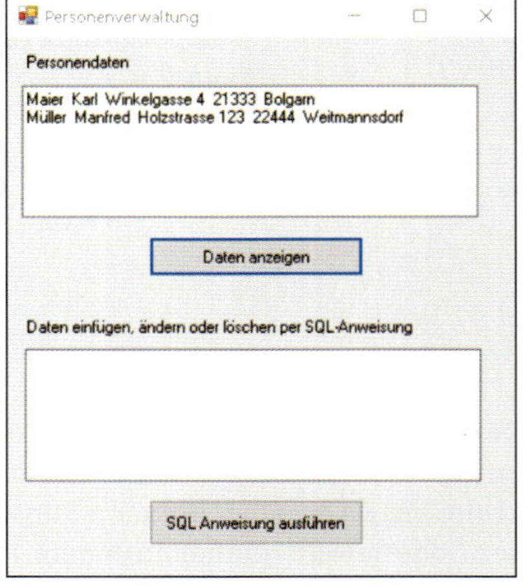

Abb. 13.6: Ausgabe des Datensatzes

Im zweiten Teil wird aus der anderen TextBox der dort eingetragende SQL-Befehl zum Einfügen, Ändern oder Löschen von Datensätzen ausgelesen und auf der Datenbank ausgeführt. Dazu dienen die folgenden Befehle:

```
sqlBefehl = dBVerbindung.CreateCommand();
sqlBefehl.CommandText = txtSQLAnweisung.Text;
int anzahl = sqlBefehl.ExecuteNonQuery();
```

Zuerst wird wieder ein OleDbCommand-Objekt erzeugt, in das die SQL-Anweisung eingetragen wird. Hier wird die SQL-Anweisung aus der TextBox ausgelesen. Da es sich um keine SQL-Abfrage handelt, wird zur Ausführung diesmal die Methode ExecuteNonQuery() verwendet. Diese liefert als Rückgabewert die Anzahl der Datensätze zurück, die durch die SQL-Anweisung beeinflusst werden. Dieser Wert wird durch eine MessageBox im Programm angezeigt. Als Beispiel wird mithilfe von „INSERT INTO" ein neuer Datensatz in die Tabelle „Person" geschrieben.

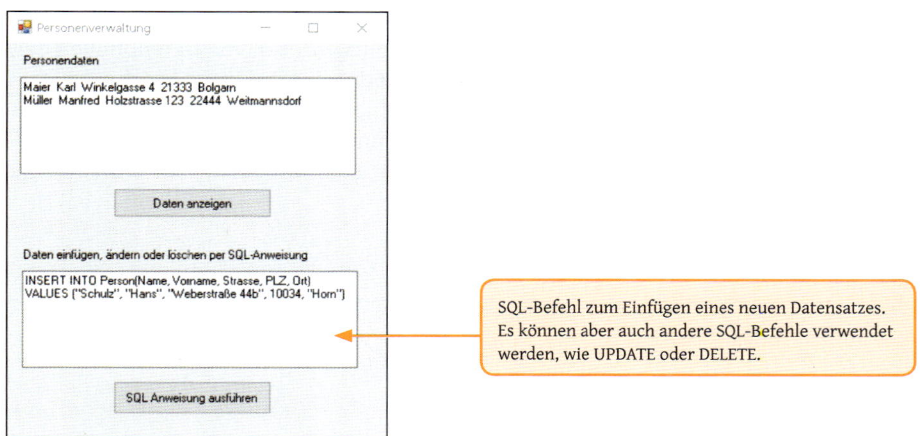

Abb. 13.7: Einen neuen Datensatz einfügen

Nach dem Ausführen des Befehls mithilfe des Buttons „SQL Anweisung ausführen" soll der neue Datenbestand angezeigt werden. Dieser sieht wie folgt aus:

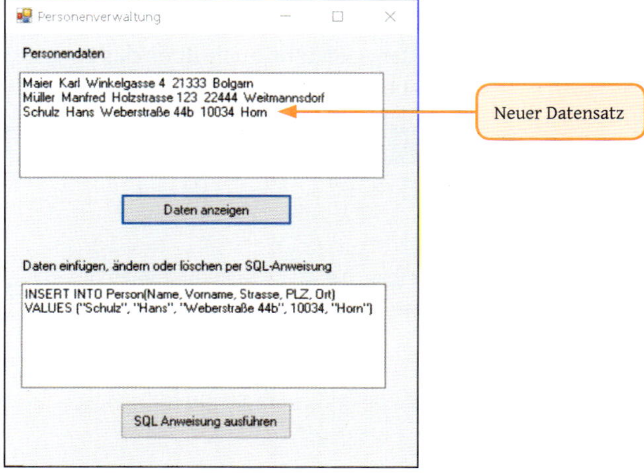

Abb. 13.8: Anzeigen des neuen Datensatzes

Wenn man die Datenbank mithilfe von Access öffnet, sieht man, dass der neue Datensatz der Tabelle „Person" hinzugefügt wurde.

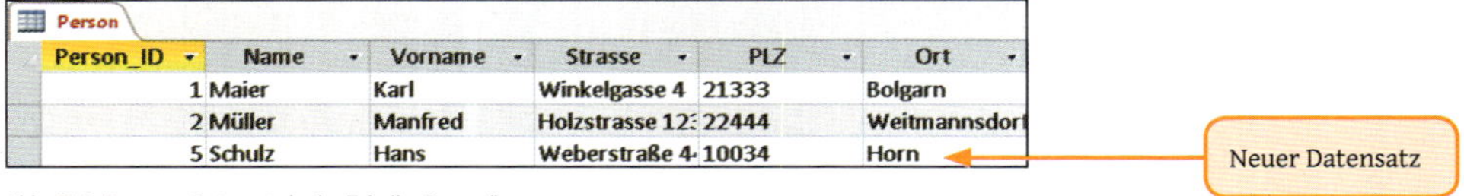

Person

Person_ID	Name	Vorname	Strasse	PLZ	Ort
1	Maier	Karl	Winkelgasse 4	21333	Bolgarn
2	Müller	Manfred	Holzstrasse 12	22444	Weitmannsdor
5	Schulz	Hans	Weberstraße 4	10034	Horn

Abb. 13.9: Der neue Datensatz in der Tabelle „Person"

13.3 Einbinden und Konfigurien einer Datenbank mithilfe eines Assistenten

Im letzen Abschnitt wurde eine Möglichkeit vorgestellt, wie man direkt mit der Datenbank interagieren kann. Allerdings ist diese Vorgehensweise nicht sehr bequem. Auch sind Ausgabe und Anzeige der Daten noch nicht sehr benutzerfreundlich. Dies soll nun geändert werden. Eine komfortable Art, um eine Datenbank in die Anwendung einzubinden und zu konfigurien, stellt die Benutzung des Assistenten zum Konfigurieren von Datenquellen dar. Mit dem Assistenten können Datenquellen in der Anwendung erstellt und bearbeitet werden. Datenquellen können Datenbanken, Dienste oder Objekte sein. Nachdem der Assistent ausgeführt wurde, ist die Datenquelle im Fenster „Datenquellen" verfügbar und datengebundene Steuerelemente können erstellt werden. Damit ist es möglich, sehr einfach eine benutzerfreundliche Oberfläche zu schaffen.

Auftrag

Binden Sie mithilfe des Assistenten zum Konfigurieren von Datenquellen die Datenbank „Filmverwaltung.mdb" in Ihre Anwendung ein und konfigurieren Sie diese.

Dazu müssen folgende Schritte ausgeführt werden:

1 **Starten des Assistenten**
Durch den nachfolgenden Menübefehl wird der Assistent gestartet:
Projekt | Neue Datenquelle

Alternativ kann der Assistent auch über das Fenster „Datenquellen" mit dem in Abb. 13.10 hervorgehobenen Symbol gestartet werden.

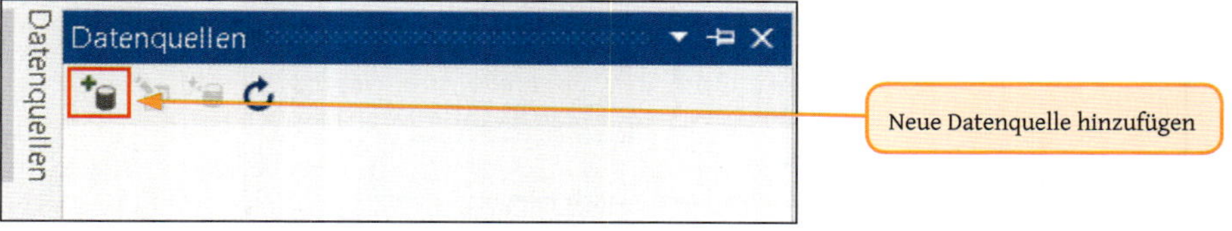

Abb. 13.10: Eine neue Datenquelle hinzufügen

2 Auswählen des Datenquellentyps

Im Augenblick werden die folgenden Datenquellentypen unterstützt: Datenbanken, Dienste und Objekte. Der ausgewählte Datenquellentyp legt fest, welche Datenobjekte im Projekt erstellt werden.

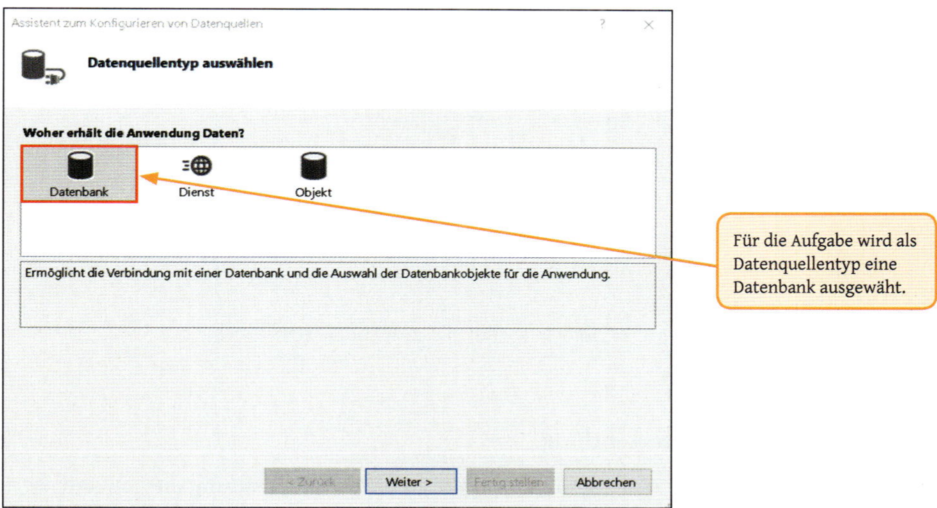

Abb. 13.11: Datenbank als Datenquelle

In der folgenden Tabelle sind die Datenquellentypen und eine kurze Beschreibung aufgelistet. Für die Aufgabe verwenden wir eine Datenbank und drücken dann den Button „Weiter“.

Datenquellentyp	Beschreibung
Datenbank	Ermöglicht der Anwendung, eine Verbindung mit Daten in Datenbankprodukten (z. B. Microsoft SQL Server) herzustellen und die Daten zu bearbeiten.
Dienst	Ermöglicht der Anwendung das Herstellen einer Verbindung mit einem Windows-Communication-Foundation(WCF)-Dienst, einem WCF Data Service oder einem Webdienst sowie die Nutzung der Daten und Methoden dieser Dienste.
Objekt	Ermöglicht der Anwendung, Daten in vorhandenen Objekten zu verwenden.

3 Datenmodell auswählen

Auf der nächsten Seite wird nun das Datenbankmodell ausgewählt. Hier steht momentan nur das DataSet zur Verfügung. Dies ist eine Darstellung von Daten, die, unabhängig von der Datenquelle, ein konsistentes relationales Programmiermodell enthält und dabei einen vollständigen Satz von Daten, einschließlich verknüpfter Tabellen, Einschränkungen und Beziehungen zwischen Tabellen darstellt. Die Auswahl wird durch das Betätigen des „Weiter“-Buttons bestätigt.

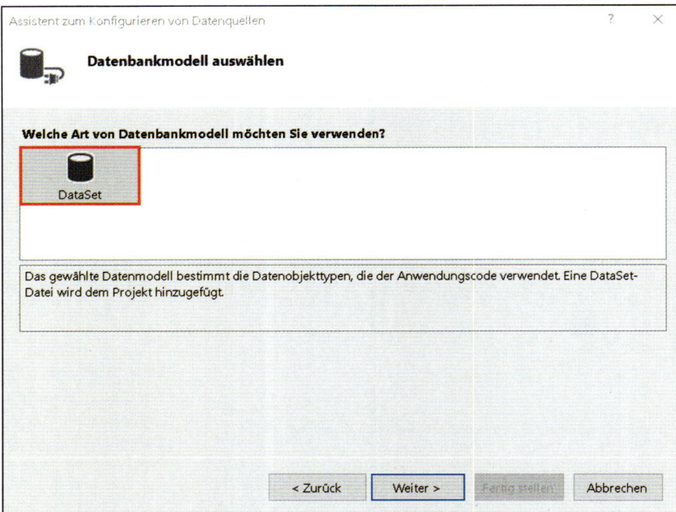

Abb. 13.12: Auswahl von DataSet

4 Auswahl der Datenverbindung

Im folgenden Fenster (Abb. 13.13) kann nun die Datenverbindung ausgewählt werden.

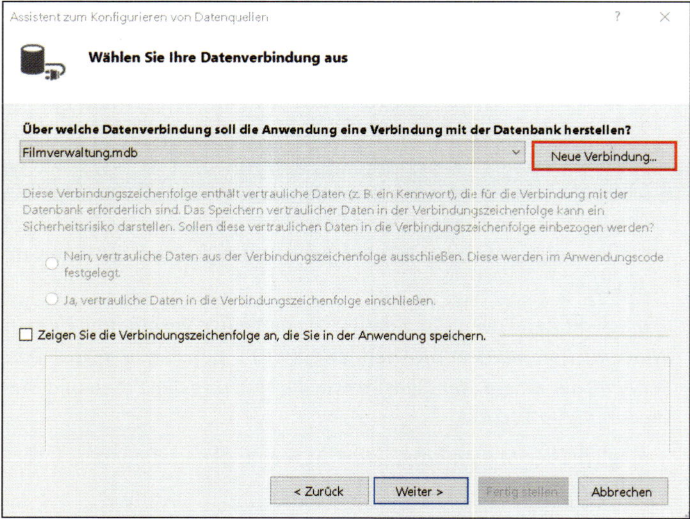

Abb. 13.13: Auswahl der Datenverbindung

Durch Betätigen des Buttons „Neue Verbindung“ öffnet sich ein neues Fenster, in dem wir eine neue Verbindung hinzufügen können. Da es sich bei der Filmverwaltungsdatenbank um eine Microsoft Access-Datenbank handelt, wird als Quelle „Microsoft Access-Datenbank (OLE DB)“ gewählt und anschließend die Datei „Filmverwaltung.mdb“ herausgesucht (Abb. 13.14).

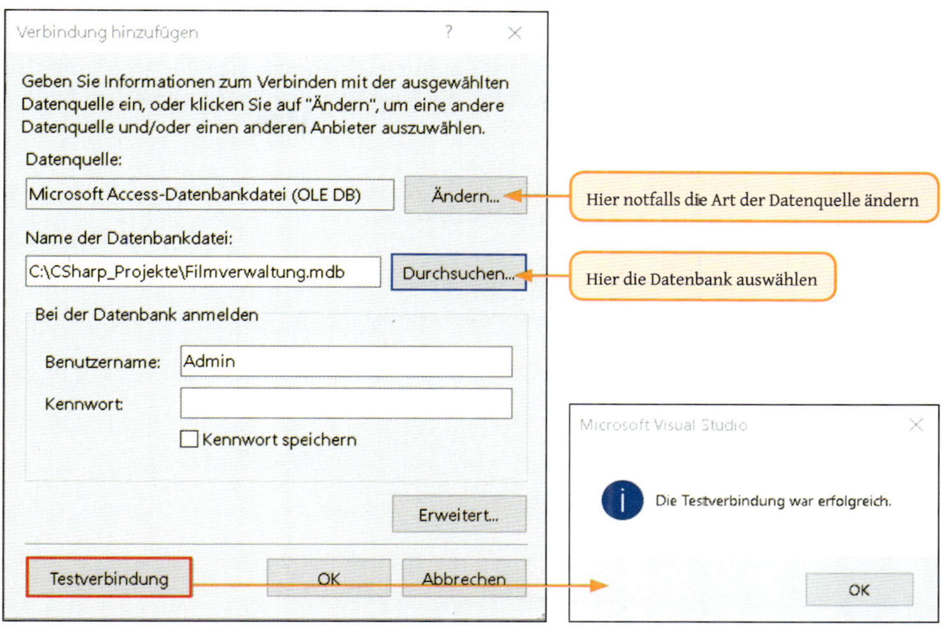

Abb. 13.14: Neue Verbindung hinzufügen und testen

Nach der Auswahl kann getestet werden, ob die Verbindung erfolgreich hergestellt wird. Dazu wird der Button „Testverbindung“ gedrückt. Wenn die Verbindung erfolgreich aufgebaut wurde, erhält man eine entsprechende Meldung. Danach wird der Dialog durch „OK“ geschlossen und im Dialog zur Auswahl der Datenverbindung der „Weiter“-Button betätigt. Dadurch wird folgendes Fenster angezeigt:

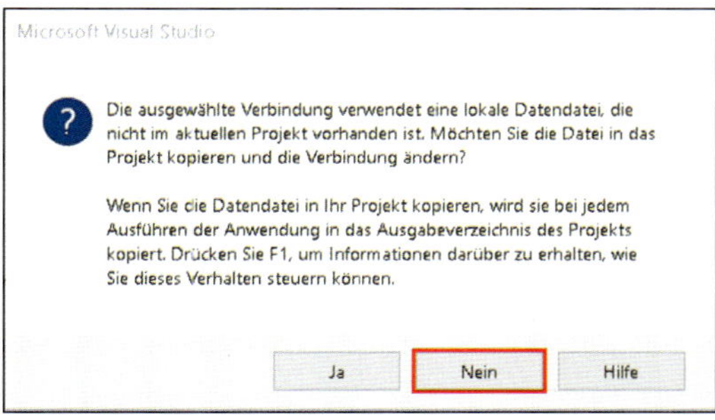

Abb. 13.15: Auswahl Originaldatenbank oder Kopie

Hier kann man nun entscheiden, ob man mit der Originaldatenbank oder mit einer Kopie, welche dann in das Projekt eingebunden wird, weiterarbeiten möchte. Für unsere Aufgabe arbeiten wir mit der Orignaldatenbank weiter und wählen deswegen „Nein“ aus.

5 Speichern der Verbindungszeichenfolge

Der nächste Dialog speichert die Verbindungszeichenfolge, was die Arbeit mit der Datenbank vereinfacht. Deswegen werden die Einstellungen übernommen und mit „Weiter" bestätigt.

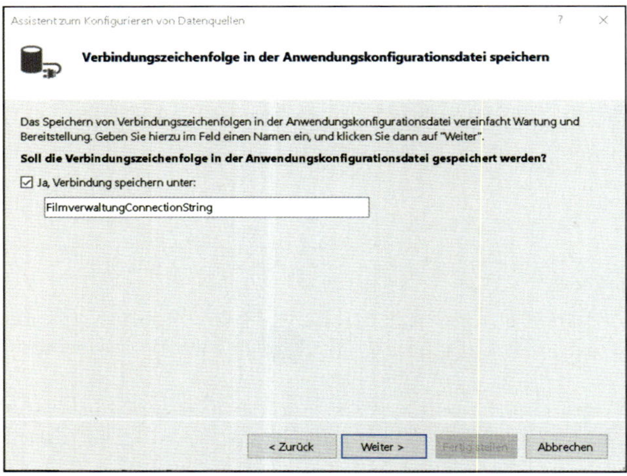

Abb. 13.16: Speichern der Verbindungszeichenfolge

6 Auswahl der Datenbankobjekte

Die Verbindung zur Datenbank ist nun aufgebaut. Im nächsten Fenster besteht nun die Möglichkeit, diejenigen Datenbankobjekte aus der Datenbank auszuwählen, die in das DataSet übernommen werden sollen. Dies können komplette Tabellen und Ansichten oder auch nur Teile davon sein. Die Datenbank „Filmverwaltung.mdb" besteht nur aus einer Tabelle. Aus der Tabelle „Film" wählen wir exemplarisch den Titel, das Erscheinungsjahr und die Filmlänge aus, indem wir die entsprechenden Häckchen setzen.

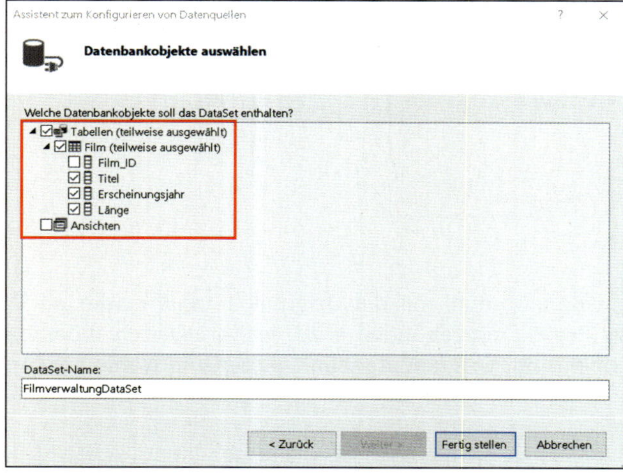

Abb. 13.17: Auswahl aus der Tabelle „Film"

Durch das Betätigen des Buttons „Fertig stellen" wird der Auswahl- und Konfigurationsvorgang abgeschlossen und ein entsprechendes DataSet im Fenster „Datenquellen" hinzugefügt, im diesem Fall das DataSet „FilmverwaltungDataSet". Mit diesem kann nun weitergearbeitet werden.

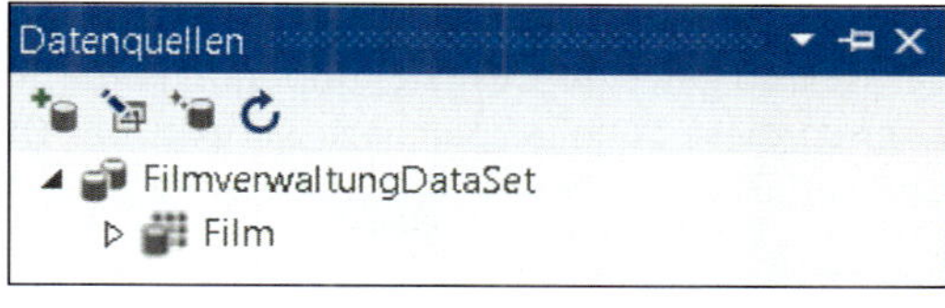

Abb. 13.18: Neues DataSet

13.4 Arbeiten mit Datenbanken (Windows-Forms-Anwendung)

Auftrag

Entwicklen Sie ein Windows-Forms-Programm, mit dessen Hilfe Sie die Daten der Datenbank „Filmverwaltung.mdb" anzeigen und bearbeiten können.

Zunächst erstellt man wieder ein Windows-Forms-Projekt mit einem Ausgabeformluar. Die Eigenschaften der Form mit ihren Werten sind in der Tabelle ausgeführt.

Steuerelement	Eigenschaft
Form	Name: frmMain Text: Filmverwaltung

Weitere Steuerelemente aus der ToolBox werden erst einmal nicht benötigt. Diese werden automatisch auf andere Weise generiert. Dazu wird in das Fenster „Datenquellen" gewechselt. Wenn mithilfe des Assistenten die Datenbank „Filmverwaltung.mdb" in das Programm eingebunden wurde, steht dort das DataSet „FilmverwaltungsDataSet" zur Verfügung. Dem DataSet sind die Tabelle „Film" mit den Attributen, die ausgewählt wurden, und ein entsprechendes Steuerelement zum Anzeigen der Daten zugeordnet. Standardmäßig ist das DataGridView als Steuerelement eingestellt. Es können aber auch andere Steuerlemente ausgewählt werden.

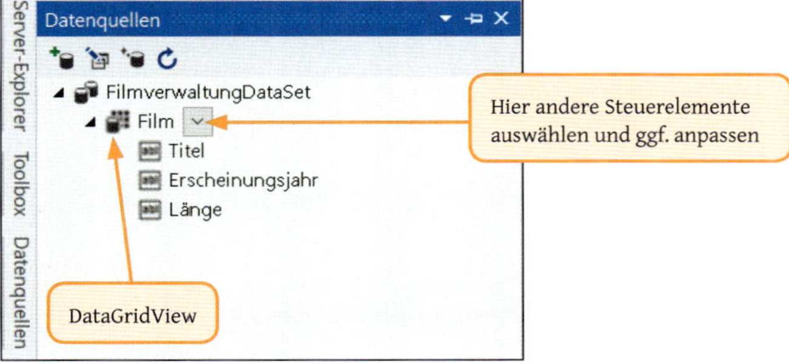

Abb. 13.19: FilmverwaltungsDataSet

Für unser Beispiel bleiben wir beim DataGridView. Um mit dem entsprechenden Steuerelement arbeiten zu können, wird dieses per Drag-and-drop auf das Formluar gezogen. Der Rest wird automatisch erzeugt. Wenn das Programm gestartet wird, wird die Datenbank geöffnet und die aktuellen Daten werden abgefragt und im DataGridView angezeigt. Es steht außerdem eine Naviagationsleiste zur Verfügung, mit deren Hilfe Datensätze hinzugefügt und gelöscht werden können. Wenn Änderungen an Werten vorgenommen werden, können diese auch gespeichert werden. Der Quellcode dafür wird automatisch genertiert und bedarf keiner weiteren Bearbeitung.

Abb. 13.20: Ansicht Datenbank „Filmverwaltung.mdb“

13.5 Arbeiten mit Datenbanken (WPF-Anwendung)

Auftrag

Entwicklen Sie ein WPF-Programm, mit dessen Hilfe Sie die Daten der Datenbank „Filmverwaltung.mdb“ anzeigen und bearbeiten können.

Für diese Aufgabe erstellen wir ein WPF-Projekt und weisen dem Fenster folgende Werte zu (siehe Tabelle). Dies kann im Eigenschaftsfenster oder im XAML-Code geschehen.

Steuerelement	Eigenschaft
Window	Name: frmMain Content: Filmverwaltung Background: ControlBrushKey

Danach ziehen wir aus der ToolBox ein Grid auf das Fenster und fügen dort per Drag-and-drop aus dem Fenster „Datenquellen“ das filmDataGrid ein. Wenn wir jetzt die Anwendung starten, erhalten wir folgende Ausgabe:

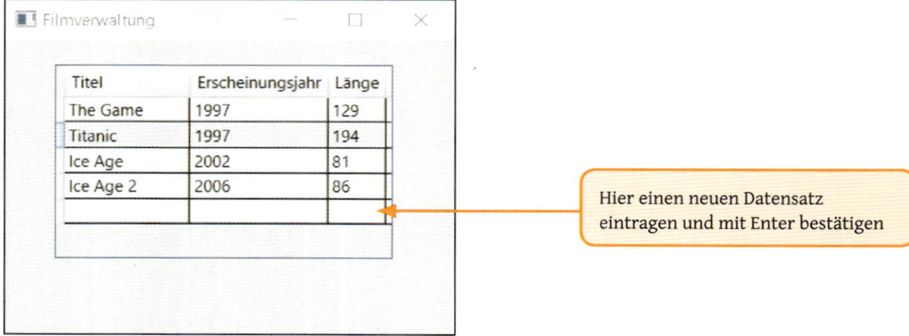

Abb. 13.21: Ausgabe Datenbank „Filmverwaltung.mdb“

Die Daten werden wieder in einer Tabelle angezeigt, aber die Navigationsleiste, wie wir sie aus einer Windows-Forms-Anwendung kennen, fehlt. Trotzdem können wir nun die Datensätze mit verschiedenen Operationen bearbeiten.

Operation	Beschreibung
Datensatz bearbeiten	In das entsprechende Feld klicken und den neuen Wert eintragen
Neuen Datensatz erstellen	In die leeren Felder Daten eintragen und mit Enter bestätigen. Damit wird gleichzeitig eine neue Zeile hinzugefügt.
Datensatz löschen	Die entsprechende Zeile markieren und Entf drücken

Wenn wir das Programm schließen und wieder neu starten, stellen wir allerdings fest, dass die Änderungen nicht in die Datenbank übernommen wurden und die alten Daten wieder angezeigt werden. Um die Änderungen dauerhaft in der Datenbank zu speichern, muss etwas Quelltext geschrieben werden. Außerdem wird noch ein Button benötigt, mit dem das Speichern ausgelöst wird. Dazu ziehen wir einen Button aus der ToolBox auf das Fenster und passen die Eigenschaften an. Im Ereignisfenster wird dann noch die Click-Methode erzeugt. Das Fenster sieht nun wie folgt aus:

Abb. 13.22: Button „Änderungen speichern" hinzufügen

Nachfolgend ist der komplett dazugehörige XAML-Code dargestellt. Ein Großteil davon wurde automatisch erzeugt.

```
<Window x:Name="frmMain" x:Class="Wpf_DB_Beispiel.MainWindow"
        xmlns="http://schemas.microsoft.com/winfx/2006/xaml/presentation"
        xmlns:x="http://schemas.microsoft.com/winfx/2006/xaml"
        xmlns:d="http://schemas.microsoft.com/expression/blend/2008"
        xmlns:mc="http://schemas.openxmlformats.org/markup-compati-
                  bility/2006"
        xmlns:local="clr-namespace:Wpf_DB_Beispiel"
        mc:Ignorable="d"
        Title="Filmverwaltung" Height="257.073" Width="338.334"
              Loaded="Window_Loaded"
        Background="{DynamicResource {x:Static SystemColors.Control-
                   BrushKey}}">
    <Window.Resources>
        <local:FilmverwaltungDataSet x:Key="filmverwaltungDataSet"/>
```

```
        <CollectionViewSource x:Key="filmViewSource" Source=
                                             "{Binding Film,
          Source={StaticResource filmverwaltungDataSet}}"/>
    </Window.Resources>
    <Grid HorizontalAlignment="Left" Height="215" Margin="7,2,0,0"
           VerticalAlignment="Top" Width="301">
        <DataGrid x:Name="filmDataGrid" AutoGenerateColumns="False"
                EnableRowVirtualization="True" ItemsSource="{Binding
                Source={StaticResource filmViewSource}}"
                Margin="29,10,28,60" RowDetailsVisibilityMode=
                "VisibleWhenSelected" ColumnWidth="100">
            <DataGrid.Columns>
                <DataGridTextColumn x:Name="titelColumn"
                                      Binding="{Binding Titel}"
                                      Header="Titel" Width=
                                     "SizeToHeader"/>
                <DataGridTextColumn x:Name="erscheinungsjahrColumn"
                                      Binding="{Binding
                                      Erscheinungsjahr}"
                                      Header="Erscheinungsjahr"
                                      Width="SizeToHeader"/>
                <DataGridTextColumn x:Name="längeColumn"
                                      Binding="{Binding Länge}"
                                      Header="Länge" Width=
                                     "SizeToHeader"/>
            </DataGrid.Columns>
        </DataGrid>
    </Grid>
</Window>
```

Jetzt muss noch die Methode
`void btnSpeichern_Click(object sender, RoutedEventArgs e) {…}`
mit Leben gefüllt werden. Die Methode
`void Window_Loaded(object sender, RoutedEventArgs e) {…}`
wurde schon automatisch erstellt, muss aber etwas angepasst werden. Dazu werden zuerst die notwendigen Namespaces eingebunden und drei Klassenvariablen erstellt. Die langen Namen rühren von den Klassenbezeichnungen her und dienen der Verständlichkeit des Quellcodes.

Variable	Beschreibung
OleDbCommandBuilder commandBuilder	Generiert automatisch die einzelnen Tabellenbefehle, um Änderungen an einem DataSet an die zugehörige Datenbank weiterzugeben.
FilmverwaltungDataSetTableAdapters. FilmTableAdapter filmverwaltungDataSet-FilmTableAdapter	Mit einem TableAdapter können Sie eine DataTable in einem typisierten DataSet füllen oder die in einer DataTable anstehenden Änderungen zur Datenbank übermitteln.
FilmverwaltungDataSet filmverwaltung-DataSet	Stellt einen speicherresidenten Datencache dar, in diesem Fall für die Filmverwaltung

Ein Teil der Objekte wird schon durch die Windows_Load-Methode erzeugt und der TableAdapter mit den Daten aus der Datenbank gefüllt. Diese werden nur im Programm angezeigt und können bearbeitet werden. Um die Änderungen dauerhaft in die Datenbank zu schreiben, muss zuerst „OleDbCommandBuilder" erzeugt werden, dem der „filmverwaltungDataSetFilmTableAdapter" zugewiesen wird. Nun kann von diesem der Update-Befehl aufgerufen werden und automatisch werden die notwendigen SQL-Befehle generiert und ausgeführt. Die erfolgreiche Ausführung des Speichervorgangs lassen wir uns durch eine Meldung anzeigen. Der ganze Ablauf wird wieder in einen try-Block eingeschlossen, um eventuelle Fehler abzufangen. Der komplette angepasste Quelltext sieht wie folgt aus:

```
using System;
using System.Windows.Data;
using System.Data.OleDb;
using System.Windows;
namespace Wpf_DB_Beispiel {
  /// <summary>
  /// Interaktionslogik für MainWindow.xaml
  /// </summary>

  public partial class MainWindow : Window {
    private OleDbCommandBuilder commandBuilder = null;
    private FilmverwaltungDataSetTableAdapters.FilmTableAdapter
                filmverwaltungDataSetFilmTableAdapter = null;
    private FilmverwaltungDataSet filmverwaltungDataSet = null;

    public MainWindow() {
      InitializeComponent();
    }

    private void Window_Loaded(object sender, RoutedEventArgs e) {
      filmverwaltungDataSet =
            ((FilmverwaltungDataSet)(this.FindResource
            ("filmverwaltungDataSet")));
      filmverwaltungDataSetFilmTableAdapter = new
              FilmverwaltungDataSetTableAdapters.FilmTableAdapter();
      filmverwaltungDataSetFilmTableAdapter.Fill
                                   (filmverwaltungDataSet.Film);
      CollectionViewSource filmViewSource =
                ((CollectionViewSource)(this.FindResource
                ("filmViewSource")));
      filmViewSource.View.MoveCurrentToFirst();
    }

    private void btnSpeichern_Click(object sender, RoutedEventArgs e) {
      try {
        commandBuilder = new
```

```
                OleDbCommandBuilder
                        (filmverwaltungDataSetFilmTableAdapter.Adapter);
            filmverwaltungDataSetFilmTableAdapter.Adapter.
                                    Update(filmverwaltungDataSet);
            MessageBox.Show("Änderungen erfolgreich gespeichert",
                            "Information",MessageBoxButton.OK,
                             MessageBoxImage.Information);
        } catch (Exception ex) {
            MessageBox.Show("Fehler", ex.Message);
        }
      }
    }
}
```

Zum Testen ändern wir einige Daten und betätigen den „Speichern"-Button. Danach schließen wir das Programm und starten es erneut. Diesmal sind die Änderungen dauerhaft in die Datenbank übernommen worden. Alternativ kann man sich die Daten auch mithilfe von Microsoft Access ansehen.

13.6 Aufgaben

1 Erstellen Sie eine Windows-Forms-Anwendung, mit der Sie Artikel in einer Access-Datenbank verwalten können. Die Datenbank enthält folgende Tabelle mit entsprechenen Attributen und wird im Vorfeld mithilfe von Access angelegt. Achten Sie darauf, den einzelnen Attributen sinnvolle Datentypen zuzuweisen. Der Primärschlüssel der Tabelle ist unterstrichen.

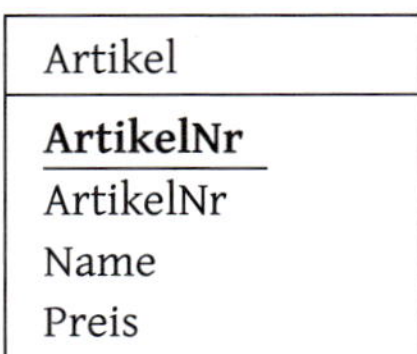

Artikel
ArtikelNr
ArtikelNr
Name
Preis

Die Oberfläche soll im Wesentlichen wie im Bild dargestellt aussehen:

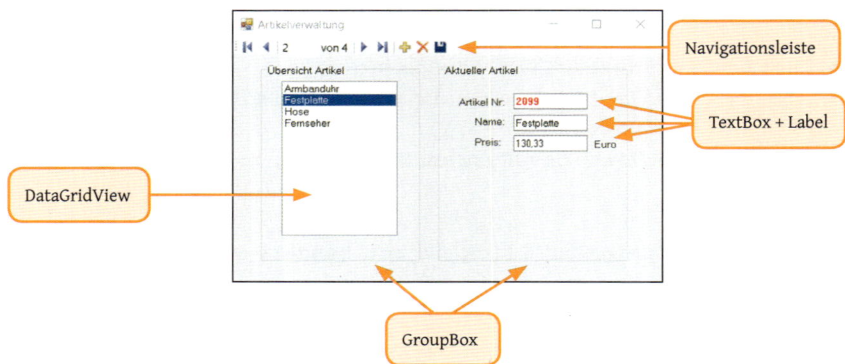

Abb. 13.23: Beispieloberfläche für Aufgabe 1

Binden Sie die Datenbank mithilfe des Assistenen für Datenquellen in das Programm ein und wählen Sie anschließend unter „Datenquellen" eine DataGridView und die drei TextBoxen als gebundene Steuerelemente aus. (Hinweis: Die DataGridView muss noch extra erzeugt werden.)

2 Erstellen Sie eine WPF-Anwendung, mit deren Hilfe Sie Vorlesungen in einer Access-Datenbank verwalten können. Die Datenbank enthält folgende Tabelle mit den dargestellten Attributen und wird im Vorfeld mithilfe von Access erstellt. Achten Sie darauf, den einzelnen Attributen sinnvolle Datentypen zuzuweisen. Der Primärschlüssel der Tabelle ist unterstrichen.

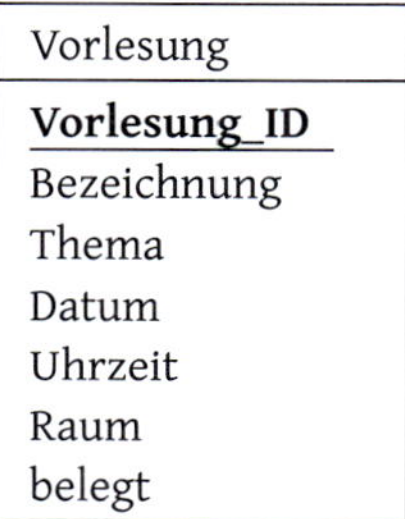

Vorlesung
Vorlesung_ID
Bezeichnung
Thema
Datum
Uhrzeit
Raum
belegt

Die Oberfläche soll im Wesentlichen wie im Bild dargestellt aussehen:

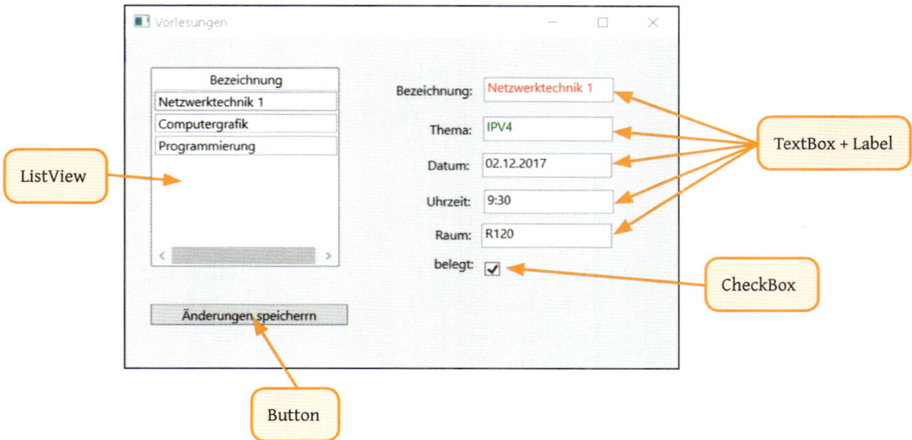

Abb. 13.24: Beispieloberfläche für Aufgabe 2

Binden Sie die Datenbank mithilfe des Assistenen für Datenquellen in das Programm ein und wählen Sie anschließend unter „Datenquellen" eine ListView, die fünf Text-Boxen und die CheckBox als gebundene Steuerelemente aus. Der Button wird aus der ToolBox eingefügt und durch Klicken sollen die vorgenommenden Änderungen gespeichert werden.

Stichwortverzeichnis

Bildquellenverzeichnis

fotolia.com, New York: Cake78 (3D & photo) Titel
iStockphoto.com, Calgary: Lyudinka 94; Soloviivka 94
stock.adobe.com, Dublin: yopinco 94

Wir arbeiten sehr sorgfältig daran, für alle verwendeten Abbildungen die Rechteinhaberinnen und Rechteinhaber zu ermitteln. Sollte uns dies im Einzelfall nicht vollständig gelungen sein, werden berechtigte Ansprüche selbstverständlich im Rahmen der üblichen Vereinbarungen abgegolten.